Existem pessoas que
são instrumentos para a
realização desses encontros
que só a espiritualidade
amiga consegue planejar.
Com excedido carinho, o meu
agradecimento a Marcelo
Cezar e Márcia Barbosa.

# Sérgio Chimatti

Nascido na cidade de São Paulo, Sérgio Chimatti Martins obteve as primeiras experiências mediúnicas ainda na infância, porém dedicou-se à religião não espírita até o final da adolescência.

Na busca de informações que justificassem os fenômenos mediúnicos, pesquisou diversas religiões, e acabou por encontrar no espiritismo as argumentações que julgou necessárias para educar-se mediunicamente, que satisfizessem os seus íntimos questionamentos.

Participou como voluntário em trabalhos assistenciais no Centro Espírita Evangelho em Ação e nas Casas André Luiz por alguns anos.

Trabalhou como funcionário no setor de divulgação da Fundação Espírita André Luiz por três anos, onde se relacionou com diversas instituições espíritas e espiritualistas, oportunidade em que lançou seu primeiro livro, *Uma vida excepcional — Casa três*, e durante quatro anos foi expositor no Grupo Espírita Manoel Bento.

***Acabou por encontrar no espiritismo as argumentações que julgou necessárias.***

# Anele

Na fase de aprendizado, desfiz-me de diversos escritos que julgava serem fruto de minha imaginação.

Poderia recuperar os escritos se fossem mesmo de minhas criações mentais, como acreditava naquela época, até que um dia minha destra foi coordenada por movimentos involuntários e pude ler: "A partir de hoje falaremos com você através de você. Anele".

Como o Espírito Amilcar Queiroz enfrentou sérias dificuldades de sintonia comigo, Anele o ajudou a contar sua história e, assim, surgiu o primeiro livro publicado e, logo em seguida, vários outros ditados por ela mesma.

O pouco que sei sobre esse espírito, que se apresenta como essa senhora que me acompanha faz tempo e demonstra características de virago, é que, em última encarnação, há muito tempo, auxiliava muitos imigrantes, acolhendo-os, compartilhando o

*"E se apresenta como essa senhora que me acompanha faz tempo e demonstra características de virago."*

pouco que tinha, e soerguendo-os com o muito amor que possuía.

É especialmente prazeroso quando tornamos possível o diálogo espírito-alma, fazendo aumentar as responsabilidades íntimas perante o próprio ser, recebendo instruções tão elevadas, porém tão difíceis de praticar, e me fazendo reconhecer o quanto ainda preciso me esforçar para dignar-me ao patamar evolutivo de Anele, que tanto me ama e continua espargindo seu amor, migrando no coração de tantos quantos lhe prestem condições.

Coordenação de criação: Priscila Noberto
Capa e Projeto Gráfico: Regiane Stella Guzzon
Diagramação: Priscilla Andrade
Preparação: Mônica Gomes d'Almeida
Revisão: Cristina Peres

1ª edição — 1ª impressão
5.000 exemplares — julho 2013

*Dados Internacionais de Catalogação na Publicação (CIP)*
*(Câmara Brasileira do Livro, SP, Brasil)*

---

Anele (Espírito).
Lado a lado / pelo espírito Anele ;
[psicografado por] Sérgio Chimatti. — São Paulo : Centro
de Estudos Vida & Consciência Editora, 2013.

ISBN 978-85-7722-246-9

1. Espiritismo 2. Psicografia 3. Romance espírita
I. Martins, Sérgio Chimatti. II. Título.

13-02197 CDD-133.9

---

*Índices para catálogo sistemático:*
1. Romance espírita : Espiritismo 133.9



**Este livro adota as regras do novo acordo ortográfico (2009).**

Editora Vida & Consciência
Rua Agostinho Gomes, 2.312 – São Paulo – SP – Brasil
CEP 04206-001
editora@vidaeconsciencia.com.br
www.vidaeconsciencia.com.br

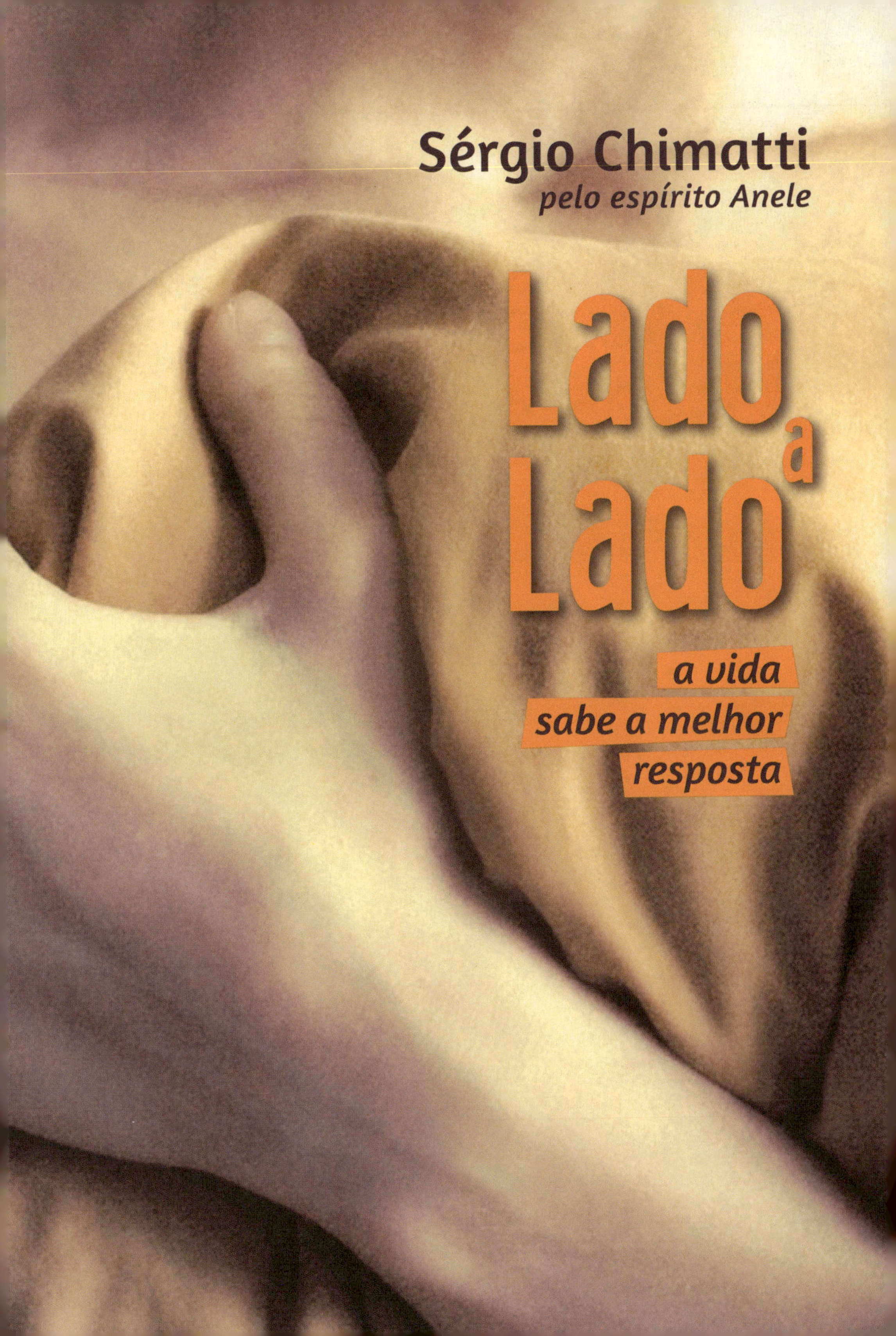
Sérgio Chimatti
pelo espírito Anele
Lado a Lado
a vida sabe a melhor resposta

# Prefácio

*Algumas pessoas me olham como se eu fosse diferente, mas será difícil entender que, observando o outro, na realidade, é a própria alma que se vê?*

*Somos espelhos esperando alguém olhar para nós, refletindo a imagem na forma de atitudes. Nossas ações correspondem às nossas expressões, que variam entre o riso e o pranto proporcionados na geração de alegria ou tristeza que partilhamos.*

*Dançamos no embalo da música do tempo para acompanhar o passo na cadência da vida, pedindo e perguntando para aquele de nossa preferência se concede o prazer dessa dança... E quem não dançar conforme a música tropeça no pé do parceiro.*

*Sou como todo mundo, uma mariposa que, de tanto se sentir atraída pela luz, se atira ao fogo por não conseguir resistir aos encantos do brilho para sair da escuridão.*

*Mas, enquanto puder voar, viverei para fazer por merecer a nova espera da metamorfose.*

**[Trecho extraído do diário de Salete]**

# 1

— Salete, acho que estou grávida! Minha menstruação está atrasada mais de dois meses.

— Não seja dramática, Dóris! Já vi casos de meninas que ficaram assim durante três meses. Pode ser psicológico.

Secretamente Dóris fez o teste de gravidez, em consulta paga por Salete. Mostrou-lhe o resultado e exclamou:

— Estou perdida! Olhe, Salete...

— Não se apavore, pois existe um jeito para tudo.

— Jeito para quê? Para casar com dezenove anos de idade, tão cedo quanto meus avós e pais?

— Eu avisei que ia dar nisso... Era para você se prevenir, mas você não me escuta!

— O que farei agora?

— Assuma a gravidez para seus pais, case-se com Juninho e fique em casa de avental e chinelo cuidando de criança... Quem sabe assim você não se arrepende por não ter me ouvido!

— Salete, não é certo o que está fazendo. Estou pedindo sua ajuda e fica de gozação comigo! Isto não é brincadeira!

— Está bem. Como você nunca acredita nas coisas que lhe falo... Irá me ouvir desta vez?

— Depende. Se não ficar de zombaria com minha cara e motejando da minha desgraça, ouvirei.

— Primeiro terá de conversar com Juninho, que é o coautor dessa façanha. Só depois de avaliar o que ele tem a dizer, saberemos o próximo passo a tomar.

Depois de seguir a recomendação da amiga, Dóris estava novamente na presença dela:

— Então, o que Juninho lhe sugeriu?

— Juninho ficou mais perdido que eu... Ele disse que não tem como assumir e achou melhor que eu conte aos meus pais.

— Olhe este papel — Salete entregou uma folha a Dóris, onde estava escrito: "Juninho não vai querer assumir a criança e vai empurrar a responsabilidade para os pais de Dóris".

— Por que você escreveu isso, Salete?

— Para você começar a acreditar em mim! Sabia que isso ia acontecer. Já lhe falei: os homens são todos canalhas. Quando a porca torce o rabo, fingem que não é com eles...

— Meus pais me matarão...

— Engana-se. Assumirão a criança e terão a vida inteira para lembrarem que você desgraçou a sua vida e a deles, que não terá futuro e que, por sua causa, terão um neto órfão de pai. Inevitavelmente terá de se submeter a casar-se com o primeiro que aparecer e se sujeitar à chacota dos amigos por ele ter assumido um filho que não é dele.

— Tem mais alguma desgraça esquecida para relatar? Parece estar gostando do que me aconteceu!

Com o rosto quase colado ao da amiga, Salete disse olhando em seus olhos:

— Uma das coisas que ainda não percebeu é que, se você se fere, dói em mim... Por isso não gosto que se machuque.

Dóris se afastou contrariada, antes que o lábio de Salete tocasse o dela:

— Lá vem você de novo com suas tentativas! Já lhe falei que não aceito esse negócio de mulher se relacionar com mulher.

— Tudo bem. Então terá que se submeter aos homens o resto da vida.

— O que faço, Salete?

— Tire o feto.

— Enlouqueceu? Fazer aborto está fora de cogitação.

— Faça o seguinte: vá para casa, pense bem e depois decida o que acha melhor, mas vislumbre o futuro, leve em consideração todos os obstáculos que virão, a discriminação que sofrerá por ser mãe solteira...

— Estou desesperada... Você acha que o aborto é a única solução?

— Tenho certeza! Talvez mais certeza que você, porque a amo mais do que você mesma.

— Por quê?

— Porque, se você acreditasse que merece mais atenção do que o Juninho lhe dispensa, seríamos mais felizes.

— Não sei mais o que pensar... O pior é que no fundo você tem razão... Esperava outra atitude do Juninho. Você conhece alguma clínica de aborto?

— Minha querida, estamos em pleno século vinte! Tenho amigas que já fizeram e poderão indicar. Encontrar clínica de aborto é fácil! O problema é pagar. Vou ver quanto custa e lhe aviso. Daí você vai até o Juninho e pede o dinheiro a ele; afinal, pelo menos isso ele deve fazer.



— É mesmo. Nada mais justo.

Depois que Salete pesquisou o valor, Dóris esteve com o namorado. Quando retornou, a amiga, observando a sua expressão de tristeza, não a deixou falar:

— Não diga nada. Leia — passou-lhe uma folha de papel onde estava escrito: "Juninho não aceitou que Dóris fizesse o aborto porque não é ele que está *grávido*".

— Poxa vida, Salete... Você parece que tem mesmo prazer de me colocar para baixo...

— Um crime dizer isso, Dóris! Só porque sou menos burra que você, não significa que a ame menos.

— E agora?

— Olhe — Salete passou o dinheiro às mãos de Dóris, que ficou comovida.

— Tem certeza, Salete? Não tem nem para você e está dando para mim?

— Faço qualquer coisa para fazer você feliz...

Novamente Salete aproximou seu rosto do da amiga, mas desta vez Dóris cedeu, acontecendo entre elas o primeiro beijo.

---

Salete escreveu em seu diário:

*Deus me perdoe. Sinto que aborto não é um procedimento correto, mas o Senhor sabe que estou ajudando o amor de minha vida e faço qualquer coisa por ela.*

*Sei, por experiência de outras amigas que praticaram aborto, que meu amor precisará muito de mim, se arrependerá, mas peço que, se alguém tiver que ser castigado por isso, que seja eu mesma, depois que me for desta vida, porque nesta vida quero me dedicar totalmente a Dóris, que amo tanto.*

*Dizem alguns que, quando existe o feto, este já tem alma. Não sei se acredito nisso, mas me comprometo de alguma forma a ressarcir esse débito com minha própria vida se me for permitido. Poderei adotar uma criança, com Dóris, é claro, ajudar outras crianças, embora até goste delas, mas não tenha paciência alguma.*

*Se um dia eu adotar uma criança, não serei ausente como meu pai é comigo. O pior é ter de admitir a falta que meu pai faz, mas, se ele acha que apenas mandar o dinheiro da pensão já é suficiente, para mim tudo bem. Agora me sinto fortalecida nos braços de minha Dóris e daqui para a frente poderei dar inclusive o amor que daria para ele, isto é, se me amasse de verdade.*

*Hoje é o dia mais feliz de minha vida. Foi o dia que tive o primeiro contato com Dóris e nunca senti tanto carinho e afeto num beijo. É como se esse beijo representasse o meu renascimento.*

*É tão boa essa sensação de conquista, de saber que poderei voar através da dedicação que despenderei para minha amada... Acariciar suas mãos é tão agradável. Sinto uma energia linda tomando meu corpo inteiro, dando-me luz, paz, trazendo-me alegria...*

*Não é possível amar tanto assim. Beijei um anjo e ninguém saberá, porque ela não quer que saibam.*

*Ai que delícia poder agradecer o destino por me trazer Dóris de presente...*

---

No dia aprazado, Salete e Dóris estavam na clínica, sendo atendidas pela enfermeira.

— Pelo que informaram, se o feto for de até aproximadamente três meses, o procedimento será seguro e rápido... Os honorários deverão ser pagos antecipadamente.

Salete abriu a bolsa para entregar o dinheiro, mas a enfermeira disse que deveria ser entregue para outra mulher que viria receber. Esta entrou na sala, achegou-se, pegou o montante em espécie das mãos de Salete e chamou Dóris para entrar noutra sala.

Antes de entrar, Dóris abraçou Salete, sussurrando-lhe ao ouvido:

— Estou angustiada. Sinto que não deveria estar aqui... Acho que vou desistir.

— Calma, meu amor. São apenas alguns minutos que valerão a nossa eternidade. Não desista agora, pois será bom para você... Pense nos problemas que evitará com seus pais e perante a sociedade. Assim que sairmos deste lugar, terá vida nova.

Dóris entrou na sala onde se realizaria o aborto, enquanto Salete permaneceu sentada, aflita, sem compreender o que acontecia em sua consciência para sofrer tanto, pensando consigo mesma:

"O que está acontecendo comigo? Não posso titubear agora, pois fui eu que convenci Dóris... Isso vai passar, isso vai passar, isso vai passar", repetia para si mesma.

Salete não suspeitava da movimentação espiritual que se operava em torno de si, com diversas entidades tentando insuflar a intervenção no andamento dos fatos que se sucediam, visando impedir o intento.

Dóris, por sua vez, chorava enquanto observava o trabalho do médico e da enfermeira obstando a vida que gerava dentro de si.

O perispírito miniaturizado do feto travava a luta pela vida, em vão, diante da truculenta intenção de expulsar seu corpo material que era esquartejado no ambiente uterino, provocando o suspiro de alívio do médico quando conseguiu retirá-lo.

Apesar dos esforços das entidades do plano superior em consolar a criatura humana impedida de prosseguir na gestação, esta emitiu vibrações de mágoa e tristeza profundas, repercutindo no corpo de Dóris, o que provocou intensa hemorragia e demandou a diligência de cuidados extraordinários da parte do médico. Este lamentou e murmurou no ouvido da enfermeira:

— Estamos com complicações. Tentarei estancar a hemorragia para liberar a paciente. Teremos de utilizar grande dose de anticoagulante.

Depois de três horas, Dóris foi levada para a casa de Salete num táxi. A hemorragia, porém, persistiu, obrigando Salete a pedir socorro para sua mãe:

— Mãe, por favor, venha até o quarto.

Ao observar a cama empoçada de sangue, Celeste inquiriu:

— O que vocês fizeram?

Apesar de Dóris implorar chorando para Salete não revelar o ocorrido, esta não encontrou alternativa senão contar a verdade à mãe, que telefonou para Noeli, mãe de Dóris, adiantando os fatos.

Em poucos instantes, a ambulância estava à porta da residência de Salete e Celeste, que acompanharam Dóris até o hospital.

Celeste informou a localização do hospital aos pais de Dóris, Noeli e Fernando. Quando chegaram ao pronto-socorro, Dóris recebia cuidados na enfermaria anexa:

— O que aconteceu com nossa filha, Celeste? — quis saber Noeli.

— Salete poderá lhes contar.

Depois de ouvir as informações sobre o ocorrido, Fernando se desvencilhou de Noeli, que tentou segurá-lo, e saiu em disparada para a casa de Juninho. Entrou sem nada perguntar, assustando a mãe do rapaz, que fazia o jantar.

Completamente desequilibrado, Fernando transformou o calmo ambiente do lar em campo de guerra. Colocou uma faca que encontrou na pia no pescoço de Juninho, causando desespero em sua mãe, Odete, que ficou atônita:

— Pelo amor de Deus, senhor Fernando! O que está fazendo com meu filho?



Transtornado, Fernando berrava agarrado a Juninho, que não se movimentava para evitar o corte da lâmina.

— Você sabe onde minha filha está, pulha? Está no hospital porque fez um aborto! O que acha de sangrar tanto quanto ela está sangrando agora? Responda, senão mato você!

— Senhor Fernando, eu disse para Dóris não fazer o aborto, para contar para vocês o que estava acontecendo, mas ela não me ouviu. Nem sabia que tinha mesmo resolvido fazer o aborto — justificou Juninho, tendo Fernando agarrado em seu colarinho.

Nesse instante, Noeli, que havia seguido Fernando de táxi, gritou da porta, chamando Fernando à razão:

— Enlouqueceu, Fernando? Pare com isso! Dóris está bem. Desgraçará sua vida se fizer bobagens!

Aproveitando o momento de conscientização do marido, Noeli retirou a faca da mão dele, fazendo-o sentar-se em uma cadeira da cozinha. Fernando permaneceu estático alguns minutos, sustentando a cabeça com as mãos. A esposa em pé, ao seu lado, diante de expectantes olhares de Juninho e Odete a certa distância. Quando se recompôs, rapidamente se levantou e afirmou:

— Vamos, Noeli. Precisamos cuidar de Dóris.

Antes de sair, Fernando se virou para Juninho com dedo em riste e vociferou:

— Nunca mais apareça na nossa frente, seu canalha!

---

Dóris passou a noite e o dia seguinte sendo medicada no hospital. Depois de alguns procedimentos, ficou em observação, o tempo todo na companhia de Salete e Noeli, até retornar para casa.

Todos fizeram absoluto silêncio, sem nada comentar. Apenas Salete verbalizou o desejo de permanecer aquela noite ao lado da amiga. Celeste consentiu a pedido de Noeli e Fernando.

Salete tentou iniciar um diálogo, mas Dóris estava apática e se virou para repudiar veementemente:

— Se quer ficar aqui, cale a boca!

Salete obedeceu sem responder, mas não conseguia pregar o olho. Porém, quando deu um cochilo, logo acordou e observou que Dóris não estava mais na cama.

Preocupada com uma provável reação adversa de Dóris diante dos acontecimentos, Salete se levantou à procura da amiga. Viu a luz do banheiro acesa e simulou um pretexto:

— Dóris, desculpe perguntar, mas vai demorar muito? É que estou apertada.

Como não obteve resposta, bateu na porta e insistiu:

— Dóris, responda.

Salete chamaria novamente, mas, como estava descalça, sentiu um líquido que escorreu debaixo da porta e tocou seus pés.

Quando olhou para baixo, viu que era sangue. Deu estridente grito, fazendo Fernando e Noeli correrem até lá.

— Fernando, arrombe a porta — pediu Noeli chorando.

Depois de várias tentativas sem sucesso, Noeli entregou ao marido um pé de cabra. Ele conseguiu quebrar a fechadura e abriu a porta. O trio observou Dóris inconsciente, sentada de pernas abertas ao lado do vaso sanitário, a lâmina solta numa das mãos e os pulsos sangrando aos borbotões.

Noeli desmaiou. Salete superou o pânico, alertando Fernando a não mexer em Dóris. Correu para o quarto, rasgou o lençol e amarrou com força os pulsos da amada.

Fernando pegou a filha nos braços e recomendou à Salete:

— Tome conta de Noeli e veja se consegue fazê-la despertar — e correu célere ao pronto-socorro.

Dóris recebeu transfusão de sangue, passou por avaliação psiquiátrica e foi liberada dois dias depois. Já em casa, Fernando, Noeli e Salete se revezavam vinte e quatro horas por dia para vigiá-la.



Nos primeiros meses após os trágicos acontecimentos, Dóris e seus pais se submeteram a uma terapia com psicólogos, distintamente.

Seis meses depois.

Nos momentos íntimos, Dóris admirava as feições de sua parceira, acariciando-a:

— Quando olho para você, é como se estivesse olhando para mim mesma... Difícil explicar por que a amo tanto, Salete...

— Para quem tinha tantas restrições e dúvidas, parece um sonho estar assim com você — correspondeu Salete.

# 2

— Considerando a formação que tive, não esperava me apaixonar por uma mulher. Aliás, precisamos tomar mais cuidado. Temo que minha mãe desconfie de algo. Não quero nem imaginar se ela levantar suspeitas ao meu pai.

— Ora, querida, não há com o que se preocupar. Somos duas adolescentes amigas... Nada mais natural que a amizade entre duas meninas.

— É verdade. Mesmo assim, prefiro evitar conflitos com mamãe. Ela foi tão compreensiva comigo quando tivemos que superar o aborto que você me ajudou a fazer... Tudo por causa daquele mau-caráter do Juninho...

— Dóris, combinamos não falar mais sobre esse assunto, mas parece que faz questão de não esquecer! — exclamou Salete, irritada, recebendo a resposta em mesmo tom.

— Desculpe-me, querida, mas deveria saber que não sou de ferro. Antes de se deixar dominar pelo ciúme, poderia entender o quanto esse fato ainda me aborrece...

Ao notar Dóris se afastar, demonstrando sofrimento com a lembrança, Salete foi ao seu encontro e abraçou-a:

— Desculpe, meu amor... Você tem razão, fui ríspida demais... O que me deixa mais contrariada não é o ciúme, mas a forma com que você fala, como se nosso amor fosse algo secundário. Decerto reconheço que a sociedade não aceita; porém, não me conformo de termos que viver à margem, só porque este mundo é preconceituoso.

— Este é o mundo em que vivemos, Salete. Não estou impondo, mas você aceitou não revelarmos nossa relação. Há de concordar comigo: sem o apoio de meus pais, não estaríamos juntas, por isso não me vejo no direito de ser responsável por mais um desgosto para eles, justamente em respeito à forma como pensam.

— Ok, Dóris... Mais uma vez, desculpe-me. Sou tão feliz em ter você, que me dá vontade de gritar para o mundo inteiro ouvir o quanto a amo. E, para lhe deixar segura, até hoje não contei sobre nós sequer para minha mãe.

— Que bom! Porque, se souber que revelou alguma coisa, me esqueça! Apesar de saber que sua mãe não se importa de você se relacionar com mulheres, nós duas sabermos já é suficiente.

Salete se recolheu, triste, e lamentou:

— Tudo bem... Compreendo sua preocupação de nossa relação chegar ao conhecimento de seus pais, mas às vezes acho que não me ama tanto quanto a amo...

Condoída pela reação da companheira, Dóris a consolou:

— Paremos com esta discussão, querida. Basta de ficar nos ferindo. Deixemos como está... Não quero saber de mais preocupações. Como já não bastasse este emprego que meu pai me arrumou a pretexto de ocupar-me...



— Poxa vida, Dóris! Está sendo difícil ver você tão pouco tempo... Por que não diz que está detestando o emprego e pede as contas?

— No começo achei que detestaria, mas percebi que trabalhar é tão importante quanto estudar. Estou aprendendo a lidar melhor com o ser humano vivendo naquele "zoológico". A maior dificuldade é aguentar o senhor Silvério e a dona Zelinda. Aquele velho é nojento, passa o dia todo soltando gases na sala dele, imaginando que não dá para ouvir a "corneta da orquestra". Outro dia me chamou logo depois de ter soltado um, e esqueceu que pessoas normais têm olfato... Dona Zelinda, então, nem se fala: quem a conhece tem medo de ficar recalcada daquele jeito, ela é a amargura malvestida...

— Nossa! Não sei como consegue... Por mim já teria perdido as estribeiras...

Salete não sabia, mas Dóris se absorvia no trabalho para esquecer o aborto e aquele que julgava autor de sua infelicidade, Juninho. Ela se ocupava o maior tempo possível para não volver à depressão que a fez tentar o suicídio.

No trabalho, Dóris era requisitada por seu encarregado de seção:

— Menina, chamei-a para pedir novamente que se atente com a ordem de datas destes protocolos. Compreendo sua inexperiência, mas, quando preciso saber a data que um cliente recebeu a carta de cobrança, não tem ideia do problema que me causa se estiver fora de ordem.

— Desculpe-me novamente, senhor Silvério. Prestarei mais atenção daqui para a frente.

Ao notar o constrangimento da subordinada, Silvério descontraiu:

— Ei, menina, não precisa ficar amuada desse jeito! O relacionamento profissional tem dessas coisas. Não deve ficar magoada por ser chamada atenção.

Observando Dóris desconcertada, Silvério continuou afável, convidando a sentar-se diante dele:

— Minha filha, entenda. Compreendo sua sensibilidade. Seu pai, por quem tenho muito apreço, já me avisou sobre sua dificuldade de relacionamento, por isso não precisa levar a mal quando lhe apontar algum equívoco, pois chegará a oportunidade em que estará habituada à rotina, daí as coisas fluirão naturalmente para você. Compreendeu?

— Eu sei, senhor Silvério... O senhor foi muito gentil em admitir uma pessoa inexperiente como eu para o cargo, e reconheço que só o fez para satisfazer meu pai. Agradeço sua compreensão.

— Imagine, Dóris... Não precisa agradecer, pois o Fernando já me fez tantos favores que, se fosse pagar, deveria lhe colocar no meu lugar. Você quer?

Aprendendo a agir politicamente, Dóris correspondeu ao sorriso do chefe:

— Deus me livre, senhor Silvério. Direi ao meu pai que o senhor o detesta se fizer uma coisa dessas... Não preciso disso nem quero...

Satisfeito, Silvério apontou que não desejava suas responsabilidades para ninguém e ambos voltaram ao trabalho.

Uma funcionária de outra seção, que percorria a empresa a apresentar um novo funcionário, adentrou a sala de Silvério e, em seguida, o apresentou a Dóris:

— Esta é Dóris. Começou recentemente a trabalhar como auxiliar do senhor Silvério. Dóris, este é o Felipe, que trabalhará conosco no faturamento.

O cumprimento da parte de Dóris se restringiu a parco sorriso e um aperto de mão, desejando-lhe boa sorte. Da parte dele, algo lhe chamou a atenção no olhar triste daquela moça, despertando inexplicável sentimento de carinho, apesar de perceber não haver reciprocidade.

Depois de alguns dias, ensejando aproximação com Dóris, no horário do almoço Felipe se aproveitou ao observá-la sozinha no refeitório e dirigiu-se a ela:

— Boa tarde. Posso lhe fazer companhia?

Dóris mal lhe dirigiu o olhar para responder, concordando forçosamente, por educação.

O rapaz colocou a bandeja, sentou-se ao lado dela e iniciou conversa sobre trivialidades da empresa.

Sem a intenção de permitir aproximação, Dóris respondia de má vontade e demonstrava desinteresse na continuidade da conversa. Essa atitude dela causou ressentimento em Felipe, que observou com desagrado a moça expressar alívio quando outra companheira de seção do rapaz sentou-se à mesma mesa. Esta, ao tomar a conversa para si, possibilitou a Dóris sair e se desfazer do incômodo, concluindo o horário de almoço em outro lugar.

---

No fim de semana, Dóris seguia com os pais de carro para uma visita em casa de amigos.

Fernando iniciou o diálogo:

— Filha, notei seu afastamento dos colegas, exceto de Salete, que não sai de nossa casa. Você sempre foi uma pessoa tão sociável. Está na hora de retomar a vida normal depois de tudo que lhe aconteceu, não acha?

— Não me leve a mal, papai. Não quero falar sobre isso.

— Continuar enclausurada o resto de sua vida, amargando solidão por causa das coisas que sucederam, não lhe parece desperdício de tempo, filha?

Notando a insatisfação de Dóris diante do assunto, Noeli interveio:

— Fernando, não adianta pressionar... Homens não compreendem o que passamos quando algumas situações nos acontecem. Às vezes, é preciso mesmo o silêncio, pois a recuperação é demorada.

— Ah é? Faz seis meses... Vai ficar nessa vida de freira quanto tempo ainda? O negócio é esquecer e tocar a vida... Não adianta chorar o leite derramado — finalizou Fernando, sob os olhares de protesto de ambas.

---

Depois de três meses trabalhando na empresa, Felipe encontrava ocasião de contato com Dóris novamente. Estava com ela, deliberando resoluções administrativas, e defrontava-se com a indiferença no trato da moça para com ele.

Ao concluir o trabalho, Felipe não resistiu e questionou:

— Tenho percebido que toda vez que tento me aproximar, seja para qualquer coisa, você me trata de forma agressiva. O que acontece? Não vai com a minha cara, Dóris?

Sem conseguir controlar o impulso da rispidez, a interpelada não se furtou:

— Não tenho motivos para não ir com sua cara, porque não fez algo que me chateasse, mas não sei o que espera... Queria que o tratasse como? O que quer mais, além da educação que lhe dispenso? Gostaria de lembrá-lo de que estamos num ambiente de trabalho e não numa lanchonete para bater papo.

— Minha nossa! Está vendo? Só fiz uma pergunta e você me responde com cinco pedras nas mãos! Não estou me insinuando, nem lhe assediando para ser tratado dessa maneira. Talvez a resposta que me deu agora sirva para ponderar sobre a educação que me dispensa.

Em breve reflexão, Dóris reconheceu a indelicadeza e se esforçou para contornar:



— Realmente... Talvez tenha razão. Desculpe-me se fui agressiva e arrogante. Você é um rapaz legal. Tomarei mais cuidado com a forma de falar, está bem, Felipe?

— Só desculpo se puder me sentar com você no almoço e me der um sorriso. Combinado?

Dóris correspondeu ao sorriso do rapaz, concordando com subentendida reserva.

Quando esteve com Salete à noite, revelou o ocorrido, desconhecendo que despertava o ciúme na amiga:

— Ora, Dóris! Está na cara que esse tal de Felipe está mesmo interessado em algo mais. Se fosse você, eu o denunciaria para seu encarregado antes que comece a ficar malfalada por todos os cantos.

— Imagine, Salete. Depois de ponderar, percebi o quanto fui grosseira... É que estou com uma ojeriza tremenda por homens... Nem consigo disfarçar.

— Não foi grosseira! Você sabe tanto quanto eu que homens não prestam! Acho um absurdo permitir esse tipo de atitude. Daqui a pouco estará agarrando você pelos corredores como um cachorro no cio.

Diante da reação irritada da companheira, Dóris brincou:

— Pare com isso, meu amor, fique sossegada... Se ele tentar algo, chamarei por você...

# 3

Depois da última conversa com Felipe, Dóris se policiou um pouco, tornando-se mais afável com todos à sua volta.

Certificando-se de percorrer terreno desconhecido, o rapaz se precavia, evitava assuntos que não tivessem relação com o trabalho. Temia o afastamento daquela por quem havia se apaixonado, mesmo sabendo que não era correspondido, e contentava-se com o tratamento cordial, o que já considerava uma conquista.

Na parte da manhã, Dóris atendeu a um telefonema externo:

— Dóris, sou eu, Juninho.

— Não acredito! Como conseguiu este telefone? — questionou desnorteada.

— Pesquisando... Sei que seus pais não querem que me aproxime de você, mas não concordo. Quero saber se não vai mais falar comigo.

— Não quero falar com você, nem ver sua cara, canalha! — respondeu a moça, quase chorando.

— Dóris, sei que está magoada, mas há de reconhecer que não poderia estar preparado para ser pai aos dezenove anos.

— Pelo amor de Deus... Nunca mais fale comigo... — Dóris desligou o telefone, dirigiu-se cambaleante à telefonista e pediu que não mais lhe transferisse ligações externas, exceto as de seus pais.

— Desculpe, Dóris... — tornou a telefonista. — É que o rapaz se apresentou como seu primo e não vi problema em passar a ligação... Aconteceu algo para estar pálida desse jeito? Está passando mal?

— Tudo bem comigo, Joelma. Confiarei em você. Esse cafajeste que ligou é meu ex-namorado. Não sei como descobriu o telefone daqui. É capaz de tentar novamente e não quero falar com esse infeliz porque só me causou decepções.

— Nossa! Pode deixar. Saberei o que fazer se telefonar novamente. Deixe comigo.

No horário do almoço, Dóris escolheu a última mesa do refeitório para não ser notada, mas lá estava Felipe pedindo licença para sentar-se junto dela.

Esforçando-se para superar a contrariedade, Dóris tentou ser educada:

— Por favor, Felipe, gostaria de ficar só. Não me leve a mal, tive uns problemas e estou chateada.

O jovem recolheu a bandeja de almoço, que já havia sido colocada sobre a mesa, e ia se retirando, mas retornou resoluto:

— Também estou chateado, Dóris... Gostaria de falar com você. É possível?

— Como já disse, não estou a fim de conversar com ninguém. Não tem nada a ver com você, compreenda, por favor.

Mesmo com a expressão de desagrado da moça, Felipe colocou a bandeja em outra mesa que estava vazia, sentou-se defronte a ela e declarou, contrariado:

— Tudo bem. Vou deixá-la em paz, mas quero apenas que saiba: apesar de impedir minha aproximação, gosto de você, e minhas pretensões não são as mesmas que provavelmente lhe causaram algum problema para me tratar dessa forma. Pensei que, pelo menos, pudesse ser seu amigo, no entanto parece que não quer. Desejo que seja feliz e se resolva. Fique com suas frustrações. Você não seria boa mãe para meus filhos.

A postura firme do rapaz, que se retirou para outro assento, deixou Dóris pensativa por instantes, mas a perturbação pela qual passava não lhe permitiu qualquer reação, senão permanecer em silêncio com a última frase ouvida conflitando com seu desinteresse.

---

Ao chegar a sua casa, Dóris foi direto para o quarto e não saiu de lá sequer para jantar. Recebeu apenas a visita de Salete.

Quando revelou o que se passou durante o dia, o inoportuno telefonema do ex-namorado, Salete saltou da cama e começou a andar de um lado para o outro:

— É inacreditável que este infeliz ainda tenha procurado você! Venha, temos que contar para seus pais.

— Não faça isso, Salete. Não darei mais essa preocupação a eles. Basta de aborto, basta de psicólogo, basta de tentativa de suicídio, basta de internação em hospital, basta de depressão... Já estou grandinha o bastante para aprender a lidar com meus problemas.



— E você acha que tem condições para tratar disso sozinha?

Procurando o abraço de Salete, Dóris desabafou:

— Tenho você. E, como se não bastasse, aquele Felipe que trabalha comigo ainda me procurou no refeitório mais uma vez, dando uma de carinhoso. Depois de tê-lo dispensado, ficou revoltado, falou coisas que me deixaram ainda mais atrapalhada...

— O que esse energúmeno disse a você? Ofendeu-a?

— Nada... Nada, meu amor... Só me abrace forte... Preciso de você. Abrace-me...

Percebendo que naquele momento não cabia externar ciúme, Salete esperou angustiada a noite seguinte e procurou secretamente os pais de Dóris, antes que ela chegasse, com o objetivo de se livrar do suposto concorrente:

— Então, é o que tenho para contar. Esse cafajeste, que se chama Felipe, está assediando a filha de vocês no trabalho e fazendo mil promessas, a exemplo de Juninho, que, felizmente, sumiu. Sei que isso os preocupa, e Dóris me proibiu de contar, mas, se escondesse, ela poderia se prejudicar outra vez.

Noeli se mostrou indignada, enquanto Fernando fitava Salete com desconfiança.

— Que absurdo! Só tem tarados neste mundo? Vou amanhã mesmo a essa empresa em que você colocou Dóris. Se esse moleque não entrar na linha, chamaremos a polícia.

Tranquilamente, Fernando ponderou, serenando os ânimos:

— Calma, mulher. Obrigado por avisar, Salete. Resolveremos o melhor a fazer e não diremos que foi você que nos contou. Fique despreocupada.

— Como assim?... Vamos resolver? — prosseguiu Noeli. — Já está decidido: aprontarei um inferno na vida desse moleque tarado!

— Sim, querida... Está certo... Mais uma vez obrigado, Salete, amanhã mesmo falaremos com o rapaz — finalizou Fernando abrindo a porta para Salete.



---

A sós, o casal continuou a conversa. Noeli, sem conter a irritação, disparou:

— Não estou entendendo como pode ficar tão calmo com uma notícia dessas, Fernando! Para mim, essa sua ideia de concordar com as sugestões do psicólogo, colocando Dóris para trabalhar, não poderia dar em outra coisa. Em minha opinião, Dóris deveria ficar em casa.

— Não diga bobagem, Noeli. Como quer que Dóris se torne uma pessoa independente, sendo criada debaixo de nossas asas? Não é de galinha choca que nossa filha precisa, e isto estava previsto acontecer... Faz parte do crescimento individual se relacionar com outras pessoas. Esqueceu?

— Estou estranhando sua postura; afinal, para quem queria matar o Juninho, até que está se saindo um bom conselheiro.

— Não é isso, Noeli... Percebi que não adianta tratar nossa filha como nossos pais nos trataram. A geração é outra, as opiniões são outras, e a forma de tratar os problemas também. Diante de tantas diversidades de ideias e interesses, além das adversidades da vida, temos de nos adaptar às situações estranhas para nós. Compreendi a necessidade de criar nossa filha para o mundo, não para nós. Entendeu agora?

Noeli se aproximou do marido e recostou a cabeça em seu peito:

— Você tem razão, Fernando. Estou mais tranquila por saber que pensa assim, pois dessa forma saberei não ter mais necessidade de colocar panos quentes nas discussões. Nem quero lembrar sua reação quando soube do aborto que Dóris fez.



— Que, aliás, não fez sozinha. É bom lembrar que Salete a ajudou e, embora com o interesse de colaborar, Dóris quase ficou estéril... O que me fez olhar de forma diferente foram as idas ao psicólogo participando algumas vezes do tratamento de Dóris. Foi bom para mim também. Fez-me abrir a cabeça para algumas realidades...

— É mesmo... Hoje em dia, os jovens têm muito mais informações. Mas, Fernando... Como lidamos com o moço? Precisarei me controlar para não sentar a mão nesse tarado... Você acha melhor conversar com a Dóris antes de procurá-lo?

— Deixe esse assunto comigo, Noeli. Combinarei com Silvério para arrumar um jeito de me colocar diante do rapaz. Sua presença só irá atrapalhar. Essas coisas se resolvem de homem para homem, acredite. Depois lhe contarei o resultado da conversa. Não comente com Dóris nem com Salete.

— Talvez tenha razão... Percebi seu olhar de desconfiança lançado para Salete. Por quê, Fernando? Sabemos que Salete é a única pessoa em que Dóris confia e é digna de confiança, pois, não fosse por ela, sabe-se Deus como e quando descobriríamos que nossa filha está sendo assediada no serviço...

— Não sei, não... Percebi certo prazer de dominação dessa menina sobre Dóris. Quero ver quando Dóris expandir o círculo de amizades e arrumar novo namorado, se essa consideração mostrada por Salete continuará...

No dia seguinte, no horário do almoço, Fernando, conduzido por Silvério, estava na presença de Felipe, fora da empresa:

— Pronto, Felipe. Este aqui é o Fernando, pai de Dóris. Eu os deixarei a sós para conversarem. Até logo.

Fernando tomou a iniciativa do diálogo:

— Agradeço sua boa vontade em concordar de conversarmos em sigilo.

— Não tenho motivos para me recusar a falar com o senhor, mas confesso que estranhei bastante saber dos motivos que o trouxeram aqui.

— Dá para perceber, pelo seu tratamento, que é uma pessoa educada, mas vamos ao que interessa. Obtivemos informações de que você está assediando minha filha Dóris. É verdade?

Assumindo postura de indignação, Felipe respondeu:

— Desculpe, mas isto é um absurdo! Foi Dóris quem reclamou para o senhor?

— Não importa. Gostaria de saber quais são os seus interesses com minha filha, se é que os tem. Por favor, conte-me sua versão dos fatos que nos levaram, eu e minha esposa, a sentir necessidade de averiguar uma informação que nos foi trazida.

— Serei bastante objetivo e sincero. Tinha muito interesse em sua filha; aliás, eu me apaixonei desde o primeiro instante em que a vi, mas fiquem o senhor e sua esposa tranquilos, não tenho mais interesse algum, porém, nada disse a ela que a ofendesse ou magoasse.

— Estou vendo que ficou contrariado e, pelo que demonstra, parece que foi ela quem o magoou. Posso saber por que informa terminante desinteresse?

— Ah... Pode sim... Terei prazer em revelar. Ela não ter interesse por mim é compreensível, não permite a menor aproximação, por mais sutilmente que tenha tentado me aproximar, mas me tratar com o desdém que me tratou não é justo... Desde o primeiro dia que a conheci, mal olha para a minha cara para responder e, quando responde, o faz por meio de patadas. Enfim, não quer saber de conversa, por isso fui "terminante" como o senhor mencionou. E... Desculpe-me, acho que me excedi... O senhor não tem nada a ver com o meu fracasso e o total desinteresse de sua filha por mim, mas, se sua preocupação é o mal que poderia causar a sua filha, fique tranquilo, não era o que pretendia. E me desculpe dizer, mas começo a acreditar que as mulheres não querem saber de boas intenções.



Sem esconder a simpatia que sentiu pela exposição do rapaz, Fernando abriu largo sorriso e indagou:

— Ora essa, meu amigo! Usou de sutileza? Falou com todas as letras o que sentia por ela?

— Se quiser saber, estou acreditando que deve ter se sentido ofendida porque expressei a ela que desejo que seja feliz e se resolva, que fique com suas frustrações e que ela não seria boa mãe para meus filhos. Desculpe, senhor Fernando, mas sou "super-homem", cansei de ser desprezado, por isso reagi dessa maneira.

Gesticulando a simulação de choque, Fernando colocou a mão na cabeça para perguntar:

— E o que ela lhe respondeu, rapaz?

— Ficou olhando para mim com cara de interrogação e não se dignou sequer a responder... Tratou-me com tanta indiferença que nem um cachorro merece.

Ao observar que Fernando coçou a cabeça, contendo o riso e fitando-o como se tivesse feito besteira, Felipe não resistiu e questionou:

— O que houve? O senhor me procurou para parabenizar sua filha por resistir aos apelos de um idiota como eu?

Assumindo tom paternal, Fernando quebrou o silêncio, colocando uma das mãos no ombro de Felipe para revelar com calma:

— Olhe, meu filho, preciso lhe contar uma coisa... Dóris teve uma frustração muito grande no último relacionamento que teve. Ela fez um aborto sem nosso consentimento e, sem saber lidar com o arrependimento, tentou o suicídio cortando os pulsos. Atendendo às recomendações do psicólogo, consegui colocar minha filha nesta empresa, considerando que trabalhar seria bom para mudar a sua mente de direção... Você entende? Talvez não seja indiferença que ela sinta por você, e sim medo.



Recolhendo-se assombrado, Felipe exclamou:

— Nossa!... Agora estou entendendo a dimensão da besteira que fiz ao dizer que não seria boa mãe... Imagino o que deve ter representado para ela... Desculpe, senhor Fernando...

— Ei, rapaz, pare com isso! Você não tinha obrigação de saber, mas, antes de começar a pedir desculpas por qualquer coisa, deixe-me lhe dizer o que os fatos representaram para todos nós. Para ela, quase a perda do útero, destruindo o seu sonho de ser mãe, a falta de gosto pela vida, enfim, meses de terapia; finalmente, para nós da família, ver uma filha única quase morta. Mas agora estou pensando se o que disse a ela não representou a esperança de existir alguém que a ame verdadeiramente. O que acha?

— Dóris deve ter ficado com ódio de mim... O senhor não acha? — replicou Felipe.

— Pode ser que sim... Pode ser que não... Vai saber o que passa na cabeça de uma mulher? Independentemente do que Dóris pensa, gostaria de saber o que você fará com essas informações que possui.

— Não sei o que lhe responder, senhor Fernando...

— Mas eu sei o que lhe pedir: nunca revele a ninguém, nem mesmo a Dóris, que lhe contei, mesmo que um dia ela mesma venha lhe contar. Se o seu interesse por ela persistir, mesmo depois das coisas que sabe, boa sorte. Saberá o que fazer, mas, se não tiver mesmo interesse algum, peço apenas que mantenha sigilo em consideração à nossa família, porque esta é realmente uma situação muitíssimo constrangedora para todos nós.

— Sim, senhor. Eu tenho consciência. Garanto-lhe que respeito. Pode ter certeza absoluta de que, se alguém souber o que me contou, não será por mim.

Fernando apertou a mão de Felipe e se despediu. O jovem ficou ali, a ruminar pensamentos, tentando traduzir as impressões que sofreu ao descobrir a verdade dos fatos que motivaram a displicência de Dóris para com ele, indagando a si próprio a dimensão dos sentimentos cultivados por aquela moça que não conseguia tirar do pensamento. Sem compreender por que, em vez de se conformar, sentia mais vontade de se aproximar dela.

# 4

Ansiosa por novidades, Noeli se dirigiu ao marido assim que ele chegou:

— Conte-me como foi com o tarado.

— Amputei-lhe o órgão genital e guardei num vidro de formol. Só devolverei para o infeliz quando nossa filha tiver ficado "para titia", na certeza de que estará salva.

— Pare de brincadeiras, homem... Diga logo, estou aflita.

— Fique tranquila, passei uma descompostura no garoto. Não se atreverá mais.

— Como ele é?

— Agora é cego de um olho, está com o nariz quebrado e ficou manquitola.

— Pare de me torturar, Fernando, seu palhaço! Fale sério, é apenas uma curiosidade feminina.

— Está bem, Noeli... Satisfarei sua curiosidade. Não faz o meu tipo, é feio de doer. Aliás, não o beijaria na boca nem que me pagassem.

— Se não me contar, telefonarei para a esposa do Silvério para perguntar a ele.

— Era só o que me faltava... Se soubesse teria pedido uma foto do seu pretenso genro. Vamos lá. Ele é alto, cabelos negros como a noite, dentes brancos, com um sorriso que mais parece o teclado de um piano, e tem uma voz contagiante... Macia... Acho que gamei...

— Fernando, você não vale nada. Você bebeu?

— É verdade, Noeli. É mesmo um rapaz galante, bonito. Pena que tive de ser duro com ele.

Com ar de lamentação, Noeli comentou:

— É uma pena!... Bem que nossa filha poderia arrumar um namorado decente, não é, Fernando? Tenho medo de que ela demore a se recuperar e fique mesmo "para titia"...

— Tudo passa, Noeli... Tudo passa. Agora pode contar para Salete, assim ela não se sentirá ameaçada.

— Não entendi por que o deboche...

— Nada, não, mulher... É que ela se acha a dona de Dóris, só isso.

---

No quarto, Salete perguntou a Dóris:

— Aquele cafajeste do Juninho não a procurou mais?

— Não, graças a Deus.

— E aquele que estava dando em cima de você se aventurou de novo?



— Não, Salete, não... Estou percebendo que não posso contar tudo para você, senão fica nervosa.

— Pudera! Amo você, querida. Só quero seu bem, esqueceu?

— Levaria a mal se lhe perguntasse uma coisa, Salete?

— Só se me perguntasse se a amo, pois disso não pode ter dúvidas.

— Você nunca teve um namorado homem?

— Tentei, forçosamente, duas vezes... Foi por pouquíssimo tempo. Pode parecer estranho, mas desde pequena tenho aversão a homens. Lembro-me de que o primeiro que beijei me deu vontade de vomitar. Por que a pergunta, Dóris?

— Porque é incomum e acho estranho...

Passados poucos dias, na primeira hora, Felipe adentrou a sala de Dóris. Colocou sorrateiramente um bombom sobre sua mesa e cumprimentou-a com um sorriso:

— Bom dia. É para adoçar o seu dia.

Desconcertada, a moça apanhou o mimo:

— Um bom dia para você também, Felipe. Estou em falta com você... Gostaria de lhe pedir desculpas pela última vez que nos falamos no refeitório. É que eu...

— Desculpas do quê, moça? Não me lembro de ter motivos para desculpá-la. Hoje é outro dia, amanhã é outro e assim por diante...

— Percebi que deixei você bravo, fui mesmo grosseira. Reconheço que nada tem a ver com os meus problemas. Quero que saiba que não há problema em sermos colegas de trabalho. Você é um rapaz bom, mas naquele dia atravessava um momento difícil.

— Vamos ver se posso desculpá-la então. Posso me sentar à sua mesa para almoçarmos juntos?

— Claro que sim, Felipe.

— Ah, bom! Assim está melhor — e o rapaz foi para seu posto de trabalho.



Dóris ficou pensativa e iniciou um embate consigo mesma:

"Por que as coisas têm de ser assim? No começo, Juninho esbanjava a mesma gentileza, demonstrava o mesmo carinho, mas depois... Por que os homens têm prazer em ser cafajestes? Fazem-nos apaixonar por eles e, quando conseguem, só querem se aproveitar. Mas... esse tal Felipe... parece ser uma pessoa tão boa... Não! Não me deixarei iludir novamente. Amo Salete e ela pelo menos não irá me engravidar, mas... Parece que me falta algo... Com certeza este 'algo' não está com outro cafajeste que só pretende se aproximar para se aproveitar! Já sei o que farei com esse Felipe: permitirei que pense estar conseguindo me conquistar e darei uma lição nesse infeliz que ele vai ver só. Mas... Ele é lindo... Nem tinha parado para reparar nisso."

Ainda na parte da manhã, Dóris atendeu ao telefone:

— Dóris, sou eu, Juninho. Não desligue, preciso lhe falar.

— Não acredito. Você novamente! Já não basta o que fez? O que quer de mim agora?

— Eu não fiz nada, não mandei você para clínica de aborto... Se desligar na minha cara novamente, irei até aí.

— E, se você vier, seu canalha, mau-caráter, chamarei a polícia — Dóris bateu o telefone com raiva e se fechou no banheiro para chorar.

No horário do almoço, Felipe se aproximou dela, conforme haviam combinado.

Outras pessoas conversavam ao redor, mas desta vez ele teve coragem de pedir discretamente:

— Dóris, por favor, gostaria de falar em particular com você. É possível?

— É espantoso como você parece escolher os dias em que me sinto uma formiga para querer conversar!... Está bem, desta vez não estragarei seu almoço, pois o meu já era.

Estavam apenas os dois na extensa bancada e Felipe iniciou:



— Primeiro me diga: por que está tão triste, Dóris? Sequer dirigiu a palavra aos presentes.

Dóris não poupou o interlocutor, expondo com rispidez:

— Muito bem. Disse que queria ser meu amigo. Então vou lhe esclarecer uma coisa e quero que preste atenção: não estou interessada em paquerar, namorar, casar, engravidar... nem me envolver com ninguém! Também não estou com vontade de revelar o que me aflige. Fui clara?

Em posse das informações obtidas de Fernando, Felipe não se magoou e tornou com serenidade:

— Tudo bem, mocinha, não precisa ficar nervosa. Não estou cantando você, mas não vou negar que gostaria de encontrar uma brecha nesse seu coração e conquistá-la.

Afinal, há coisas que não dá para explicar, como ter me apaixonado por você, por exemplo.

— É um disparate mesmo!... Os homens são todos iguais... Sempre a mesma conversa. Mal me conhece e se diz apaixonado por mim. Pensa que sou idiota?

— Sei que não é idiota. Penso apenas em ter uma namorada e ter a paz que nunca tive. Não é apenas porque acho você linda... Gostei do seu jeito, sua forma de falar, quando não está tão nervosa, é claro... Pois, apesar de querer ficar perto de você o tempo todo, parece que tem prazer em só me dar lambadas...

Dada a forma carinhosa com que Felipe se expressou, Dóris resolveu tomar mais cuidado e continuou, com precaução, querendo saber mais:

— Sei... Agora vai me contar uma história triste para me comover... Já caí nessa algumas vezes... Diga-me: por que não conheceu paz em sua vida?

— Não conto nada se não quiser ouvir. Esteja certa de que gostaria de ter alguém para compartilhar algumas coisas. Dá para sentir que você se comporta assim por ter sido enganada e ficou traumatizada. Pois saiba que não é a única.

Invadida por curiosidade que lhe fez esquecer momentaneamente a raiva e os medos que sentia, Dóris perguntou o que ele considerava engano, pedindo que explicasse logo porque o horário de almoço se extinguia. Felipe revelou:

— Uma namorada me abandonou quando fizemos três anos de noivado e me trocou por outro, somente porque tinha situação financeira melhor que a minha. Hoje não tenho vergonha porque sei que ela é quem deveria se envergonhar, tanto que ainda me procurou mesmo depois de estar casada.

— E o que você fez?

— O que você acha?

— Como vou saber? Relacionou-se com ela depois que estava casada com outro?

— Não, Dóris. Apenas desejei que fosse feliz e não a vi mais, pois não quero para o outro aquilo que não quero para mim.

— Está contando isso só para eu pensar que é santo! Duvido que tenha resistido a ela, quer dizer, se é mesmo verdade que o procurou.

— Acredito que você pense assim mesmo, pois deve ser daquelas que imaginam todos os homens iguais, e ficam amargas e solteironas, como a dona Zelinda, olhando a mesa dos outros para ver se encontra pretexto para avinagrar a vida do chefe.

Conseguindo arrancar risos da interlocutora, Felipe aproveitou para emendar:

— Fique tranquila, não vou deixar isso acontecer com você. Seremos um pelo outro. Se der certo, nos casamos.

— Vejo que minha aversão a casamento está na mesma proporção que sua obsessão por se casar... — encerrou Dóris fazendo chacota.

— Não tem problema, uma hora um dos dois terá que ceder, não é?

— Sim, mas vamos voltar ao trabalho porque de um jeito ou de outro precisamos trabalhar.



Na manhã do dia seguinte, Felipe foi surpreendido por Dóris, que passou por sua mesa, sorrateiramente, e entregou-lhe um bombom:

— Estou retribuindo como demonstração de agradecimento por ter me feito saber que não sou a única com problemas.

Sem conseguir disfarçar a imensa alegria, ele brincou:

— Se soubesse que faria isso, teria lhe relatado uma lista enorme das minhas desilusões... Daí ganharia bombons todos os dias...

Durante algumas semanas, Dóris passou a admitir mais conversas, encontrava-se todos os dias com Felipe no refeitório e despertava afeição motivada por demonstrações de patente carinho.

Dóris passou, inclusive, a trocar telefonemas com Felipe durante o expediente no trabalho e telefonar para sua casa quando não estava com Salete.

Observando a oportunidade favorável indicada pelos olhares carinhosos que Dóris dispensava, Felipe pediu discretamente ao senhor Silvério que deixasse recado para o pai de Dóris lhe telefonar.

— Aqui é o Fernando, pai da Dóris. Tudo bem com você, rapaz? A que devo a honra de receber seu recado?

— Está tudo bem comigo e está ficando melhor. Pedi para o senhor me telefonar porque preciso lhe perguntar uma coisa.

— Pergunte.

— Estou sentindo sua filha se afeiçoar a mim e, dependendo do que acontecer, terei sua permissão para namorá-la?

Rindo muito, Fernando respondeu:

— Ué? Conseguiu amansar a fera? Mas nem precisava me telefonar para isso, rapaz. Afinal, não sou eu o interessado em Dóris. Aliás, pensei que, depois do que lhe contei, tivesse perdido o interesse. Ela lhe disse alguma coisa?

— Sabe, senhor Fernando, confesso que fiquei chocado quando me falou, mas isso não serviu para diminuir o que sinto por Dóris... Pelo contrário, me interessei mais. Ela não me contou, mas pode ficar tranquilo, farei como combinamos. Se acontecer de ela me apresentar ao senhor, fingirei que nunca o vi, está bem?

— Está certo, rapaz. Olhe, nem a mãe dela sabe, ou melhor, ela pensa que intimidei você, mas consigo contornar a situação. Só gostaria que me fizesse uma gentileza: me conte se sua conquista der certo, mesmo se ela não quiser que saibamos. Fique sossegado, isto não servirá para vigiá-la, apenas ficarei mais tranquilo por coisas que você não precisa saber. Confie em mim, está bem?

— Ok. Pode deixar, senhor Fernando.

Dóris se apaixonou por Felipe que, por sua vez, confirmava intenções de amor através de bilhetes, mimos, de forma discreta, respeitando o momento em que a amada estivesse completamente segura para assumir reciprocidade de sentimentos.

Embora não tivesse revelado o que ocorria, Salete percebeu a ausência de Dóris e reclamou:

— O que está acontecendo, Dóris? Não me procura, me evita... Por que se tornou fria e não presta mais atenção nas coisas que falo? Acabou seu amor por mim?

Ainda confusa e com medo, Dóris se esquivou:

— Nem eu sei o que está acontecendo comigo... Não tenho mais vontade de...

— Não tem mais vontade de nada comigo, ou não tem mais vontade de nada com ninguém? — retrucou Salete com ares de desconfiança.

Perante o silêncio de Dóris, Salete ficou temerosa de ouvir o que não queria e emendou:

— Tenho uma notícia ruim para você...

— Que notícia?

— Não consigo mais viver sem você...



— O que quer dizer exatamente com isso, Salete?

— Quero dizer que, se me deixar, morrerei, porque você é parte de mim.

Com medo da insinuação, Dóris se deixou abraçar e se entregou aos carinhos da parceira.

---

Conquistados o coração e a confiança de Dóris, chegou o momento oportuno para Felipe:

— O que acha de irmos ao cinema no sábado?

— Acho que não vai dar. Tenho que estudar para uma prova.

— Dóris, olhe nos meus olhos... Dê-me uma chance, dê uma chance para nós dois... Não deu para perceber o quanto me esforço para resistir a sua boca e não lhe dar um beijo no meio do refeitório? É porque a amo — tentou beijá-la, mas ela o afastou:

— Não... Por favor, não quero.

— Mas, querida, ouvi um não que mais parece sim... Diga se estou enganado... Penso todos os instantes em você... Acha que não merecemos ser felizes juntos?

Denotando extrema confusão, Dóris cedeu a custo:

— Direi por que não podemos ficar juntos. Contarei a verdade. Sairemos no sábado e conversaremos. Não é justo alimentar esperanças em você e ficar me escondendo...

# 5

A relação entre Dóris e Salete se tornou insustentável.

Eram insistentes as cobranças feitas por Salete e negadas por Dóris, que, não suportando a pressão, explodiu:

— Salete, não estou mais com vontade de fazer amor com você!

— Dê-me um motivo então — pediu Salete a chorar.

— Estou apaixonada por um rapaz!

— Então é isso mesmo... Passaram os traumas, não precisa mais de mim e quer me jogar na lata do lixo...

— Não é assim. Não estou jogando você no lixo... Meu Deus! Só descobri que não... que não...

— Que não sou suficiente para você!

— Salete... Podemos ser amigas...

— Não podemos! Eu amo você. Droga!

No calor da discussão, as jovens não perceberam a exaltação, excederam no volume da voz, o que acabou chamando a atenção dos pais de Dóris.

— Fernando, Dóris e Salete estão brigando. Vou lá para ver.

Fernando tentou segurar a esposa, tentando convencê-la a deixar que discutissem, mas ela não se conteve, adentrou ao quarto e flagrou Salete forçando Dóris a dar-lhe um beijo na boca.

A manifestação de indignação foi instantânea:

— O que é isso?

Tanto as jovens quanto Noeli permaneceram estáticas por instantes. Fernando, aproveitando-se da paralisação momentânea da esposa, arrebatou-a pelo braço e lhe advertiu ao ouvido:

— Preste atenção, Noeli. Imagino o que você viu, mas permaneça em silêncio. Venha para nosso quarto imediatamente, pois preciso orientá-la.

Perante a firmeza com que o marido se pronunciou, Noeli obedeceu sem qualquer reação.

Ele fechou a porta, colocou a esposa sentada na cama e esclareceu:

— Tenha calma, Noeli. Sei que viu o que essas duas fazem, mas consultei o psicólogo sobre isso e ele recomendou que tivéssemos paciência, porque o caso de Dóris pode ser passageiro.

— Então você sabia que nossa filha se tornou lésbica e não fez nada?

— Noeli, como lhe disse, pode ser apenas uma fase. É preciso compreender que...

Noeli não deixou que o marido terminasse a argumentação. Dominada por incontrolável desvario, adentrou no quarto da filha:

— Salete, não quero saber de explicações de ninguém. Saia daqui agora e não volte nunca mais.

Dóris tentou acalmar Noeli, juntamente com Fernando, mas ela estava tão transtornada que apanhou à força o braço de Salete quase a arrastando para fora.

Muito constrangida, Salete condescendeu, alcançou a porta de saída aos prantos. Ouviu a porta ser batida com estrondo e Noeli gritar:

— Estou decepcionada com você, sua lésbica sem-vergonha! Aproveitou-se da desgraça de Dóris para afundá-la ainda mais no poço em que se meteu!

Prevendo que, devido ao estado emocional de Noeli, as coisas poderiam piorar, Fernando se dirigiu à esposa com firmeza:

— Pare com isso, Noeli. Sente-se aqui e vamos...

— Cale a boca, seu inútil! Saia da minha frente — retrucou Noeli, transfigurada. Empurrou Fernando e adentrou no quarto de Dóris.

— Primeiro você engravida de um moleque desgraçado, depois arrebenta seu corpo num aborto, tenta se matar e agora me dá esse desgosto, sua menina irresponsável! Mas, caso não consiga se matar desta vez, eu mato você! Isto na minha terra é safadeza pura, sem-vergonhice, sua burra, sua...

Prosseguindo com diversos impropérios lançados a esmo, em atitude de desespero, a mãe se agarrou nos cabelos de Dóris, socando-a repetidas vezes, sendo necessário muito esforço de Fernando para tentar conter Noeli, que batia na filha vertiginosamente.

Percebendo-se segura por Fernando, Noeli se virou para ele e continuou a agressão física, sem cessar o desvario:

— Que espécie de pai é você? Sabia que uma coisa nojenta dessas acontecia dentro de nossa casa e não fez nada? Isso é traição, Fernando!



Fernando se esquivou o quanto pôde, absorvendo os golpes de que não conseguia se desviar. Porém percebeu que seria necessária uma atitude drástica para livrar a esposa do surto. Deu-lhe um forte tapa no rosto, segurou seus braços, chacoalhou o corpo e exclamou enérgico:

— Pare com isso, mulher... Pelo amor de Deus, aonde quer chegar?

Introspectiva, por instantes recobrando a consciência mediante a improvisada atitude do marido, Noeli se aquietou e ficou com o olhar perdido.

Certificando-se da mudança de comportamento da esposa que se recompunha, consternado, Fernando dirigiu

Noeli a uma cadeira, fazendo-a sentar-se, e liberou com cautela seus braços, até deixá-la completamente livre.

Alguns minutos se passaram até que Noeli se desfez da tensão emocional. Dirigiu seu olhar transbordante de lágrimas a Dóris, que estava encolhida sobre a cama chorando copiosamente.

A ira de Noeli se converteu em arrependimento. Ela se atirou na cama e abraçou Dóris, expressando a dor em palavras que se misturavam ao pranto:

— Por que fez isso comigo, minha filha? Eu a amo tanto... Sou capaz de morrer por você, e é isso que você faz? Eu tenho vontade de morrer...

— Desculpe, mamãe, perdoe-me... — respondeu Dóris se agarrando à mãe.

Contemplando em silêncio a reconciliação de mãe e filha, Fernando colocou as mãos sobre a cabeça e pensou que seria melhor deixá-las assim o quanto fosse necessário. Entendeu que o pior já havia passado, mas só saiu do quarto ao perceber que ambas adormeceram abraçadas.

De manhã, Fernando telefonou para o chefe de Dóris e avisou que ela não seguiria para o trabalho porque se sentiu mal. Em seguida se reuniu à mesa do café, com mãe e filha, que estavam envergonhadas, sem trocarem palavras.



Ele mesmo tomou a iniciativa de quebrar o silêncio e falou serenamente:

— Dóris, eu creio que de sua parte compreenda a situação de sua mãe. Não preciso dizer que ela a ama muito, assim como eu. Siga em frente, filha, não fique chateada pela fase que atravessa... As terapias de que participamos foram de suma importância para compreendermos muitas coisas. Na criação que eu e sua mãe tivemos, não se admitia muita coisa no passado. Sei que a fase que atravessa é delicada, porém é necessário seu esforço para superar e levar uma vida normal.

Noeli fazia os preparativos junto ao fogão e não se atreveu a interromper, possibilitando a Dóris responder com olhos marejados:

— Pai, a terapia também me ajudou a compreender muitas coisas, inclusive que você é digno de confiança... Amo você, papai...

Observando Dóris e Fernando se abraçarem emocionados, Noeli não conteve as lágrimas que rolaram, e entendeu a necessidade de se manifestar. Conteve a emoção, aproximou-se de ambos e admitiu:

— De minha parte, posso lhes afirmar que mais uma vez paguei pela língua... Sempre fui de julgar os outros por engravidar antes de casar e paguei por isso... E agora... vou lhes contar algo que não sabem. Quando era solteira e estava no ginásio, eu e minhas amigas perseguíamos uma menina que era homossexual. Nunca me furtei de abominar o homossexualismo. Por isso, Dóris, quero lhe perguntar...

Noeli caiu em pranto, embargando a voz, mas se recompôs com rapidez diante da necessidade:

— Você é lésbica, Dóris?

— Desculpe, Noeli, mas não acho que este seja o momento para abordar este assunto — interveio Fernando, que foi interposto por Dóris:



— Obrigada por sua preocupação, papai, mas preciso responder. Se o fato de me envolver com Salete significa lesbianismo, então sou. A discussão que tivemos ontem foi para romper relações com ela. Aprendi a admitir meus sentimentos, independentemente do que os outros pensem. Você entendeu, mamãe?

— Não entendi. Você efetivamente sente atração por mulheres, ou não? É o que quero saber.

— Não sei, mamãe. Fico constrangida de falar neste assunto na frente do papai. Talvez por ter o preconceito que você tem é que me envolvi com Salete. Não pretendo justificar isso, mas eu estava num momento de vulnerabilidade quando Salete me apoiou... Para superar a carência e o desprezo que senti, eu me envolvi com ela dessa forma. Para dizer a verdade, fiquei com nojo dos homens, mas vi que a coisa não funciona assim.

Confusa, Noeli mal esperou Dóris concluir a frase para indagar:

— E agora não tem mais nojo dos homens? Tem algum rapaz em vista?

— Desculpe, mamãe, mas espero que respeite. Não quero falar mais sobre isso.

— Por que não? Está bem... Está bem. Não precisam me olhar com essa cara de condenação... Admirei sua atitude, Fernando. Estou orgulhosa de você, mas, já que a recomendação é de não deixar para depois, quero que saiba. Fiquei um tanto decepcionada ao descobrir que sabia o que ocorria e não me contou... Não acha que sofreria menos se compartilhasse essas informações comigo?

Fernando respondeu:

— Conhecendo o que você pensa a respeito, tive certeza de que não compreenderia e seria intempestiva. Respeitei o momento que Dóris atravessava, considerando que seria uma fase transitória.

— Como descobriu? Vamos lavar a roupa suja de uma vez — insistiu Noeli.

— Sei que ficará envergonhada, filha, mas vi você e Salete naquela vez que nos acompanhou ao sítio do meu primo.

Com a mão na cintura, Noeli não conteve a observação:

— Não entendo como conseguiu suportar olhar e não fazer nada, Fernando. Justo você, que ficou indignado ao ver dois homens se beijando certa vez...

Notando o constrangimento de Dóris com a contundência das palavras da mãe, Fernando esclareceu:

— É verdade, Noeli, mas isso aconteceu no passado. Hoje compreendo que devemos respeitar a opção sexual das pessoas. Não é certo julgar preferências. Aliás, Dóris e

Salete não cometiam crime algum. Quero crer que você esteja satisfeita com minha resposta e coloque uma pedra em cima disso. Estou certo, Noeli?

Demonstrando concordância verbal divergente da expressão, Noeli decidiu não dar prosseguimento ao assunto para evitar desavenças.

Logo que chegou ao trabalho, Fernando telefonou para Felipe. Orientou-o a não procurar Dóris momentaneamente. Justificou, dizendo que a filha estava sensibilizada com fatos inconvenientes de se revelar e fazia o alerta motivado pelo interesse de que o jovem pudesse conquistá-la.

Atendendo às recomendações do pretenso sogro, Felipe não procurou Dóris. Qual não foi sua surpresa, depois de dois dias, quando a moça o cobrou:

— O convite para o cinema no fim de semana está de pé?

— Sim, claro! Dóris, eu... Eu fico... quer dizer...

Dóris riu da felicidade que o rapaz não conseguia esconder:

— Difícil acreditar que esteja gaguejando, Felipe... Mas eu entendo por quê. É que só lhe dei patadas, não é?

— Não estou reclamando de nada, porém não acostume. Não vou mentir, estou feliz mesmo.



— Só não sei se ficará feliz com o que saberá a meu respeito...

Diante do esmorecimento de Dóris, Felipe descontraiu:

— Por quê? Você acha que não gostarei dos nomes que pensa dar para nossos futuros filhos?

---

Os dois dias que faltavam para chegar o fim de semana demoraram uma eternidade para o ansioso casal, despertando a curiosidade de Noeli, que perguntava ao marido:

— Tenho notado um brilho diferente no olhar de Dóris... Até a voz dela está modificada. Está acontecendo algo que eu não estou sabendo, Fernando? Ela anda se encontrando às escondidas com Salete? Não minta para mim!

— Ora, mulher, não adianta me olhar com essa cara de desconfiança. Pergunte a ela.

— Já perguntei, mas ela se esquiva. Pensa que sou tonta.

Em situação diferente estava Salete. Chorosa, amargava a saudade da amiga, recostada ao ombro de sua mãe. Celeste tentava consolá-la:

— Não fique assim, querida... Esta não foi a primeira e, provavelmente, nem a última vez que se sente assim... Amanhã será outro dia. Procure suas amigas, mude de assunto, de pensamento...

— Não estou com vontade de nada, mãe... Dóris não foi uma paixão fortuita, eu a amo de verdade...

— Ah! Minha filha... Mesmo que esteja convicta disso, há de concordar que não existe um sentimento de amor unilateral que dê certo...

— Deveria concordar com você, mas existe, sim. O meu amor por Dóris é um caso de amor eterno... E o pior é que não vejo expectativa para poder me aproximar dela... Ela mesma já deve estar com outro e... e...

— Já falei, Salete. Desvie o pensamento, ocupe-se com outras coisas...

— Não consigo, mãe... Estou tão mal... A mãe de Dóris me escorraçou como se eu fosse um cachorro sarnento... Estou com tanta saudade de Dóris... Nunca senti algo assim, tão dolorido, por alguém.

— Calma, Salete, tudo passa, minha filha... Tudo passa...

Depois de relatar o que lhe aconteceu, Salete finalizava em seu diário:

*Ai que ódio!*

*Se passasse um poodle na minha frente agora, eu chutava!*

*Não sei por que ainda me enervo com essa gentalha como a Noeli, que se acha melhor, só porque se considera normal... E o que pensa que sou? Um ET com órgão genital masculino na cabeça?*

*Como sou burra! Já deveria ter previsto que isso iria acontecer. Clichê: uma menina que engravida, aborta, corta os pulsos até quase arrancar as mãos, desilude-se com homens, e a tonta aqui pensando que fosse ficar para sempre com "o amor de sua vida"...*

*Mas não é só uma menina, é a Dóris... Que droga!*

*Bem, "senhorito" Salete: o que fazer agora? Ser ou "matar" a senhora Noeli, eis a questão!...*

*Aquela lambisgoia da Noeli é um bujão de gás querendo parecer um guarda-chuva fechado! Odeio aquele esmalte horrível que a mais brega das criaturas abominaria! E o que dizer daquele rabo de cavalo que ela usa e mais parece uma rama de alho velho? Ai, que raiva! Acho que vou explodir.*

*Que coisa! Às vezes leio o que escrevi lá atrás e fico com raiva de mim mesma.*



*Para quê? Melosa como leite condensado e só me oferecem vinagre, limão e fel.*

*Será que Dóris ficará com saudade de mim?*

*Não é possível que não sinta, afinal... Afinal o quê, Salete? Acorda! Dóris não é mulher para você. Salete merece mais que isso!*

*Já estou dizendo bobagens.*

*E, por falar em leite condensado, quer saber? Com licença que vou tomar uma lata inteira de leite condensado, assim diminuo esse ódio mortal!*

# 6

O tão esperado fim de semana chegou. Aconteceu o primeiro encontro de Dóris e Felipe.

Do local previamente marcado, ambos seguiram para o cinema. Felipe expôs suas impressões:

— É estranho falar com você fora da empresa... Esperei tanto por este momento que mal estou acreditando...

— Como lhe disse, Felipe, antes precisamos conversar.

— Vamos à lanchonete primeiro. Assim conversaremos.

Na lanchonete Dóris deu início ao diálogo:

— Hoje consigo falar nisso sem chorar, mas houve um tempo que...

Dóris discorreu passagens que vivenciou desde o começo do namoro com Juninho, a gravidez imprevista, o aborto, a tentativa de suicídio e, para finalizar, com as lágrimas que não conseguiu evitar, mostrou as cicatrizes nos pulsos:

— Olhe para isto e me diga se, depois de saber de tudo, ainda sente o mesmo desejo por mim...

Felipe ouviu pacientemente todo o discurso, diligenciando cuidados para não demonstrar que já sabia. Tomou os punhos estendidos, beijou-os carinhosamente e respondeu com o olhar fixo ao dela:

— Depois do que me contou, não lamento o fato de não estar na sua vida naquela época, mas agradeço ter sobrevivido para estarmos juntos. Para mim é o que importa. Caso contrário, como poderia ainda sonhar em encontrar a mulher que amo?

Aconteceu o primeiro beijo do casal, selando a união.

Felipe acompanhou a nova namorada até a casa dela.

A futura sogra esperava angustiada em frente ao portão:

— Dóris, quer mesmo me matar do coração? Você disse que voltaria às dez horas, são mais de onze...

— Ora, mamãe, o ônibus de sábado é difícil... Este aqui é Felipe. Esta é minha mãe, Noeli.

Noeli correspondeu à pronta iniciativa do rapaz e estendeu-lhe a mão. Dirigiu a ele um olhar indagador e o convidou para entrar, prevendo que não fosse aceitar.

— Sim, senhora, mas apenas para conhecer seu marido, pois está tarde.

Após a apresentação a Fernando, o rapaz falou de suas boas intenções para com a sua filha.

Felipe e Fernando simularam que não se conheciam, porém Noeli não conseguiu disfarçar a patente desconfiança. Esperou o rapaz sair para submeter Dóris a extenso interrogatório e enumerar uma série de recomendações.

A sós com o marido no quarto, Noeli questionou:



— Escute, Fernando, Felipe é o nome do rapaz que a Salete informou que estava assediando Dóris no serviço, não é?

— Não lembro, Noeli. Por que a pergunta? — dissimulou Fernando.

— Sim, é ele mesmo. Dóris disse que trabalhavam na mesma empresa. Sei que você o conhece, mas fingiu há pouco que não o conhecia. Foi esse o tarado a quem você me garantiu ter rezado um padre-nosso quando combinou com Silvério. Você sabia que era com ele que Dóris se encontraria? E, se sabia, por que fingiu que não o conhecia há pouco? Estou de palhaça nessa história, assim como quando sabia das leviandades de Salete com Dóris e não me falou?

Observando que Noeli já aumentava o volume da voz, Fernando respondeu com calma:

— Se tivesse contado sobre o relacionamento de Salete com Dóris, você faria escândalo antes que esse rapaz conquistasse nossa filha. Por que contaria a Dóris que chamei a atenção do rapaz? Não foi nada combinado, se é o que está pensando. Fico feliz de saber que ele é discreto e não se ofendeu com o que lhe disse no dia que fui ao seu encontro. Isso aponta a firmeza de caráter, mas, se contarmos a ela, correremos o risco de comprometer a relação que mal começou... Dóris pensaria que é armação, e você sabe que não é. Entendeu agora?

Ainda contrariada, Noeli continuou a inquirir:

— Dóris há pouco me contou que revelou a ele toda a desgraça, menos a relação que teve com Salete. Estranhei esse tal de Felipe agir naturalmente, aceitando o aborto e a tentativa de suicídio. Você antecipou a ele esses acontecimentos?

— De que importa isso agora, Noeli? Deveria ficar feliz por nossa filha retomar a vida normal... Por que procurar problemas onde não existem e, em vez de agir como inquiridei-ra, não vem logo se deitar e me amar? — convidou animado, ao que Noeli condescendeu, rematando desconfiada:



— Não estou gostando desse negócio de as coisas acontecerem e você não me contar. Só espero que não esteja arrumando sarna para Dóris se coçar, pois, se acontecer algo de ruim a ela, a culpa será sua.

---

Dóris se afeiçoou a Alice, mãe de Felipe, e o rapaz, por sua vez, a Fernando e Noeli.

Salete, entretanto, não teve estrutura para contornar os fatos, que a deixaram em situação de revolta. Adotou um comportamento de promiscuidade sexual, envolveu-se com pessoas de má índole, pervertendo-se na procura de prazeres furtivos e prostituição.

As companhias que estimulavam a decadência de Salete representavam a fuga de suas agruras mal resolvidas, apesar dos esforços de Celeste em tentar dissuadir a filha:

— Salete, é triste ver você levar essa vida secreta, da qual não posso participar. Não sei se está praticando atos irresponsáveis, colocando-se em risco... Não sei onde anda se metendo, não me dá mais satisfação de sua vida... Perdi a autoridade sobre você e já não sei mais o que fazer.

— Fique tranquila, mãe. Drogas não é problema porque não gosto. Tenho plena consciência dos estragos que elas causam. Quanto ao fato de não saber aonde vou, não sabe porque não precisa saber, mas não se preocupe que não dou meu endereço para ninguém.

— Se admite andar com pessoas que sequer podem saber onde mora, como pode vislumbrar futuro com pessoas assim? Volte a estudar, procure um trabalho... Você já tem vinte e um anos... Se eu morrer, o que fará? Não disporá da pensão que seu pai nos paga.

— Que papo mais triste, mãe! Pare de falar em morte. Morrer, todo mundo vai um dia, mas você ainda tem muita lenha para queimar.



A situação de Salete piorou.

Nesses dias de encontros improváveis, cruzou o caminho de Dóris, que trocava carinhos com o namorado na mesma lanchonete em que estava.

Foi inevitável que as ex-amigas trocassem olhares, mas não conversaram.

Quando saiu do local, Felipe ficou curioso:

— Amor, aquela menina ficou encarando você e ainda está ali parada dentro da lanchonete olhando para nós. Você a conhece?

— Deixa pra lá, amor — despistou Dóris com tristeza. — Agora é uma ex-amiga que foi muito querida, mas tivemos um desentendimento e não conversamos mais porque ela achava que eu era obrigada a pensar como ela.

Ao contrário de Dóris, o encontro ocasional produziu efeitos contundentes em Salete. Ela se absorveu em depressão, demandando deliberações por parte de Celeste, que buscou ajuda na casa de Noeli.

— Noeli, aproveitei este horário porque sabia que estava sozinha. Podemos conversar?

— Desculpe, Celeste, apesar de amigas há muito tempo, não vejo motivos para conversarmos. Aliás, nem clima para isso há... Salete lhe contou o que aconteceu aqui em casa?

— Sim, Noeli, contou... Você talvez não tenha motivos para conversar comigo, mas eu tenho e venho lhe pedir ajuda. Minha filha está em depressão, jogada no sofá, sem comer direito e sem dormir. Está apática. Será que você poderia interceder, compreendendo o desespero de uma mãe?

Diante da argumentação pronunciada com sentimento, a anfitriã se comoveu e convidou Celeste para entrar, fazendo questão de continuar o diálogo:

— Reconheço que não nos encontramos mais, Celeste. Não guardo ressentimentos, apenas achei desagradável o fato que sucedeu e não encontrei mais satisfação em visitá-la. Sou muito agradecida pelo apoio que você e Salete prestaram a Dóris quando ela precisou, mas não entendo como posso ajudá-la, pois, se Salete está na situação em que descreveu, deverá fazer o que fiz: procurar um psicólogo para sua filha.

— Penso que Salete sentiu-se rejeitada... Acho que, se você conversar com ela, minha filha se sentirá melhor.

— Conversar o quê, Celeste? Coloque-se no meu lugar. Se flagrasse sua filha fragilizada e arrasada emocionalmente, atracada à outra, querendo lhe arrancar um beijo na boca para praticar sexo à força, o que você faria? Foi isso que aconteceu. Não acho que devo desculpas, deveria desculpas a Dóris porque perdi a cabeça e lhe dei uns tapas... Até o Fernando também levou alguns porque me apartou.

— Sabe, Noeli, existem coisas que só quem vive pode atinar. Você não compreende porque não teve de passar por isso, mas a Salete, desde pequena, sente atração por meninas. Esta é uma coisa que eu ou você não compreendemos porque não faz parte de nós. Por se tratar de minha filha, aprendi a conviver com isso, por amor... Sei que haverá vezes que terei de contornar situações embaraçosas, mas agora está difícil, pois nunca vi Salete desse jeito... Reconheço como é difícil compreender, mas ela se apaixonou por Dóris de uma maneira que não estou sabendo mais o que fazer para reverter o quadro em que Salete se encontra. Olhe, não precisa pedir desculpas, é só conversar com ela para não se sentir tão rejeitada, daí quem sabe ela melhore dessa depressão...

— Antes do flagrante, nem sabia que Salete era lésbica, pois, se soubesse, jamais teria deixado se aproximar de Dóris. Fiquei chateada de você saber e deixar que o relacionamento entre elas acontecesse. Aliás, parece que sempre sou a última a saber em tudo... O meu marido já havia flagrado as duas e não me contou, deixou correr, como dizem os jovens. E quer saber do que mais? Fernando tem menos preconceito, provavelmente porque se convenceu na terapia, senão a situação poderia ficar pior... Imagine: um pai ignorante, como o Fernando, aceitar a filha lésbica...



— Não se engane, Noeli. Seu marido só admitiu o fato sem muito alarde porque não se tratava de um filho homem. Na cabeça dos homens, relações entre mulheres não passam de coisa boba e, na verdade, eles até se excitam com isso às vezes... O preconceito tem várias facetas. Nós, mulheres, entendemos sensibilidade como sentimento, enquanto homens entendem sensibilidade através do tato, por isso se tornam ferrenhos contra o homossexualismo masculino e são condescendentes com o feminino. Quanto a relações amorosas entre mulheres, eles não encaram com tanta hostilidade. Para eles não existe risco de gravidez e, se não existe pênis na penetração, o sexo é coisa nula.

— Celeste, me desculpe novamente, mas, se está tentando justificar o lesbianismo para mim, perde seu tempo. Não concordo com isso porque é uma doença e, como qualquer doença, deve ser tratada por médicos... A propósito, você é lésbica também, Celeste?

— Não, Noeli... Não estou tentando justificar a homossexualidade, estou tentando lhe explicar apenas que não é doença, é uma tendência que homens encaram de uma forma, e mulheres, de outro. Não vem ao caso discutir sobre isso porque não julgo sua maneira de pensar, venho aqui humildemente apenas para pedir que converse com minha filha para consolá-la... Ouvir de uma pessoa de fora da família pode fazer com que ela se sinta melhor... Pode, por exemplo, dizer que, se amava Dóris, o amor é renúncia, que, se a ama mesmo, deve ficar feliz por ver Dóris feliz agora... Assim como Dóris superou, ela também pode superar... Que você tomou a atitude de expulsá-la porque foi um momento passional... Será que você não pode ajudar?

— Estou arrasada por ter de admitir isso, Celeste, mas terá de encontrar outra forma de lidar com esse problema, pois não tenho condições de dizer o que não penso. Não me vejo tentando consolar sua filha diante de um absurdo desses. Como revelei a Dóris, para mim isso aconteceu na forma de castigo pela perseguição que empreendi contra uma colega lésbica no tempo de estudante, mas não significa que mudei minha opinião a respeito: homem é com mulher, e mulher é com homem!

Percebendo que não conseguiria convencer Noeli a conversar com Salete, Celeste se despediu, arrasada. Quando chegou ao portão, concluiu:

— Não fique magoada por isso, Noeli. Enquanto este mundo continuar tão preconceituoso, não conseguiremos paz.

Noeli ensaiou a resposta, e apenas pensou:

"Se admitirmos a homossexualidade, por acaso estaremos em paz?"

---

Entre as amizades recentes que Salete tinha feito, havia Patrícia, que reclamava:

— Deveria ter feito como Salete, que não deu o endereço para ninguém. Pelo menos trabalharia quando quisesse.

— O Zumbi está uma fera porque Salete sumiu e não deu satisfação. Tem uma cliente que cortou relações com Zumbi porque ele teve de inventar que Salete havia se mudado para outro Estado.

— Vixi!... É aquela cliente que aparecia com carro importado?

— Sim, ela mesma. Vi Zumbi explicando para ela que você era parecida com Salete. Recomendou a ela experimentar se deitar com você, mas a madame ficou toda irritada, não quis saber e saiu cantando pneu.

— Bem feito, Ágata! É bom acontecer isso para o Zumbi valorizar mais quem está com ele.

— Zumbi valorizar a gente? Está sonhando, Patrícia? Você, aliás, deve estar querendo se igualar a Salete, achando que pode escolher clientes, não é?

— Não é isso. Você viu a criatura com quem o Zumbi queria que me deitasse um dia desses? Se não viu, não fale, porque sei que você também sairia correndo. A senhorinha usava fralda por causa da incontinência urinária, para você ter uma ideia. Dei graças a Deus que a filha dela descobriu a tempo e a levou para casa. Veio se desculpar com Zumbi, alegando que foi um equívoco, pois a mulher era maníaco-depressiva e fugia de vez em quando.

— Tá louco!... Essa eu não sabia!

Compartilhando risos com Ágata, Patrícia finalizou:

— Tá louco, digo eu! Fazer sexo com vivos às vezes é difícil, imagine com defuntos!

# 7

Por mais que se esforçasse, Celeste não conseguiu fazer a filha retomar a vida normal. Contemplava a infelicidade ao observar Salete desestruturar-se completamente em atitudes que confirmavam a necessidade de interná-la em uma clínica psiquiátrica.

Salete entrou em estado de depressão profunda associada a alguns distúrbios de comportamento, tornando-se incapaz de conviver em sociedade.

Atribuindo o declínio psicológico de Salete aos fatos ocorridos a partir do rompimento com Dóris, a mãe, desesperada, procurou-a secretamente. Com esperança de mudança no quadro, revelou os últimos acontecimentos e implorou:

— Eu lhe peço, por caridade, fale com Salete... Compreenda o que estou passando...

Dóris, profundamente comovida, ensejou uma forma de visitá-la, pretextando sair para fazer exames médicos de rotina. Agendou um horário na clínica e foi vê-la.

Salete patenteava tristeza, sem demonstrar reação com a presença de Dóris que, por sua vez, lamentou:

— O que fez com você mesma, Salete? A título de quê entregar-se dessa maneira? Olhe só para esse cabelo desarrumado, essas unhas roídas com esmalte descascado...

Como não obteve resposta, a visitante resolveu ser incisiva:

— Sua mãe acredita que ficou assim por causa de nosso rompimento. Foi só por causa disso, Salete?

A interpelada virou as costas e sentou-se num banco a distância, chorando silenciosamente.

Comovida, Dóris pensou que a forma ríspida não surtiria resultado. Sentou-se ao lado dela e tentou novamente de maneira carinhosa:

— Salete, não fique assim... Converse comigo, por favor... Se não conversar comigo, irei embora.

— Faz tempo que você foi embora — respondeu Salete com ternura, entre lágrimas, fazendo Dóris abraçá-la:

— Oh! Minha querida, eu não fui embora... É que a força das circunstâncias contribuiu para nos afastarmos.

— Olhe para mim... Estou horrível. Não sinto vontade nem de tomar banho.

— Por que não procura se modificar, aceitar que a vida não é do jeito que queremos? Sei do que estou falando... Você lembra que eu mesma tive vontade de morrer? Fui egoísta, não pensei em meus pais. Assim como você, no presente, não entende que temos de dar valor àqueles que nos amam, mesmo quando não temos as pessoas que queremos e não somos correspondidas no amor...



Tentando conter o pranto, Salete se desfez do abraço para continuar:

— Não pense que estou ignorando o estado de minha mãe... Eu sei que não estou louca. É que minha mãe não conseguiu encontrar meios de me fazer ser "normal", me "enterrou" neste lugar temendo que morresse de fome.

— E o que queria, Salete? Desculpe, não estou julgando você, mas depois de algumas coisas que sua mãe me contou sobre o seu comportamento, que alternativa encontraria? Também fiquei preocupada de você...

Captando a insinuação reticenciosa de Dóris, Salete complementou a frase:

— De me matar? Não... Não tenho vontade de morrer, mas sinto que minha vida não tem mais sentido. Reconheço que perder você foi o estopim da bomba que já estava para explodir. Depois de tanta saudade e de tanto fazer besteiras, ao ver você com seu novo namorado, concluí que estava fugindo de mim mesma porque não é só a falta que você me faz, é a falta que sinto de mim mesma... Uma insatisfação inexplicável, uma vontade de ser feliz, mas sem estímulo para isso.

Novamente Salete caiu em pranto, que contagiou Dóris.

Ambas levaram alguns minutos para se restabelecer e Dóris prosseguiu:

— É estranho como consigo entender o que sente, porém não sei o que lhe dizer... Depois de tudo que passamos, sinto segurança para revelar: amo você, Salete, mas não sexualmente. É um desejo enorme de vê-la feliz... Você me entende?

— Sim, tento entender, Dóris. Só que você é certinha demais para ser amiga de uma lésbica, não é?

— Não, Salete... Olhe, vou lhe confidenciar uma coisa: se você tiver iniciativa de mudar de comportamento, esforçando-se para sair daqui, prometo que eu mesma virei buscá-la com sua mãe. E não precisa se preocupar com a minha mãe, pois ela terá que compreender... Não posso deixar você nesta situação. Quanto ao meu namorado, nada sabe sobre nós duas...

— Entendi. Se o seu namorado souber de nós duas, poderá achar que você é anormal. Claro, afinal de contas, não existem histórias de princesas encantadas e nunca se viram princesas serem transformadas em rãs por bruxas malvadas, não é mesmo?

— Pare de zombaria, Salete! Não se trata de estabelecer padrões, estamos tratando de respeitar a opinião dos outros. Do jeito que você fala, parece que todos têm de aceitar a homossexualidade como algo normal.

— Então me diga quem desrespeita mais a opinião dos outros: os que aceitam a homossexualidade, ou os que não aceitam?

— Agora você está querendo fazer um cabo de guerra de ideais... Salete, não chegaremos a lugar algum com este assunto. Quero saber se pretende se esforçar para sair daqui, não estou pedindo para fingir sua opção sexual.

— Ah, bom! Pensei que estivesse pedindo para ficar nua e pousar para revista masculina!... Claro que pretendo sair daqui, ou você pensa que é agradável ficar internada em uma clínica para loucos?

— Por falar nisso, esta clínica é muito confortável... Dá até para pensar que estamos numa colônia de férias.

— Muito engraçado... Pelo menos para isso tenho um pai que está longe à beça que, quando questionado sobre a existência de filhos, tem um motivo especial para se safar da consciência. Alega ter uma filha que, infelizmente, está louca varrida, internada numa clínica que ele paga com muito sacrifício.

— Salete, eu acho que, além da depressão, você está beirando a revolta, se é que já não está revoltada. Dá para pensar no que você sente em vez de criticar o que os outros sentem ou deixam de sentir?



— Dá, sim. O problema é pensar no que sinto e todo mundo achar que pode manipular o que sinto.

— Oh! Salete... Sua espontaneidade me comove, sabia? — ironizou Dóris.

Meneando a cabeça, Salete se levantou e convidou Dóris a acompanhá-la a certa distância, apontando uma interna que varria lentamente folhas secas caídas de árvores.

— Olhe para aquela mulher. Ela varre o chão todo santo dia, devagarzinho... Devagarzinho... Às vezes, fica catando matinhos que nascem nas frestas do piso. Assim é a vida dela, alheia a tudo. Se chegar perto para conversar, nem lhe dará atenção, continuará o que está fazendo... É o mundo dela, só dela...

— Sim. Ela está louca, você ainda não! Ela pode não entender o que dizemos, mas você entende muito bem! Está sentindo pena de si mesma, Salete?

— Não é isso... É que fico observando-a e comparo: andamos com tanta pressa para chegar a parte alguma... Temos pressa para tudo, e de repente a vida se mostra sem nexo, sem graça, não dá vontade de fazer absolutamente nada.

— Desculpe-me, amiga, mas o que está dizendo não tem cabimento. Essa mulher tem idade para ser nossa avó e, provavelmente, teve algum problema de ordem física e mental para agir assim. Quanto a você, resta-lhe compreender, assim como compreendi. É preciso se esforçar para sair dessa situação. Você tem muita energia para gastar em vez de perder tempo admirando a felicidade de uma senhora a catar matinhos e varrer folhas imaginárias. Não acha, Salete?

— Se quiser saber mesmo, sinto inveja dela por estar alheia a este mundo mesquinho, medíocre e preconceituoso... Estou cansada de viver à margem porque carrego um rótulo que não pertence à maioria das pessoas, tendo que esconder minha escolha sexual. Uma mulher só tem valor quando se mostra de pernas abertas para um homem sobre a cama e tem com ele um monte de filhos, depois, é claro, de assinar um atestado de burrice perante o juiz e dizer o sim, fantasiada de véu e grinalda, na frente de um padre.



Dóris, que a ouvia de braços cruzados, esperou o término da exposição e emendou:

— Acabou? Bem-vinda ao planeta Terra, querida! Ainda não tem ônibus com destino à Lua nem a Marte, para que você possa viver em um mundo diferente. Ah! E mais uma informação: precisamos aprender a conviver com a diversidade, porém, se você não fizer a diferença, de que valerão ideias? Ninguém lhe condenará por se apaixonar por uma garota, isto é, se não ficar achando que as que pensarem diferente de você estão erradas.

— Tenho dificuldade para conseguir me situar na hipocrisia deste mundo... O que sugere, Dóris?

— Aconselho que se esforce para se mostrar o que ninguém é, ou seja, uma pessoa normal. Saia daqui, arranje um emprego e ocupe bastante sua mente. Dessa forma, ganharia tempo para fazer a diferença de que lhe falei, dando tempo ao tempo até encontrar garotas que pensem como você.

— Você fala como se fosse muito fácil... Acha simples assim? Aceito todas as contrariedades de quem me discrimina, apago você com uma borracha do meu pensamento, e pronto! Interessante sua sugestão. Por acaso sentiu algo de verdade por mim, Dóris? Sentiu? Responda!

— Não, Salete! Não senti!... Estou aqui porque queria ter certeza de que seus pulsos têm cicatrizes mais profundas que as minhas... Essa sua mania de se fazer de coitada me irrita... Sei que não é fácil. Não foi fácil esquecer o que Juninho me fez. Foi um momento, ora bolas! Ainda bem que conseguimos nos entender e, quem sabe, continuar sendo amigas... Se eu superei, por que você não pode? Não pode se não quiser!



— Eu ainda a amo, Dóris... Tentei amar outras pessoas, até me envolvi seriamente com alguém, mas procurava você em cada rosto, em cada corpo, em cada...

— Pare, Salete! Definitivamente. Eu respeito você e, consequentemente, suas opções, mesmo que diferentes das minhas. Considero amar você, no entanto, pelo que demonstra, parece que seu amor é mais sentimento de posse do que amor, pois não respeita minha opção. Além disso, você se envolveu com um monte de gente não foi para substituir um amor, foi para tentar encontrar prazer. E, longe de querer julgar suas preferências, diga, olhando nos meus olhos, que não foi isso que aconteceu!

Salete permaneceu cabisbaixa, sem resposta. Dóris rematou enfática:

— Mais uma vez, Salete, preste atenção. Não justifica fazer o que está fazendo com sua mãe e comigo, pessoas que lhe querem bem, a pretexto de atribuir motivos de desprezo, rejeição e revolta... Estar aqui é prova do que estou dizendo, mas, se pretende ficar aqui varrendo chão e sendo jardineira de matinhos de mentirinha, o problema é seu. Permaneça fingindo jogar lixo mental debaixo do tapete, porque, no fim das contas, a vida continua, e o tempo não para. De minha parte, proponho até contrariar minha mãe para manter nossa amizade, pois sei que meu pai agora tem outra cabeça e não vai se opor.

— Seu pai não se opõe porque você não corre o risco de eu engravidá-la... É assim que funciona a cabeça dos homens.

— Salete, estou perdendo a paciência com você. Não estou preocupada com a opinião dos outros... Estou satisfeita com a minha própria opinião, mas, se para você o que vale é a aprovação dos outros para ser feliz, então respeitarei sua forma de viver e virei de vez em quando para saber se não está precisando de uma vassoura nova e trarei também uns acessórios para ajudá-la a colher matinhos.



---

Assim que Dóris saiu, Salete relatou em seu diário:

*Por essa não esperava: Dóris me visitando!*

*Por que fico assim desse jeito quando ela está por perto? Por que sinto tanta vontade de viver, respirar, correr, sorrir?... E não desistir?...*

*Essa é boa! Dóris vir me dizer que meu sentimento era de posse e não de amor... Que me envolvi com outras pessoas apenas na busca de prazer...*

*Droga! Jamais conseguirei fazer entender que ela que me possui e me envolvi em prazeres apenas para tentar encontrá-la em cada rosto?*

*Ah! Meu Pai... Se pudesse me apaixonar por Patrícia seria tão mais fácil... Bem que tentei, mas essa coisa de amor, química, cheiro, é como uma droga de que, quando a gente gosta, se torna escrava!*

*Bem que eu queria cortar os pulsos como ela fez e me livrar deste mundo infernal, mas não tenho coragem porque, só de imaginar que não a verei mais, me dá vontade de viver para ter meu amor por perto, mesmo que não possa tocá-la.*

*Mas também não sei o que será de mim vendo Dóris beijando e abraçando o namorado. Sinto tantas coisas que não sei explicar e foi por isso que não consegui superar quando a vi com Felipe da última vez. Fiquei quase louca.*

*Pelo visto, de nada adiantará me fazer de vítima e dar uma de coitada, pois Dóris é cruel quando está convicta de suas decisões. Terei de sair deste lugar se quiser ter ínfima chance de ficar perto dela.*

*Terei de me esforçar muito para a psicóloga daqui me dar alta, senão nem precisarei me matar, morrerei de saudades do meu amor.*



*Será difícil... Por que todo mundo associa normalidade com sexualidade? Será que não dá para entender que, se existem diferenças de gostos, personalidades, também não dá para "normatizar" opção sexual se o assunto está relacionado à alma?*

*Olhe eu aqui tentando explicar o que, para a cabeça de muitos, não há explicação. As pessoas pensam que não há opção: é desse ou daquele jeito, e pronto! Isso me irrita profundamente.*

# 8

Após a visita de Dóris, Salete levou dois meses para receber alta da clínica, propiciando a felicidade de Celeste e a contrariedade de Noeli, que esbravejava junto da filha e do marido:

— De maneira alguma! Não quero saber de lésbicas, ou afins, circulando no espaço da minha casa! É um absurdo! Jamais admitirei um despautério desses. O que está se passando com você, menina? Está precisando levar uma surra?

— Mamãe, escute. Com vinte e um anos, compreendo que já não preciso levar surras. Tenho senso de humanidade. Mesmo depois de ter lhe contado em detalhes, me admira muito não dar importância para a dor de Celeste vendo a filha quase morrer de inanição...

— Quisera tivesse morrido! Isso é conversa fiada! Eu não fui à casa do Juninho pedir que a mãe dele o convencesse a assumir o feto que plantou em você... Pelo contrário, soubemos depois que você tirou, seguramos o rojão e tratamos de vencer os problemas unidos, eu e seu pai, ou será que já se esqueceu?

Ao perceber que a conversa tomava rumo periclitante, Fernando interveio com firmeza:

— Noeli, está tão nervosa que não consegue perceber a impertinência das palavras. Acalme-se, mulher! Aprenda a conversar de forma civilizada.

A interpelada não se conteve:

— Essa é boa! Olha só quem fala... Não quero saber. Se essa lésbica entrar por uma porta, sairei pela outra.

Dóris observou:

— Pelo menos o papai aprendeu alguma coisa com a dor que causei a vocês e lhe asseguro: não serei a responsável pela desgraça de ninguém. Se você não deixar Salete entrar aqui, não poderá me proibir de ir até lá.

— Ah é? E o Felipe? O que pensa disso? A namorada visitando com ele uma ex-namorada?

— Não apele, mamãe... Não me ameace! Se Felipe souber de algo, eu é que não irei mais querer ver você!

— Pois muito bem. Dizem que as mães veem o que os filhos não veem. Estou certa? Se Felipe souber de algo, esteja certa de que não foi por mim que descobriu. Mas preste atenção a um aviso: você vai se meter numa encrenca sem precedentes e sabe para quem vai sobrar? Quem avisa amigo é! — Noeli se retirou resoluta para outro ambiente.

Fernando recomendou a Dóris:

— Não ligue, minha filha. Julgo estar agindo corretamente, mas tome cuidado... Por enquanto visite Salete em companhia de Felipe até sua mãe se acalmar. Cuidado com as amizades que conhecem as preferências de Salete, pois, se alguma de suas amigas disser algo a Felipe, a coisa poderá se complicar.

— Pode deixar, papai, tomarei cuidado. Mais uma vez, obrigada pelo apoio.



---

Dóris passou a frequentar a casa de Salete na companhia de Felipe e contou ao namorado que havia retomado a antiga amizade.

Atendendo aos imperativos da civilidade, depois de alguns meses Noeli foi compelida a aceitar a presença de Salete em sua casa, junto aos novos amigos constituídos, ora saindo em grupo, ora frequentando a casa uns dos outros.

Noeli disfarçava o quanto podia, esforçava-se para aceitar a situação para não sofrer protestos da maioria. Felipe, vez ou outra, comentava com a namorada:

— Tenho certeza de que sua mãe não gosta da Salete. Nem a mais distraída das criaturas deixa de perceber as caras e bocas que ela faz cada vez que a vê.

— Impressão sua, amor. Como lhe falei, ela ficou ressentida por mim quando brigamos, mas é coisa do passado — justificava Dóris.

Afeita às novas amizades, Salete tomou o cuidado para não levantar suspeitas sobre suas preferências sexuais. O seu maior interesse era estar perto de Dóris, apesar de se sentir incomodada, presenciando a ex-amante trocando carícias com Felipe.

Apesar da efetiva demonstração de paixão entre o casal, Salete ainda nutria a esperança de reaver Dóris na condição de outrora, como parceira sexual.

Vislumbrando oportunidade, aproximou-se de Carina, com quem passou a manter mais contato com um propósito...

— Você pode tentar esconder, mas percebi desde o começo. Você é caidinha pelo Felipe.

— Estou perdida, Salete... Se você reparou, com certeza mais alguém deve ter notado.

— Fique tranquila, ninguém percebeu, além de mim. Caso contrário, já seria do conhecimento de Dóris, e ela já teria tomado alguma atitude. A Dóris se esforça para não deixar transparecer, mas é muito ciumenta.

— Mesmo assim, se você notou, é porque demonstrei. Tomarei mais cuidado daqui em diante...

— Como administra isso? Ver a pessoa que deseja se amassando o tempo todo com outra?

— Não administro... Sofro... Fico só pensando que poderia ser a minha boca que ele estivesse beijando e o meu corpo que estivesse abraçando...

Salete sorriu motejando:

— A vida é assim: uns amam, outros chupam o dedo...

— Você brinca porque não sabe o quanto é difícil... Só eu sei o que estou sofrendo sonhando vinte e quatro horas por dia... — lamentou Carina.

Impetuosa, Salete mudou a postura, simulando sentir-se culpada:

— Sabe, Carina, percebi que gosta mesmo do Felipe, mas confesso que às vezes isso me faz sentir mal... Sou sensível demais e reparei outra coisa... Deixa pra lá. O peixe morre pela boca.

— Percebeu o quê, Salete? Agora que começou, termine. Diga, agora!

— De jeito nenhum. Às vezes é melhor ficar quietinha para não arrumar encrencas.

— Salete, arrumará encrenca agora mesmo se não terminar de dizer o que começou.

Certificando-se de aguçar a curiosidade da amiga como pretendia, Salete dissimulou um gesto de quem se sente acuada, pedindo:



— Promete que, aconteça o que acontecer, nunca revelará o que lhe confidenciarei?

— Pelo amor de Deus, Salete... Diga logo. Eu prometo, juro por Deus... Pronto, agora diga!

— Não queria admitir porque Dóris é para mim como se fosse uma irmã, mas... também percebi que Felipe é gamado em você. Pronto, falei! Estou perdida...

Depois do tempo necessário para que Carina saboreasse a sensação de êxtase, franqueando expressão atônita, Salete simulou arrependimento:

— Está vendo por que às vezes fico com raiva de ser tão perspicaz? Seria melhor você não saber.

— Por que eu não deveria saber? Considera-me menos importante que Dóris?

— Não é isso, Carina... É que, pelos olhares que Felipe lança a você, mesmo tentando disfarçar, vejo que logo, logo, Dóris irá sofrer, pois uma hora ou outra esse rapaz vai revelar o que sente, e meu pressentimento nunca falha. Não queria ser intermediária disso.

— Salete, você deve estar enganada... Sou apaixonada por Felipe. Como nunca notei qualquer ato ou gesto que me levasse a pensar o que está dizendo? Se tivesse percebido, já teria me atirado em seus braços...

— É que Felipe, no fundo, é muito bonzinho. Aliás, se parece muito com você. Já reparou que até na aparência vocês se assemelham? Almas gêmeas... Formariam um belo casal.

— Não posso acreditar nisso... Você deve estar louca e querendo me deixar mais louca do que já sou por Felipe.

— Não enlouqueci, não, senhora... Ou acha que não sei que ficarão juntos cedo ou tarde? E serei eu novamente a consolar Dóris, para que não tente se suicidar como já fez.

— O quê? Ela já tentou suicídio?

— Ai, meu Deus! Falei sem querer, escapou...

— Deixe de ser tonta, Salete. Sabe que sou discreta, pode confiar em mim.



— Infelizmente minha irmãzinha tentou se suicidar. Repare nos pulsos dela... Será difícil confirmar porque só usa mangas compridas para disfarçar. A vida é assim mesmo. Não podemos mandar no destino e no coração das pessoas. Dóris ainda ama o antigo namorado e sei que ele a ama também, mas aquela Noeli é fogo, não suporta dividir a filha com ninguém cujo sentimento de amor seja puro e verdadeiro.

— Isso é ridículo! E como pode Dóris andar naquela melação toda com Felipe se gosta de outro?

— Simples, querida. Ela tenta superar a falta do outro e está com Felipe para não ficar sozinha. Ela mesma me contou, e até já avisei que isso não dará certo.

Plantada com sucesso a semente na mente de Carina, no dia seguinte lá estava a jovem ludibriada, ofegante, na presença de Salete.

— Vim porque estou angustiada. Não consegui pregar os olhos a noite inteira depois de nossa conversa sobre Dóris e Felipe.

Novamente Salete fez valer a oportunidade de persuadir a amiga, visando à consolidação de seus objetivos:

— Não fique com a consciência pesada, Carina... Sabemos que Dóris não gosta de Felipe, e um dia isso acabará porque a verdade sempre aparece.

— Não fiquei com a consciência pesada. Estive juntando fatos e atitudes que ruminei. Como num quebra-cabeça, concluí que é mesmo verdade. Dóris não ama Felipe... Não acho justo eu e Felipe deixarmos de viver um grande amor por conta de caprichos de uma menina mimada que não é capaz de lutar por seu verdadeiro amor e à menor contrariedade tenta se suicidar.

— Por favor, Carina, não fale assim de Dóris. Para mim ela é mais que uma irmã. Só está levando o Felipe como uma muleta, por falta de opção, só isso.



— Só isso?... Salete, se é mesmo minha amiga e me considera, precisa me ajudar.

— Está vendo só o que dá ter língua solta? Bem que a minha mãe sempre avisa para eu não revelar as coisas que a minha vidência consegue captar... Essa minha capacidade ainda vai me levar para o túmulo — lamentou Salete.

— Nossa! Eu não sabia que você é vidente... Deve ser muito interessante poder ver coisas que os outros não veem...

— O problema é que nem sempre a gente vê o que nos agrada.

— Deixe de ser amiga da onça! Vai me ajudar a fazer justiça ou não?

— Sabemos que Felipe gosta de você, e você dele. Por que você mesma não abre seu coração, acabando de vez com esse chove não molha?

— Porque não tenho coragem... Além do mais, tenho minhas dúvidas se tudo isso é verdade... Se antes não conseguia pensar em outra coisa, depois que conversei com você eu me sinto atormentada.

— Sei... Não quer ser responsável pelo que pode acontecer com Dóris, isso sim!

Percebendo o silêncio da interlocutora ao demonstrar impotência diante da argumentação, Salete concluiu ter alcançado plenamente seu objetivo de convencer Carina a fazer o que queria e decidiu dar continuidade ao sinistro plano. Aproximou-se da amiga, recostou a cabeça em seu ombro e disse:

— Não compreendo por quê, mas gosto muito de você... Acho que posso ajudá-la, quero saber se estará preparada.

— Para ter Felipe ao meu lado, faço qualquer coisa... Eu o amo com todas as minhas forças!

Após revelar o macabro plano, efetivaram-no.

---

Carina estava na presença de Juninho, enquanto Salete, que a levou, permaneceu escondida a distância.



O propósito de Carina era sondar as intenções do rapaz e, depois de se apresentar com nome falso, diria que o procurou com a intenção de reconciliá-lo com Dóris. Isso provocou a desconfiança de Juninho:

— Não estou entendendo. Veio me procurar a pedido de Dóris?

— Vim por livre e espontânea vontade. Como lhe falei, sei que ela ainda gosta de você e não acho justo ficar iludindo o sujeito que está fingindo namorar.

— E por que Dóris faria isso? Namorar alguém sem gostar?

— Para esquecer você, já que os pais dela o odeiam.

— Não posso julgar os pais de Dóris porque reconheço que dei motivos para que eles ficassem com raiva de mim, mas ainda não estou entendendo o propósito de você ter me procurado para falar sobre esse assunto.

— É o seguinte: ainda está interessado em Dóris? Você a ama?

— Isso está me cheirando mal... Mas vamos lá. Tentei telefonar para Dóris diversas vezes, mas ela desligou o telefone na minha cara. Só para você saber, o pai dela quase me matou achando que eu era um pilantra e havia engravidado a Dóris por irresponsabilidade. Não sei se vale a pena insistir... Gosto dela, sim, mas gosto de mim também.

— Os pais de Dóris mudaram bastante e perceberam a besteira que fizeram. Eles sabem que ela não gosta do sujeito que está namorando. Tenho impressão de que, se houver aproximação de sua parte, a própria Dóris verá que não dá para resistir ao que sente por você, e os pais dela terão que admitir.

— E o que ganha com isso, menina? Nem a conheço. Como quer que acredite em você?

— Ganho ao ver Dóris feliz, ao lado de quem ama de verdade. Ela fica chorando pelos cantos se lembrando de você.

— O que você pode fazer?



— Se você quiser, posso ajudá-lo a se encontrar com ela sem riscos, para poderem conversar e se acertar. O que acha?

Juninho concordou. Carina se comprometeu em mantê-lo informado sobre o local do encontro.

Logo em seguida, Salete arrecadou um montante em dinheiro dado por Carina, desvencilhou-se da companhia dela e foi pedir ajuda a Zumbi, um aliciador de garotas de programa para quem trabalhou enquanto esteve em crise emocional, antes de ser internada.

— Por que acha que devo ajudá-la? Não me procurou mais, deu de troco a ingratidão, esquecendo-se das vezes que lhe servi os desejos. Juro que, se soubesse onde mora, teria desmascarado você, menina safada.

— Zumbi, eu lhe preveni que iria me afastar quando quisesse! Avisei, sim, e lhe disse que este não é o meu lugar. Estou lhe propondo algo para ajudar uma amiga, e não é de graça, estou lhe pagando bem para isso. Essa grana toda por um trabalho tão simples é suficiente para não ficar contabilizando a falta que fiz. Você não acha?

— E quem disse que fez falta, menina pretensiosa? Safadas iguais a você, eu encontro aos montes sem carteira assinada. O maior problema é que você sumiu sem cumprir aviso prévio, até que pudesse arrumar outra lésbica para colocar no seu lugar.

— E eu não lhe cobrei pela última semana de programas que me usou! Servi-lhe de graça. Mas, se não quer aceitar este serviço, tudo bem. Não ficarei implorando de joelhos, pois tem um monte de gigolôs safados iguais a você por aí. Arrumarei outro.

— Ei! Eu não disse que não aceitaria, apenas desabafei, e sinta-se feliz por não lhe dar uma surra.

---



Três semanas depois de Salete contratar os serviços do agenciador de garotas de programa, Alice, mãe de Felipe, anunciava:

— Filho, tem uma moça procurando você, mas não revelou o nome. Disse que se trata de um assunto muito importante, do seu interesse.

Com estranheza, Felipe saiu para atender a moça, que logo descreveu o motivo de procurá-lo:

— Não importa saber meu nome. Estou aqui a pedido de alguém que lhe quer bem.

— Se esse "alguém" me quer bem, por que enviou você em vez de vir?

— Porque o assunto é delicado. Sua namorada Dóris está traindo você com o antigo noivo, e posso provar, flagrando um encontro com ele.

Felipe irritou-se, enciumado:

— Moça, eu não a conheço! Isso só pode ser uma armação. Acha mesmo que acreditaria numa besteira dessas? Eu e Dóris nos amamos, ficaremos noivos semana que vem. Se é uma brincadeira da festa em que Dóris está, certamente é sem graça. Com licença porque tenho mais o que fazer.

— Pode não acreditar, mas, se me acompanhar agora, eu o levarei para ver os dois juntos. Ela só está com você porque lhe serve de escudo, defendendo-se dos pais, que o rejeitam. Já está combinado de ela ter um filho dele e dizer que é seu, mas, se quiser fazer vista grossa, estou indo embora.

— Como tem coragem de me dizer uma coisa dessas? Dóris está numa despedida de solteira de uma amiga nossa. Se continuar com esse absurdo, chamarei a polícia e responderá por calúnia e difamação!

— Pois é, ela aproveitará para fazer a própria despedida de solteira... De qualquer forma, desculpe o incômodo, e passar bem.



A moça se virou a decididos passos, mas Felipe não suportou e impediu-a:

— Espere...

— Escute aqui, moço, não tenho tempo a perder. Estou aqui porque tem gente que não quer que seu chifre cresça mais. No entanto, se está contente com ele lhe adornando a cabeça, que assim seja, pois antes na sua que na minha!

— Pois bem, irei com você, mas, se julga verdade o que afirma com tanta segurança sem temer consequências, levarei o pai de Dóris para servir de testemunha comigo, ok?

— Para mim não faz diferença o tamanho da plateia... Pode levar o pai, a mãe, o gato, o passarinho... O negócio é assim: satisfação garantida e sua moral de volta!

Após se encontrar com Fernando e relatar o que acontecia, Felipe seguiu com ele e a suposta delatora até a casa onde ocorria a despedida de solteira da amiga de Dóris.

Tudo havia sido minuciosamente calculado entre os comparsas contratados por Salete.

Enquanto a moça permaneceu junto de Felipe e Fernando a certa distância observando Juninho se aproximar do portão, Dóris saiu, mas não foi possível perceberem a contrariedade de Dóris na recepção daquele que julgava seu algoz de outrora.

A moça que havia indicado o ocorrido apenas mencionou "missão cumprida" e se retirou, deixando Felipe a perguntar para Fernando:

— Quero saber: aquele ali é mesmo o tal de Juninho?

— É — respondeu Fernando embasbacado. — Mas fique calmo, Felipe, vamos ver o que está acontecendo na verdade.

Visivelmente contrariado, Felipe não conteve o despeito, dizendo-se decepcionado antes de se retirar com revolta.

— Obrigado, ex-sogro. Não preciso ver mais nada, já vi o bastante!

Fernando acompanhou o encontro de Juninho e Dóris, que discutiam. Assim se iniciou uma tremenda confusão.

# 9

Foram diversas as tentativas de Dóris para falar com Felipe. Corroído pelo ciúme, ele se esquivava, repudiando-a com veemência.

Fernando tentou proceder a uma investigação entre pessoas e, ligando fatos ocorridos no passado, perguntou a Dóris se havia alguém dentro do grupo de amigos que soubesse de seu envolvimento com Juninho.

Como Salete era a única a ter conhecimento, Fernando passou a suspeitar dela. Diante da ingenuidade da filha, permaneceu em silêncio, já que não tinha provas. No entanto, ela própria descartou a hipótese:

— Papai, ninguém de meu círculo de amizades sabia de meu envolvimento com Juninho, a não ser Salete, mas ela o odeia pelo que ele fez comigo...

Fernando manteve a discrição, todavia este não era um atributo de Noeli, que se manifestou contrariada:

— Você confia demais nesta menina. Quem lhe garante que não foi ela que montou essa trama para tirar Felipe do caminho, imaginando que pudesse estar livre para investir em você?

— De maneira alguma, mamãe. Depois do que aconteceu, Salete me convidou para ir até a delegacia prestar queixa do infeliz, mas estou cansada, ele não conseguirá mais atormentar a minha vida.

— Não conseguirá mais atormentar? Está atormentando! — continuou Noeli. — O que pretende fazer agora para convencer Felipe de que aquilo tudo só pode ter sido armação?

— Mamãe, quem não deve não teme! Desde que comecei a namorar Felipe, contei tudo que passei por causa do Juninho, sempre fui sincera, mas como ele não quer saber de conversa... Não preciso me ajoelhar implorando que acredite em mim. Nem dona Alice ele quer ouvir. Ela mesma me contou. Estou magoada pela desconfiança e estou convicta do que afirmei a Salete: se não existe confiança, não existe amor. Sim, estou sofrendo como condenada, mas decidi que não posso querer ir além dos meus limites. Se o amor é unilateral, para mim não serve.

---

Salete aconselhava Carina:

— O momento é agora. Se ama tanto o Felipe quanto afirma, faça o que estou lhe dizendo. Não perca mais tempo! Dóris pode conseguir virar o jogo, usando a carência dele a seu favor. Engravide dele imediatamente! Vocês foram feitos um para o outro. Vi isso no seu futuro.



---

Dóris estava a sós com Carina sem suspeitar que o consolo dispensado pela suposta amiga fizesse parte das recomendações de Salete para conseguir o que queria.

— Oh, Dóris, amiga... Não consigo mais vê-la nesta situação. Enfiar-se neste quarto a chorar todos os dias de nada resolverá.

— Não sei mais o que fazer, Carina... Felipe age como se eu o tivesse traído mesmo... Tenho certeza de que foi armação de alguém que sente muita inveja. Quem teria coragem de fazer uma coisa dessas? Ainda mais com pessoas que verdadeiramente se amam?

Trazendo a cabeça da suposta amiga para seu ombro, Carina continuou:

— Calma, querida... Calma... Chorar tanto não adianta. É lamentável o que vou lhe dizer, mas creio que Felipe não corresponda ao seu sentimento... Já pude perceber.

— O que mais me machuca é saber que você pode estar certa. É um mentiroso deslavado então! Mas... Eu o amo tanto...

— Só há uma maneira de descobrir se isso é verdade.

— Como? Diga-me como. Não aguento mais de saudade. Se o sentimento dele por mim não for verdadeiro, preciso saber e juntar forças não sei de onde para tirá-lo de vez do meu pensamento.

— Tem razão! Descobriremos então. Falarei com ele, conduzirei a conversa de maneira que saberei se fala a verdade. Trarei a veracidade dos fatos até você.

Com olhos transbordando em lágrimas, Dóris abraçou Carina, desejando que os anjos a iluminassem, e rematou:

— É bom contar com uma irmã... Se tudo der certo, você será nossa madrinha de casamento. Faça isso por nós, querida. Estou disfarçando para não causar mais sofrimento aos meus pais, mas sinto que estou morrendo um pouco por dia... Já faz mais de quinze dias que não sinto o sabor da boca de meu amor...



Celeste chamava a filha:

— Acorde, Salete. Tem uma moça chamando você no portão. Pensei que era vendedora, mas, depois de muito insistir, fui saber e ela disse que precisa falar urgentemente com você. Eu não a conheço.

— Que inferno, mãe!... Tirar-me da cama num domingo de manhã é sacrilégio! Já vou, mas deixe essa mulher esperar. Vou colocar a roupa e escovar os dentes primeiro.

Dirigindo-se ao portão, Salete olhou de longe quem era a moça e contrariou-se:

— Você, Patrícia? O que faz aqui? Como descobriu meu endereço?

— Isso é maneira de recepcionar uma garota que lhe serviu de suporte e lhe passou tantas clientes? Ninguém mora tão escondido que não possa ser encontrado...

— Fora daqui! Não faço parte da sua laia! Fui traída pelos sentimentos e achei que havia me apaixonado por você, mas me enganei. Todos têm direito de errar.

— Já estou indo. Vim apenas lhe trazer um recado do Zumbi.

— Eu imaginei... Aquele crápula mandou você me seguir no dia da despedida de solteira de uma amiga da Dóris... Mas já vou avisando: não pedi favor algum. Vocês foram muito bem pagos para fazer o trabalho. Se vierem com chantagens, eu os denunciarei à polícia. Eles gostarão de saber o esquema de prostituição e drogas em que estão envolvidos.

— Ei, mocinha... Você pode não ter participado do esquema de drogas, mas teve lucro com prostituição. Ele pediu para estar segunda-feira à noite no viaduto que já conhece, no seu antigo ponto de encontro. Se não estiver, pediu para lhe dizer que sabe onde você mora. Até mais ver.

Observando a comparsa de Zumbi virar as costas, Salete sentiu vontade de agredi-la, e o fez apenas com palavras:

— Droga! Zumbi fez de propósito. Mandou Patrícia porque sabe que ficou despeitada. Eu só faço besteira mesmo...

Ao entrar, Celeste estranhou o comportamento agressivo da filha:

— Está coiceando por quê, Salete? Que moça esquisita era aquela? O que ela queria de você?

— Nada não, mãe... Nada.

Inocentemente Dóris havia informado Carina dos horários, à noite, que normalmente dona Alice frequentava uma comunidade religiosa de senhoras. E então ela foi bater à porta de Felipe:

— Oi, Carina. Aconteceu algo? Entre, por favor.

— Nada de mais. Apenas quero conversar com você porque fiquei preocupada por causa de Dóris.

Sentado no sofá, defronte à inesperada visitante, Felipe desabafou:

— E eu estou preocupado por mim mesmo... Foi ela que pediu para você vir?

— Vim por minha conta, prestar-lhe solidariedade, sabendo o quanto é difícil se sentir enganado.

— Estou quase convencido de que não passou mesmo de armação... O pai de Dóris me disse isso, outras pessoas também... Mas é difícil acreditar.

— Infelizmente não acredito que tenha sido armação...

— Não? Então diga o que sabe. Por favor, Carina, conte-me para eu saber se estou iludido.

Diante do entristecido rapaz, Carina se preparou para lembrar as palavras decoradas com Salete:



— Quando estamos apaixonados, não vemos com a cabeça, olhamos com o coração... Este foi o seu caso. Outras amigas de Dóris sabem que ela não tirou o ex-noivo da sua vida por completo e sabem também que usava você para contornar a carência que sentia, mantendo a relação com você somente para satisfazer os pais... No começo do namoro, Dóris evitou Salete porque sabia disso.

Visivelmente abatido, como se tivesse sido atingido por um martelo, Felipe não omitiu a decepção e enalteceu a interlocutora:

— Então era por isso que Dóris estava brigada com Salete... Até que enfim uma pessoa sincera e boa como você para me tirar dessa enganação... Já a admirava antes como amiga, e esta prova de lealdade serve para considerá-la mais que amiga...

A frase cortês tomou proporção maior do que deveria diante das expectativas de Carina, que interpretou como oportunidade vinda ao encontro das previsões esperançosas que Salete lhe incutiu.

No afã da emoção, a lograda moça perdia o fôlego para expressar gratidão:

— Sincero é você, Felipe... Se soubesse o quanto o admiro por isso... Reconheço em você uma pessoa tão pura de sentimentos, tão nobre de caráter... Definitivamente, você não merece ser enganado, merece ser amado...

— Obrigado, Carina. Não me encontrei mais com ninguém da turma porque ando chateado e carente...

— Quer saber? Você merece uma menina que lhe corresponda em todas as qualidades, que o ame sem ter outro cara na cabeça e se dedique de corpo e alma a você!...

— Obrigado, Carina. Você é uma mulher madura, apesar de jovem. Já percebi por suas conversas em nossa turma. Mas, quanto a mim, sou uma besta... Nem sei entender as mulheres... Não imagina o sacrifício que fiz para conquistar Dóris, mas pelo jeito só imaginei... Antes tivesse investido em alguém que realmente valesse a pena.



A demonstração de gratidão de Felipe configurou uma confirmação, sob a ótica e os anseios de Carina, de seus recônditos desejos. Remontava às recomendações de Salete, ponderando sobre a concretização dos fatos que vinham ao encontro de suas expectativas.

A desejosa moça traçava paralelos com a lembrança das frases pronunciadas por Salete: "Felipe não é um cara de falar abertamente"; "Felipe é um sujeito muito reservado"; "Cuidado, qualquer vacilo e perderá a oportunidade, e o que não falta são sanguessugas como a Dóris para se aproveitarem de um rapaz assim"; "Engravide dele imediatamente!"; "Aproveite este momento de carência, antes que seja tarde"...

Hipnotizada pelas palavras que julgou indiretas de Felipe, Carina se levantou lentamente, olhou fixamente para ele e começou a se despir, peça a peça, tremendo e dizendo inebriada:

— Você não merece passar por isso... Merece uma mulher de verdade, que possa doar-se por inteiro... Para a vida toda... Todo o amor que tenho é para você...

À medida que as peças de roupa caíam, Carina se aproximava de Felipe, que observava atônito o inesperado evento.

Quando estava totalmente nua, ele se levantou excitado, envolvendo-se no abraço violento seguido de sôfregos beijos a balbuciar:

— Eu preciso muito disso...

Permitindo-se envolver momentaneamente por sufocante excitação, ambos se acariciavam. Carina o ajudou a tirar as roupas com impetuosidade, porém, quando já estavam há alguns instantes totalmente despidos, a moça observou que o rapaz esfriou de repente, fazendo-a questionar, sem desistir das tentativas de obter o que queria:

— O que está acontecendo, meu amor? Não tenha medo, quero ser só sua... Aceite meu amor...



Para decepção de Carina, Felipe afastou-se vagarosamente, desfazendo-se do abraço:

— Pare, Carina... Por favor, não insista...

— O que houve, Felipe? Não me deseja?

— Não consigo ter algo com você pensando em Dóris... Não é certo...

Traída pelas circunstâncias, Carina vestiu-se rapidamente. Demonstrava arrependimento e sentia-se ultrajada.

— Compreendo a situação que está passando por se sentir traído, mas responda com sinceridade: você sente algo por mim, além de amizade e consideração? — quis saber Carina.

Constrangido e tocado nos brios masculinos por não conseguir prosseguir o ato que se iniciou, Felipe respondeu balançando a cabeça em sinal negativo.

Carina, já vestida, apanhou a bolsa com raiva e saiu praguejando consigo mesma:

"Salete, eu te odeio! Tomara que morra!"

---

Salete se encontrou com Zumbi sobre o viaduto, conforme indicação.

Disse ele com ironia:

— Espero que não tenha chamado a polícia porque fiquei morrendo de medo...

Angustiada por estar ali, Salete não escondia a insatisfação e retrucou revoltada:

— Seu gigolô metido a gângster, como se atreveu a mandar Patrícia me seguir? Tinha que ser justo ela?

— É que olho para você e minha mão direita começa a coçar... E você sabe: mão direita coçando na palma só pode ser dinheiro pintando.

— Pode ser na mão de gente decente, mas na sua mão deve ser micose! Se pensar em me chantagear, saiba que não tenho onde cair morta, seu explorador de meia-pataca.

Zumbi se aproximou mais, fixando ferino olhar sobre Salete:

— E quem disse que quero chantageá-la, gatinha? Pelo contrário... Temos uma parada que só você pode resolver. Preciso que retribua o trabalho que lhe fiz a preço de banana.

— Enlouqueceu? Preço de banana? Nem vinte programas lhe trariam aquela dinheirama toda que uma idiota como a Carina resolveu pagar... Entenda: não tenho mais nada a tratar com você. Este serviço foi o primeiro e o último que lhe pedi, e estou arrependida, diga-se de passagem.

— Bem, se resolveu fazer caridade para essa que está dizendo ser uma idiota, agradeça a ela por mim, pois só assim me foi possível encontrar a nossa lésbica mais pervertida e mascarada de garota certinha...

— Não sou nada para vocês, já disse: esqueça-me! Não tenho medo de você. Não me intimida porque sei o que significa entrar nesse seu mundo de perdição. Muita sorte a minha não ter aceitado cheirar a droga que você usa para escravizar aquelas coitadas, mas a polícia terá provas o suficiente para lhe fazer pagar a desgraça que provocou para muitas daquelas que se perderam e até morreram por sua causa.

— Escute, safada, não quero que fique efetiva, só preciso que faça um serviço para satisfazer uma cliente da alta sociedade que carece de uma devassa que não seja drogada e seja sensível, assim como você quando disfarça... Ela pagará bem pelo serviço, é só ficar com ela um fim de semana e prometo que não a procuro mais.

— Ah sim, é claro... Já ouvi essa conversa com suas "funcionárias"... E, se quer saber, vou à polícia agora mesmo.

— Calminha, menina nervosinha... Não precisa fazer nada, não... — Zumbi agarrou Salete pelo braço.

— Sorte sua que mudou de ideia. Largue meu braço.

— Sabe por que não precisa fazer mais nada? — em um movimento rápido, Zumbi tomou Salete pela cintura e jogou-a do viaduto: — Porque morto não faz nada... Vá trabalhar para o capeta, então!

# 10

— O que faz em casa a esta hora, Dóris? Por que voltou do trabalho? Não está passando bem?

— Mamãe, aconteceu uma desgraça! Salete se jogou do viaduto, suicidou-se!

Noeli recebeu a notícia de Dóris como se fosse ela a provocar a tragédia. Começou a passar mal.

— Mamãe, o que está acontecendo com você? Sente-se...

— Não sei, Dóris. Estou com tontura. Dê-me um copo de água, por favor.

Depois de atender à mãe, Dóris sentou-se ao lado dela e começou a chorar.

— Por que Salete fez isso, mamãe? Combinamos de ir ao cinema com nossa turma neste fim de semana... Estava me dando a maior força por causa da separação de Felipe...

— Deus do céu... Precisamos ir para a casa de Celeste imediatamente. Telefone para seu pai e avise.

Em poucos instantes, Noeli e Dóris chegaram à casa de Celeste, que estava sentada, chorando, cabisbaixa, rodeada de amigas.

Noeli se aproximou devagar. Temia sua reação, considerando as desavenças anteriores, mas qual não foi sua surpresa quando Celeste se levantou e agarrou-se a ela para desabafar:

— Minha filha se foi e me deixou sozinha neste mundo... O que farei de minha vida sem minha filha que amo tanto? Por que ela fez isso comigo, Noeli?

— Oh! Celeste querida, como eu queria ter respostas para lhe dar, como eu queria trazer sua filha de volta... Fiquei preocupada de estar magoada comigo por ter me procurado para conversar com Salete e eu não ter vindo, mas você compreendeu que isso nada tem a ver com a consideração que tenho por você.

Os presentes que observavam a reação de Celeste e Noeli comungavam o sofrimento de uma mãe se solidarizando à outra.

— Você acredita que o pai de Salete não virá ao enterro porque tem uma reunião importante e seria muito trabalho vir de outro Estado?

— Por mais absurdo que pareça, não pense nisso agora, Celeste. Cada um dá o que tem. O importante agora é rezar pela alma de Salete.

— Estou aflita porque o Instituto Médico Legal ainda não liberou o corpo. Meus primos estão cuidando de tudo.



---

Zumbi comentava com os seus camaradas em reunião convocada às pressas:

— Que sirva de exemplo para qualquer um de vocês que quiser me contrariar. Entrou na chuva é para se molhar! Tem que fazer o serviço.

Patrícia não suportou ficar calada:

— Você não tinha o direito de matar Salete! Se soubesse que faria isso, não teria fornecido o endereço, nem marcado seu encontro com ela.

Zumbi agarrou com violência os cabelos de Patrícia, encostando o canivete em sua garganta:

— Vai exigir registro em carteira também, safada? Pois será o exemplo do dia. O que acha?

Sentindo-se ameaçada, Patrícia não ousou responder. O agressor a empurrou, dirigindo-se a todos:

— O negócio é o seguinte: se eu souber de mais alguém cochichando qualquer coisa a respeito desse papo, se verá comigo. Ao trabalho!

Assim que todos se dispersaram, Ágata comentou reservadamente com Patrícia:

— Enlouqueceu, menina? Esse animal poderia ter matado você na frente de todos ou cortado sua língua!

— Não consegui ficar quieta. Nenhum de nós aqui tem família, mas Salete morava com a mãe. Como estará a mãe dela agora, coitada?

— Estaria bem se a filha não tivesse se metido onde se meteu. Zumbi não quer saber se temos família ou não. Se não fizermos o que ele mandar, melhor mudar de planeta. O que Salete pensou? Que poderia fazer "bicos" quando quisesse e ficaria tudo bem?

— Sei lá... Salete foi burra em continuar morando no mesmo bairro, mas nos tornamos amigas, ela se abria comigo, me contou da mágoa com o pai ausente...

— Comovente! Pare porque senão vou chorar! Pensa que sou burra também e não sei que vocês trocavam figurinhas e você se apaixonou por Salete?

— É que Salete era mesmo apaixonante... Estou sentindo uma saudade que dói. Aquele jeito de pensar que era esperta, mas tão inocente, tinha mania de escrever diário... Estou tão arrependida... Pensava que ela fosse esquecer uma menina chamada Dóris, por quem suspirava em todos os cantos, que ficaria comigo, mas tudo em vão. Salete não me amava...

Diante do pranto dorido em que a colega caiu, Ágata sorriu e abraçou-a:

— Essa é boa! Não me diga que ainda terei de consolar você, Patrícia... Está bem, venha cá. Olhe, coloque os pés no chão, lembre quem somos e o que fazemos neste buraco, para o nosso buraco não ser igual ao que Zumbi jogou Salete, está bem?

— Todo mundo pensa que, porque fazemos programas, não temos sentimentos... Estou farta de tudo! Se esse crápula do Zumbi pôde fazer isso com Salete, pode fazer com qualquer uma de nós, como se estivesse matando baratas!

— Ah bom! Ainda bem que caiu na real. Agora enxugue essas lágrimas de barata e vamos ao trabalho.

— Estou pensando. Se a Salete não tivesse me tratado daquela forma quando fui à sua casa para dar o recado do Zumbi, não prosseguiria, mas fiquei tão enlouquecida de ciúme porque sabia do seu plano para reatar com a tal Dóris, que eu mesma fiquei com vontade de matá-la.

— Não sei quem é mais burra! Como você mesma reconhece, Salete era metida a esperta, mas na verdade não passava de uma dondoca apaixonada por outra dondoca. Você agora não diga que também pensava que Salete, sendo uma dondoca mal resolvida, ia abandonar tudo para ficar com você, não é, Patrícia?

— Olha que pensei! Não só me apaixonei por Salete, eu a amei muito e estava inconformada, sem saber mais o que fazer. Sabendo que não estará mais entre nós, não sei o que farei de minha vida... Sem Salete, não vejo mais sentido em coisa alguma.

— Xiii... Então me deixe sair de perto porque estou vendo que logo se juntará a ela. Com licença, pois eu ainda quero viver muito.

Ágata se retirou, deixando Patrícia a chorar, pensativa.

---

No enterro de Salete, Noeli permaneceu junto a Celeste o tempo todo:

— Diga-me, pelo amor de Deus, Noeli: o que farei sem minha filha?

— Celeste, estarei com você sempre...

— Estou com vontade de me matar, mas não tenho a coragem de minha filha.

— Não diga bobagem, Celeste! Só Deus tem esse direito, quando for a nossa hora.

— E pensar que Salete conseguiu chegar a tempo quando Dóris tentou a mesma coisa...

— Pare de pensar nessas coisas, Celeste, senão ficará louca...

— Minha filha foi para o inferno! Suicidou-se. Deus não a perdoará. Quero estar junto dela.

— Celeste, pare com isso, pelo amor de Deus... Amamos você e, se estamos juntas, é porque Deus espera algo de nós. Podemos ser úteis para outras pessoas.

— Queria fazer algo por minha filha, mas ela se foi! Não tenho mais nada a fazer neste mundo... Sempre discriminada por gostar de mulheres, repudiada por todos que sabiam que era lésbica, ela não suportou! Nem posso ver o rosto de minha filha dentro desse caixão lacrado porque sua cabeça está esmagada.

O desvario de Celeste tocou a consciência de Noeli que, ao recordar o momento em que expulsou Salete de sua casa, tombou desmaiada, fazendo todos à sua volta correrem para socorrê-la. Depois de Noeli ter recobrado a consciência, Fernando quis levar a esposa para atendimento em hospital, mas ela se recusou.

Abraçada a Noeli, Celeste prosseguiu:

— Desculpe se disse algo que a ofendeu, Noeli. Não estava falando de você.

— Eu sei, querida, mas não diga que quer se matar porque preciso de você comigo. Você para mim é mais que uma irmã. Fique comigo, por favor.

Felipe permaneceu junto dos amigos, sem se aproximar de Dóris e sua família. Apenas observava a movimentação e conversava pouco, até que Carina se aproximou:

— Posso conversar com você em particular?

— Claro que sim, Carina. Vamos ali fora.

Felipe tomou a iniciativa da conversa, mesmo não sabendo o que Carina queria:

— Depois que estivemos juntos da última vez, ficou uma impressão estranha com minha falha e acho que não me desculpei direito.

— Imagine, Felipe, não tem do que se desculpar. Eu é que fui precipitada, não levei em consideração o momento que você atravessava com Dóris. Chamei você por outro motivo.

— Podemos nos encontrar de novo se quiser. Agora estou mais conformado.

— Está mais conformado com o quê?

— De saber que fui passado para trás. Acho que Dóris só precisava de mim para esquecer o namorado. Aquela moça que me chamou no dia para flagrar o encontro com o ex-noivo da Dóris me contou.

— Felipe, eu sei que me odiará por isso, mas preciso lhe contar. Foi tudo armação.



— Até você vai querer me convencer de que foi armação? Então me explique.

— Acreditei nessa história que Salete me contou, que Dóris ainda era apaixonada pelo ex-noivo, e acreditei também numa informação que ela me passou sobre você...

— Que informação foi essa? E o que Salete tinha a ver com isso?

— Ela me convenceu de que você era apaixonado por mim, mas não tinha coragem de se declarar. Por essa razão fui à sua casa naquele dia e quis me entregar a você. Odiei Salete por isso, mas agora estou preocupada se a morte dela pode estar relacionada a esse fato.

— Está me deixando intrigado, Carina. Então quer dizer que você estava interessada em mim? Mas o que isso pode ter a ver com o suicídio dela?

— Estou desconfiada de que Salete possa ter sido jogada do viaduto, pois contratou amigos dela para mandar uma pessoa procurar você no dia da despedida de solteira da amiga de Dóris e convencê-lo a ir exatamente no momento que o tal Juninho estivesse lá.

— Isso não tem cabimento! Como o ex-noivo de Dóris estaria lá se não tivesse combinado?

Ao notar que Carina ficou cabisbaixa, Felipe insistiu:

— Carina, responda, por favor.

— Estou envergonhada.

— Envergonhada de quê? Você teve algo a ver com essa trama?

— Convenci Juninho a estar lá no dia e na hora marcados para se encontrar com Dóris.

Inconformado com a revelação, Felipe questionou:

— Quer dizer que nem o ex-noivo nem Dóris sabiam? Mas, se ele não sabia, por que concordou em estar ali justo naquele dia?

— Porque eu repassei a mentira que soube de Salete, dizendo a ele que Dóris estava usando você para esquecê-lo.



— Carina, como teve coragem de fazer isso conosco?

Carina começou a chorar e tentou explicar:

— Desculpe, Felipe. Sou louca por você e acreditei em tudo que Salete me contou, por isso tive esperança de que você realmente gostasse de mim e fiz o que ela sugeriu... Eu fui iludida.

— Não entendo por que Salete faria isso... Por quê?

— O motivo de Salete, segundo ela mesma, era que, além de me considerar como amiga, queria que Dóris fosse feliz com o rapaz que ela tinha certeza que amava.

— Meu Deus... E agora? Estamos no velório dela e não podemos levar o assunto adiante neste momento. O que fazer?

— Não sei, Felipe. De minha parte confesso que ainda tinha esperanças de você dizer que Salete estava certa e tudo não passasse de uma mentira, mas de nossa parte o que sugere fazer? Se quiser conto tudo a Dóris para reatarem o relacionamento.

— A dona Noeli junto de dona Celeste se acabando de chorar em cima do caixão da Salete, a Dóris também... Seria inconveniente falar disso agora, mas não entendi por que sua suspeita de Salete não ter se suicidado. Se não foi suicídio, foi assassinato. O que a faz pensar que não foi suicídio?

— Salete não tinha motivo algum para suicidar-se. Eu não sei quem ela contratou para falar com você no dia da despedida de solteira daquela nossa amiga. Como Salete disse que não seria alguém que conhecemos, acho que pode ter algum envolvimento com a sua morte.

— No momento não comente nada com ninguém, mas posso contar com você caso precise levar tais revelações ao conhecimento dos outros?

— Pode. Sei que Dóris vai me odiar por isso, mas seja o que Deus quiser. Não agi de má-fé, apenas acreditei em Salete movida pela paixão.

Aproveitando que Dóris estava entretida com Noeli consolando Celeste, Felipe se aproximou de Fernando e adiantou os fatos que acabara de saber. Obteve as seguintes impressões do pai de Dóris:



— Por mais que tentássemos explicar que tudo foi armação, você estava tão cego de ciúme que não acreditou. Espero que não pense que tais revelações lhe trarão minha filha de volta imediatamente, porque ela ainda está muito magoada.

— Eu sei, senhor Fernando. Não consigo entender por que Salete queria tanto me separar de Dóris...

Depois de alguns instantes pensando na possibilidade de trazer mais revelações a Felipe, Fernando prosseguiu:

— Não sei se o momento é oportuno para lhe revelar novidades, e não sei se, depois do que revelarei, terá o mesmo interesse por minha filha.

— Ainda bem que o senhor sabe que pode confiar em mim desde o começo, pois, quando conheci Dóris e o senhor me contou sobre o aborto e a tentativa de suicídio, jamais comentaria se ela mesma não viesse me contar. Por favor, não me esconda se sabe de algo.

— Mas também, se revelasse a ela que sabe sobre o que vou lhe contar, com certeza não iria querer vê-lo nunca mais, pois é o tipo de coisa que interfere muito na intimidade de uma mulher.

— A partir de agora está configurando tortura, futuro sogro. Por favor, diga logo do que se trata.

— Primeiro quero esclarecer que não pretendo testar o que sente por minha filha, mas acho bom colocá-lo a par de tudo, sem exceção, pois, se vier a se casar com ela, não dirá que lhe escondemos algo. Você é livre para decidir o limite de sua tolerância. Vamos lá. Salete deveria mesmo querer a separação de vocês porque elas namoraram antes de Dóris conhecê-lo. Dóris teve a desilusão com o antigo noivo, namorou Salete, apaixonou-se por você e descobriu que não era homossexual, mas Salete não se conformou.

Diante da reação atônita de Felipe, que permaneceu em silêncio, Fernando perguntou sorrindo:

— O que é? Vai desmaiar também?

— Não... Desculpe, senhor Fernando, é que, apesar de a relação entre mulheres representar uma bobeira para mim, confesso que não esperava que fosse algo assim.

— Então tudo bem. Se quiser falar sobre isso depois, conversaremos.

— Nem precisa, essa parte podemos pular tranquilamente. Tem mais alguma coisa que eu não sei?

— Não.

— Então tudo bem, obrigado por contar, senhor Fernando — finalizou Felipe.

# 11

Passados dois dias do enterro de Salete, Felipe foi à casa de Celeste, e Noeli o atendeu:

— Que surpresa, Felipe! Vamos, entre.

Depois de relatar os fatos que soube por Carina, Celeste questionou:

— Realmente, Salete estava se encontrando com pessoas esquisitas antes de ser internada. Achei estranho também aquela moça procurá-la alguns dias depois da despedida de solteira da amiga de vocês. Senti que Salete ficou contrariada, mas não me disse por quê.

— A senhora sabe onde podemos encontrar essa moça?

— Salete não me contava por onde andava e ficava nervosa quando eu perguntava.

— Assim fica difícil... Sem pistas e testemunhas, não temos nada a fazer.

— Você disse que acredita que Salete não tenha se suicidado, não é, Felipe?

— Não sei, dona Celeste. Esta moça, Carina, que lhe contei, acredita que não. E, com base na hipótese de que sua filha não tinha motivos para cometer suicídio, fiquei confuso, pois não conhecia Salete em profundidade.

— Pois lhe afirmo que agora tenho certeza: minha Salete não se suicidou. Deve ter sido assassinada por alguém dessa turma que ela conheceu antes da internação, porque...

Felipe ligou os fatos às revelações de Fernando sobre o relacionamento anterior entre Dóris e Salete, entendeu o motivo por que Celeste interrompeu o raciocínio e deliberou desviar o assunto para não constrangê-la:

— Porque brigou com Dóris de quem era muito próxima. Eu sei, dona Celeste. Meninas são assim mesmo, quando se apegam muito umas às outras, é difícil.

— Ainda bem que entende, Felipe. Não fique magoado com Salete... Ela fez isso porque provavelmente sentia falta da amizade; afinal, ela e Dóris andavam coladas antes de vocês começarem o namoro.

— De maneira alguma, dona Celeste! Não tenho motivo para ficar magoado, só espero que isso realmente não tenha relação com o fato de ter acontecido essa tragédia.

— Depois dessas revelações, já reatou com Dóris?

— Ontem fui conversar com ela, mas não quis me atender. Aproveitando o ensejo, gostaria de agradecer à senhora, dona Noeli. A senhora insistiu para ela me ouvir e compreendo que Dóris tenha ficado magoada comigo porque também não quis conversa quando me procurou.

— Tenha calma e espere. Logo irá ponderar o moço bom que você é e vai reconsiderar — contemporizou Noeli.

— Espero que sim.



---

No dia da missa de sétimo dia, Noeli permaneceu o tempo todo ao lado de Celeste, a exemplo do que aconteceu no sepultamento de Salete, consolando-a.

Felipe cumprimentou Dóris, que sequer lhe dirigiu o olhar, mas ele insistiu:

— Estou lembrando quando nos conhecemos. Vou deixar um bombom sobre sua mesa para ver se me perdoa.

— Não vai adiantar, estou de regime! Mas pode dar o bombom para Carina, se quiser — retrucou Dóris com rispidez, sem desviar os olhos do altar, arrancando discreto riso de Fernando. Este entreolhou Felipe, que o cumprimentou com um aceno.

Depois da missa, Celeste estava inconsolável e foi levada para casa por parentes.

Por volta das nove horas da noite, a campainha tocou. Ao atender, levou um susto:

— Meu Deus! Você é a moça que procurou Salete pouco antes da tragédia!

— Sim, dona Celeste, sou eu. Meu nome é Patrícia.

— Menina! Tenho tantas coisas para perguntar que nem sei por onde começar. Venha, entre, por favor.

Depois de se acomodar, Celeste perguntou:

— Por favor, imploro que responda: minha filha se suicidou ou foi assassinada?

— Salete foi assassinada, dona Celeste. Um homem chamado Zumbi a jogou do viaduto.

— Eu sabia que Salete não faria uma coisa dessas...

— Desculpe perguntar, dona Celeste, mas que diferença faz se Salete se matou ou não? Isso não muda nada, pois não a trará de volta.

— Pior do que clamar pela justiça da Terra é se submeter à justiça de Deus. Mas isso não importa, vamos ao que interessa. Conte-me desde o começo, primeiramente dizendo quem é você.



Patrícia discorreu sobre os fatos detalhadamente, desde o dia que Salete começou a trabalhar esporadicamente para Zumbi. Quando concluiu, Celeste suspirou e lamentou:

— Onde foi que Salete se meteu...

— Onde estou metida até hoje, dona Celeste.

— Menina do céu... Vocês são muito ingênuas de entrar nessa vida achando que é mais fácil viver desse jeito.

— Eu sei, dona Celeste, mas o pior é que Salete nem tinha tantos motivos para estar entre nós... Tudo por causa de uma desilusão amorosa com aquela tal de Dóris, por quem sempre suspirava e me deixava louca de ciúme.

— E por que resolveu vir me contar isso tudo?

— Porque era o mínimo que poderia fazer por quem tanto amei, mesmo não sendo correspondida...

Patrícia chorou convulsivamente. Celeste sentou-se ao lado dela, acariciando-lhe os cabelos.

— Vocês são loucas mesmo... Em nome de amores impossíveis, são capazes de tudo... Preciso denunciar esse sujeito maléfico que chamam de Zumbi e precisarei de sua ajuda. O que fará de sua vida, menina?

— Quando Zumbi descobrir que o delatei, ele mesmo tratará de me levar ao encontro de Salete.

— Não diga bobagem, menina! Você não tem família?

— Tenho. Eles moram no interior de Sergipe.

— Depois que a poeira baixar e esse tal Zumbi for preso, poderá voltar para casa. Eu a ajudo. Você quer?

— Não, obrigada, dona Celeste. Não precisa se preocupar comigo. Eu me viro.

— Por que não quer voltar a viver com sua família? Decida mudar de vida, junto dos seus será mais fácil. Você ainda é tão jovem e tem o futuro pela frente.

— Para quê? Para continuar sendo violentada por meu próprio pai? Prefiro receber para isso.

Chocada com a revelação, Celeste continuou:

— Patrícia, está me dizendo que seu próprio pai a procurava para... E o resto de sua família, não fazia nada?

— Sim, minha mãe me aconselhava a não levar isso em consideração, assim meu pai continuaria vivendo em paz com minha madrasta, pois ela tinha medo de meu pai querer voltar a morar com ela e continuar batendo nela como sempre fez.

— Meu Deus... Que mundo é este? Por que seu pai batia na sua mãe?

— Além de beber, ele não gostava de compartilhar minha mãe com outros homens.

— Ué, minha filha! Mas quem gosta de compartilhar a esposa com outro homem? Ela fazia isso?

— Não sei se ainda faz, mas, se estiver viva, deve fazer. Não sei, nunca mais falei com ela.

— Nem sei mais o que dizer, Patrícia... Estou pasmada...

— Eu entendo, dona Celeste. Quando a gente não conhece essa realidade, é difícil acreditar que possam existir famílias assim.

— Quer recomeçar e levar uma vida melhor?

— Não sei. Depende de onde for parar quando Zumbi der cabo de mim.

— Já falei: pare de ser tão pessimista! A partir de hoje venha morar comigo.

— Dona Celeste... Estou vendo que a senhora é uma pessoa boa, mas...

— Mas você está acostumada à vida que leva e não consegue ver que tem uma chance de melhorar, não é?

— Não é isso... Viveria de quê?

— Meu ex-marido me paga pensão. Eu vendo produtos de beleza de porta em porta. Você poderia se dedicar aos estudos, ser alguém na vida, e a gente vai se virando enquanto não andar com as próprias pernas. Nem precisa retornar para buscar suas coisas. Pode usar tudo que era de Salete. Quer ser minha filha?



— Difícil de acreditar que existam pessoas como a senhora...

— Está pensando que a vida é só desgraça, minha filha? Deus sempre coloca pessoas boas em nossa vida. Já estou feliz de saber que estará comigo.

Com emoção, Patrícia aceitou o convite de Celeste e, a partir daquele momento, passaram a morar juntas, dando novo impulso às suas vidas.

No dia seguinte, Celeste procurou Felipe, que a auxiliou, encaminhando Patrícia até a delegacia, dando início à condução do caso, que rapidamente resultou na prisão de Zumbi, acusado pelo assassinato de Salete.

Morando dois meses juntas, Celeste e Patrícia se apegaram tanto uma à outra que, de vez em quando, sem querer, Celeste trocava o nome de Patrícia por Salete, provocando risos em ambas.

Noeli e Dóris visitavam constantemente a casa de Celeste, abençoando a possibilidade de amenizar o sofrimento dela.

Dóris estava a sós com Patrícia, que a contemplava secretamente:

— Dóris, se lhe disser uma coisa, não ficará magoada?

— Por que ficaria?

— Agora que sabe como vim parar aqui com Celeste, conhecendo você pessoalmente, entendo por que Salete a amava tanto. Sua alma é linda.

— Xiii... Não venha você também se apaixonar por mim porque não estou a fim. A propósito, que cor é minha alma?

— Deixe de ser boba senão me apaixono mesmo! Não é isso, é que estou vendo que você é muito parecida com ela na alma.

— Também achava isso... Mas jamais conseguiria ser adorável como ela. Sinto saudade — os olhos de Dóris marejaram, promovendo a mesma reação em Patrícia.

— Por favor, Dóris, não comece porque não aguento mais chorar...

— Está bem. Paremos então. Salete não é digna de más lembranças. Vamos nos lembrar dela como aquela criatura adorável que enfeitou nossas vidas.

— Oh! Dóris... Quanto ciúme sentia cada vez que ela suspirava pronunciando seu nome...

— Não caia nessa! Aquela coisinha da Salete fazia isso de propósito porque adorava provocar a gente. Ela amava ser idolatrada.

— É mesmo, isso era dela mesmo... — concordou Patrícia a sorrir. — Dóris, você acha que um dia encontraremos Salete?

— Como assim? O que quer dizer?

— Digo, se existirem outras vidas... Sinceramente não estou aceitando o fato de que jamais verei Salete outra vez.

— Sei lá! Eu acredito nisso quando penso que propósito teria amar tanto alguém e encerrar um sentimento tão nobre com a morte do corpo, ainda mais quando não é o corpo e sim a alma que verdadeiramente amamos.

— É por isso que estou pensando assim. Parece que tirou palavras de minha boca.

— Vou mais longe. Que propósito teria Deus em admitir que uma pessoa fizesse mal a vida inteira e simplesmente fosse condenado ao inferno eternamente? Deve ter algum mecanismo para que os acertos aconteçam. Você não acha?

— Concordo. Esse mecanismo deve ser de nos encontrarmos em outras vidas. Posso lhe pedir uma coisa, Dóris?

— Peça.

— Eu gostei tanto dessa fase que estou vivendo depois que conheci você, Noeli e Celeste que, se pudesse viver outra vez, queria estar com vocês novamente. Vamos combinar agora?

— Ai meu Deus! Fiquei até arrepiada. Será que é a gente que escolhe com quem vai viver?



— Se puder, você topa?

— Se Salete estiver entre nós, pode ficar com ela, não precisa se preocupar. Topo.

— Já pensou se ela vier como nossa mãe? Aí azarou tudo.

— Pior. E se vier como filha, já pensou aguentar Salete?

---

Felipe finalmente havia conseguido reatar com Dóris e lá estava ele na casa dela, acompanhado de Alice, sua mãe.

— Que surpresa, Alice! Seja bem-vinda. Finalmente Felipe tirou você de casa! — exclamou Noeli com alegria.

— Só em momentos muito especiais isso acontece — ressaltou Felipe, dirigindo-se a Dóris e entregando-lhe um bombom.

— Que romântico! Obrigada — colocou o bombom em cima da mesa.

— Eu gosto deste. Pode me dar um pedaço?

— Ué, querido? Trouxe para mim ou para você?

— Tudo o que é meu é seu. Vá se acostumando.

— Está bem.

Quando Dóris abriu, encontrou um par de alianças dentro da embalagem.

— Nossa! O que é isso, querido?

— É um par de alianças. E não estou perguntando se quer se casar comigo, por isso trouxe minha mãe. Ela tem que testemunhar que, se não aceitar se casar comigo, terei de ficar por aqui porque não quer mais saber de mim na casa dela.

— Oh! Amor... Como você é lindo...

Todos regozijavam com o momento, quando Fernando soltou a piada:

— Desta vez Noeli saberá que não há segredos entre nós, Felipe. Ela está bem aí do seu lado e deverá lhe chamar de tarado.

— Não é tarado, não, querido — corrigiu Noeli, abraçando Felipe. — Será um prazer ter um genro como você.

O clima era de ansiedade pela união de Dóris e Felipe, porém um fato novo obscureceria o panorama dos acontecimentos. Zumbi estava reunido com os antigos aliciados.

— Muito bom nenhum de vocês ter testemunhado contra mim, pois dessa forma pude conseguir esse tal de *habeas corpus* e poderei responder o processo em liberdade. Obrigado por ter continuado nosso trabalho, Ágata. Gostei de ver. Pena que a pré-falecida, companheira de vocês, não entendeu que mais vale um mudo vivo do que um falador morto.

No dia seguinte, Zumbi assassinou Patrícia.

*A gente pode mudar a si mesmo,*
*mas não aos outros.*

# 12

Não tive tempo de me defender... A atitude de Zumbi foi tão rápida, mas a queda não... A queda parecia não ter fim...

A distância do solo parecia maior que a observada enquanto estava com os pés no chão.

Talvez o pânico do momento tenha confundido minha noção de tempo e espaço.

Envolvida por uma infindável vertigem, sentia-me sufocada pela expectativa de atingir o solo, mas aquele momento não chegava e, apesar da confusão mental, pensava:

"Faz tempo fui jogada pelo cretino do Zumbi... Por que o chão não chega? Será que estou num sonho?"

Achava que era... um pesadelo. Precisava acordar.

Horrorizada com a experiência, comecei a berrar, e a voz não saía. Tentei, tentei, sem sucesso.

Quando me cansava das tentativas de gritar, não tinha forças para nada, parava novamente para pensar:

"Que coisa horrível! Não consigo despertar... Quem sabe, se começar a me mexer, não caio da cama e acordo..."

As tentativas de me mover não surtiam o resultado desejado. Eu não acordava.

Nossa!... Que tortura fenomenal!... Virava-me de um lado para outro, mas nada de acordar do suposto pesadelo.

Quando me cansava novamente, parava porque não conseguia me livrar da tontura persistente que incomodava demais...

Houve momentos que comecei a chorar clamando por minha mãe.

Quando chamava minha mãe, os giros em minha cabeça diminuíam de velocidade, assim como tudo à minha volta.

Por vezes sonhava com ela, mas eram sonhos desconexos.

Do pouco que consigo me recordar, via minha mãe em sonho, chorando sobre um caixão. "Quem estaria dentro dele?", perguntava a mim mesma.

Ao lado de mamãe, havia pessoas conhecidas a consolá-la. Noeli muito próximo dela, Dóris chorava muito, ladeada por seu pai, mas longe de Felipe...

Esforçava-me para olhar nossos amigos comuns, mas as tentativas de me concentrar me davam náuseas e experimentava a sensação de afogamento, engasgava... Horrível sensação.

Quanto mais me desesperava, mais me sufocava...

A visão daquele lugar se distanciava e eu sentia as minhas forças se extinguirem, mas eu não caía. A queda não terminava, e aquela sensação novamente me colocava em desespero.

Tentava gritar por socorro, alternando entre o pranto e a sensação de frustração.

Procurava estender as mãos para segurar a cabeça, querendo aliviar a vertigem, porém não conseguia me tocar, não sentia minhas mãos.

Notei que, pensando em algo, os giros diminuíam de intensidade, por isso procurava focar em qualquer fato que não fosse a queda; entretanto, quando cessava, a velocidade dos giros rápidos voltava, aumentando a sensação de frio no ventre, como se pudesse espatifar de encontro ao solo a qualquer momento.

As náuseas eram constantes. Passei a me habituar a elas, já que a perturbação não tinha trégua.

Enxergava formas multicores girando, mesmo de olhos fechados.

Podia entrever os objetos, como se fizessem parte de cenas rápidas de coisas que não tinha lembrança de ter vivido. Na memória, os rostos das pessoas apareciam distorcidos.

Em determinado momento, não conseguia mais recordar o rosto de minha mãe... Conseguia lembrar apenas o rosto de Dóris. Usava minhas reminiscências para aliviar aquelas sensações angustiantes.

Pude observar o rosto de dois homens a me fitar. Era como se eu estivesse olhando através de um vidro.

Ambos comentaram algo que tentei entender, mas a audição estava tão distorcida quanto a visão. Com muito esforço consegui entender:

— Vamos levar esta? — perguntou um deles.

— Não estou conseguindo identificar ao certo... Vamos arriscar levá-la mesmo assim — respondeu o outro.

Senti que me tocaram e puxaram cada um segurando por um braço, porém não conseguia compreender o que se passava.

Questionava como me arrastavam se ainda tinha a sensação de não ter tocado o solo após a queda. A vertigem confundia todas as minhas impressões, assim como o sufocamento me impedia de falar.



De repente, senti os homens me arremessarem em um compartimento, fecharam a porta e tudo escureceu. Mesmo assim não me livrei da sensação da queda. Tudo girava. Era como se tivessem me mexido de lugar, mas não sentia, só conseguia deduzir porque as imagens tomavam uma linha...

Entrei num processo de repetição, dizendo para mim mesma: "Pense que para, Salete, pense que para"... Repeti inúmeras vezes, imaginando que aqueles homens vieram para me salvar e em breve aquela tortura passaria.

Procurei evitar pensar em Zumbi, porque lembrar coisas que me magoavam fazia os giros aumentar, como há pouco, que havia sentido as mãos dele abarcar minha cintura para me arremessar do viaduto.

Pensar em Zumbi era ruim, mas pensar em Dóris era agradável...

A portinhola se abriu, novamente senti ser tocada e conduzida pelos braços a um lugar onde estava mais claro.

Eram aqueles mesmos homens que haviam me colocado ali, mas desta vez acompanhados por outro homem que entrevi, de olhar obscuro e vestes negras.

Tentei sincronizar os olhos com a velocidade dos giros para visualizar com maior nitidez e assim pude observar que havia muitas outras pessoas ao redor em silêncio, que só foi rompido pelo homem de olhar obscuro e vestes negras, repreendendo os dois que me levaram.

Depois de estender as mãos sobre mim, ele advertiu os dois:

— Não aprenderam ainda a selecionar... Novamente me trouxeram uma criatura híbrida... Tentem extrair alguma coisa dela, seus idiotas!

Os dois baixaram a cabeça revelando decepção, enquanto as pessoas em volta riam. Mas novamente se fez pronto silêncio assim que o homem vestido de negro lançou um olhar, produzindo expressões de pavor em todos.

Aquele estranho virou as costas, e um dos homens que me levaram perguntou:



— Senhor, o que fazemos com esta coisa?

Ainda de costas, o homem de olhar obscuro respondeu:

— Isso aí é lixo. Não nos serve para nada. Não temos lugar para lixo porque já bastam lixos como vocês, seus idiotas. Joguem-na para os abutres.

Ele estava falando de mim e, como não conseguia falar, apenas pensei:

"Não sou lixo. Pelo amor de Deus, ajude-me".

O homem de olhar obscuro de alguma forma ouviu meu pensamento. Voltou-se para mim com odioso olhar e repetiu:

— Sim, você é lixo. E lixo cheira mal, portanto...

Além das sensações horripilantes que sentia, somou-se ao meu calvário a sensação de ter o corpo inteiro ardendo em chamas.

Os outros assistiram temerosos àquela demonstração de crueldade sem precedentes, até que de repente a sensação passou e o homem afirmou:

— Da próxima vez, pense mais baixo. A pronúncia desse nome de nada serve onde estamos.

Obedeci. Com medo, em nada pensei. Com dificuldade, observei o homem novamente virar as costas e sair em silêncio.

Os dois homens passaram a me chutar. Eu sabia que faziam isso, mas não sentia dor... Sentia apenas o desprezo deles por mim, chamando-me de vários palavrões, até que me pegaram novamente pelos braços e me arremessaram no espaço, onde tudo girava. Nele observei a companhia de outros corpos inertes, como o meu, flutuando ao meu lado...

Não conseguia observar meu corpo porque a vertigem não me permitia olhar para baixo, mas, a partir daquele momento que me jogaram, pude perceber os corpos de outras pessoas mutiladas, algumas sem braços, outras sem pernas, sem o tronco e até sem a cabeça.



O pânico que já sentia aumentou, assim como o sufocamento e a tontura...

"Meu Deus, onde é que eu estou?", pensava em alguns momentos, na esperança de recobrar a lucidez.

Durante horas chorava insistentemente tentando gritar pela minha mãe, ressentida pelo episódio da humilhação que senti ao ser tratada como lixo.

Comecei a rir e a chorar simultaneamente, sem entender por que ria, mas sabia que chorava de tristeza e ria porque confundia as sensações.

Achei que estava enlouquecendo e comecei a contar os corpos deformados que giravam à minha volta...

Aqueles corpos já não me causavam terror... Sabia que eram tão impotentes quanto eu... tão "lixos" quanto eu...

O que teria ofendido tanto aquele homem de olhar obscuro para me causar tamanha humilhação?

"A pronúncia desse nome de nada serve onde estamos"... Qual nome? O que havia dito antes a ele se apenas implorei pelo amor de Deus para me ajudar?

Sim... Deus...

Teria o nome de Deus ofendido aquele homem? Eu mesma fazia tempo não pensava em Deus... Deus... Como pensar em Deus com tanta tortura? A náusea que não passava... O sufoco...

Lamentosa, pedi ajuda a Deus com a esperança de ser ouvida. Deus passou a figurar em meu pensamento como algo que desconhecia, mas implorava misericórdia mesmo assim...

Os corpos mutilados continuavam girando à minha volta, mas observei um homem de corpo íntegro se aproximar. Eu me apavorei pensando que pudesse ser um daqueles que me infligiram humilhações.

O homem usava trajes rotos como aqueles outros homens. Caí em desespero, implorando em pensamento para me livrar daquela situação:

— Por favor, sou mesmo lixo, não judie de mim, não me maltrate...

O homem respondeu:

— Calma, Salete. Espere mais um pouco. Levaremos você... Fique calma...

Aquelas palavras doces me fizeram disparar pedidos de socorro, mas senti apenas que ele tocou minha cabeça, e tudo se apagou.

Quando abri os olhos novamente, eu me sentia melhor. A tontura não tinha desaparecido totalmente, mas nada comparado a antes. Respirava normalmente.

Com medo de tudo girar, permaneci imóvel e observei com o canto dos olhos. Estava numa sala onde havia diversas cápsulas que pareciam revestidas de vidro transparente. Estavam inclinadas e enfileiradas à minha frente e dos lados.

Algumas dessas cápsulas continham pessoas dormindo dentro, outras estavam vazias. Eu estava numa dessas cápsulas.

Que alívio! Havia finalmente sido socorrida, pensei.

O homem que me resgatou aproximou-se da minha cápsula.

Agora conseguia perceber que se tratava de um jovem rapaz que olhava para mim e sorria. Ele se utilizou de um dispositivo anexo à cápsula para se comunicar:

— Seja bem-vinda, Salete. Bom dia. Fique calma, não precisa falar se encontrar dificuldade. No começo é normal... Ah, e não faça movimentos bruscos. Agora que despertou, sairá logo daí. Precisamos apenas examiná-la. Tenha paciência, por favor.

Novamente utilizando-se do dispositivo anexo, eu o ouvi manipular instrumentos.

— Processo concluído. Favor informar. Processo concluído.

Tênue luz azul refletiu-se através do lençol que me cobria e logo se apagou. Em segundos, o rapaz leu com atenção o dispositivo e esclareceu:

— Essa leve tontura que está sentindo logo passará. Meu nome é Paulo, mas pode me chamar de Paulinho, como sou conhecido por aqui. Saiba que você já pode caminhar. Abrirei a unidade e poderá sair. Não precisa pressa. Entendeu, Salete?

Concordei gesticulando com a cabeça. Ele tocou algum dispositivo que movimentou a cápsula, posicionando-me de pé, e a tampa da cápsula se abriu.

Correspondi ao sorriso daquele rapaz, que me estendeu a mão e convidou-me a sair:

— Como se sente, Salete?

— Estou bem, mas não consigo...

— No momento preocupe-se em entender, Salete. Você passou por um período de perturbação e agora recuperou a consciência. Estou responsável por você, por enquanto. Seguiremos para sua acomodação provisória. Venha.

Atemorizada pelos fatos novos, pedi:

— Posso segurar sua mão?

— Claro que pode... Vamos — concordou ele sorrindo a me conduzir.

O aspecto do lugar me fez lembrar um acampamento, em que a paisagem dispunha de natureza exuberante com abrigos semelhantes a iglus espalhados pela planície.

Não resisti a abordar Paulinho durante o trajeto:

— Ah, que maravilha poder sentir os pés no chão...

— Fico contente também, Salete.

— Paulinho, minha mãe está aqui?

— Não está, querida.

— Eu morri na queda do viaduto, não é?

— O corpo de carne morreu sim, mas a Salete não.

— Você disse que é responsável por mim e está me levando para uma acomodação provisória. Quem é você? Onde estou?



— Não sou seu parente, se é o que deseja saber. Sou seu amigo. Este lugar é uma colônia, aonde pessoas na transição entre matéria e espírito vêm para tratamento. Este lugar se chama Acalanto.

— Acalanto... Parece familiar... O que farei daqui para a frente?

— É o que discutiremos em breve. Ali está sua acomodação. Terá uma visita de alguém que a ama muito. Aliás, preciso lhe informar que terá Célio e Beatriz como companheiros. Vocês compartilharão esta acomodação provisória. Eles estão fora e lhe serão apresentados em breve.

# 13

Nos primeiros dias vivendo nesse lugar estranho e agradável, quase nada fazia. Minha única ocupação era tirar dúvidas e familiarizar-me com o ambiente.

Passava a maior parte do tempo com Paulinho. Tudo que pensava em lhe revelar ele já sabia. Isso às vezes me dava tédio, mas também não podia pedir para ele fingir que não sabia de nada.

Consciente de minha morte do corpo, soube que fiquei pouco mais de dezessete anos naquela situação terrível, experimentando a sensação de estar caindo do viaduto do qual Zumbi me jogou. No entanto, não alimentei mágoas por isso. Eu mesma desencadeei o destino através da intemperança e temeridade.

Segundo Paulinho, fiquei dezessete anos naquela situação porque ocorreu uma desagregação do meu corpo perispiritual, provocada pelo grande susto, no momento da queda, refletindo pelo meu corpo físico quando meu cérebro de carne se dilacerou ao atingir o solo.

Desencarnando, fixei as sensações do momento exato da morte assustadora, e a vertigem da queda fixou-se no meu campo mental, mantendo-se por incríveis dezessete anos, até ser resgatada e colocada em tratamento na cápsula, o que, segundo Paulinho, durou pouco mais de quatro anos, considerando o tempo da Terra como parâmetro para contas.

Torno-me repetitiva quando fico impressionada. Tive a sensação de estar em queda durante dezessete anos, mas na realidade havia me inserido em zonas obscuras do plano espiritual, localizadas abaixo da crosta terrestre, onde a baixa sintonia na qual me encontrava no momento do desligamento era similar àquele lugar horrendo, pela razão das vibrações que emitia no momento do desencarne.

Parece coisa de filme de ficção a que assistia na Terra. Um filme que demorou vinte e um anos para passar.

A maior surpresa nos primeiros dias aqui foi o esclarecimento prestado por Paulinho sobre os motivos que o levaram a me localizar depois de tantos anos. Esse tempo para o plano do espírito nada representa. Neste plano o tempo funciona diferente. Não consigo explicar, mas pelo que entendi o relógio por aqui parece louco.

Ao contar o ocorrido quando aquelas entidades me encontraram, Paulinho esclareceu que os dois homens que me carregaram para o lugar escuro eram provavelmente subordinados ao homem de trajes negros e olhar obscuro. Sujeito feio aquele...

— Esses espíritos ainda estão presos nas ilusões do mundo, por isso se comprazem com o mal, por não terem superado problemas ocorridos na vida material.



— O homem que trajava vestes negras então devia ser um dos líderes daquele lugar.

— Ele faz uso de habilidades adquiridas no campo intelectual, que não é da maioria dos que ali convivem, para manipular energias que extrai de pessoas encarnadas. São aquelas sensações materiais que lhes proporcionam prazer; aliás, prazeres dos quais não conseguiram se livrar enquanto estiveram encarnados, suscetíveis de diversos vícios.

Muitos dos seus subordinados se encontram ali também porque não superaram mágoas profundas e permanecem nessa situação na esperança de se vingar dos inimigos que permanecem encarnados. Eu mesma podia ser um deles se ficasse com ódio do Zumbi, aquele filho da mãe.

Fui descartada pelo homem de olhar obscuro porque não identificou energias que pudesse utilizar nos propósitos que tinha... Impossibilidade que os seus subalternos não conseguiram observar, por isso se sentiram desmoralizados perante os outros que comungavam os mesmos propósitos, aguardando o seu quinhão.

A decepção do homem de olhar obscuro, quando se referiu a mim como criatura híbrida, é uma forma pejorativa para designar uma entidade que não tem definido o sexo nas transições inerentes à matéria, o que era meu caso.

Para mim também foi confuso compreender o que significa isso.

Na penúltima encarnação, fui homem. Funciona mais ou menos assim: eu, Salete, pedi para vestir trajes carnais femininos na última encarnação porque tal escolha me proporcionaria vivenciar experiências para ascensão espiritual.

Eu mesma havia pedido para superar algumas tendências que resultaram em pendências perante as Leis Divinas, visando amenizar infortúnios do passado enquanto fui homem, mas assumi uma condição num momento em que não estava preparada. Achei esquisito saber isso, mas Paulinho disse que, com o passar do tempo, compreenderia melhor o que se passou comigo.



Tal fato explica meu total desinteresse pelo sexo masculino na última encarnação, pois estava ali um corpo de mulher coordenado por uma mente masculina, ou seja, minhas intenções eram boas, e minha vontade de voltar como mulher foi satisfeita porque tive capacidade de moldar um corpo feminino, porém ainda não estava completamente consolidado o ideal no meu ser, por isso os gostos diferentes do que consideravam padrão.

Se tivesse conseguido o que queria, eu me acertaria com Dóris, de quem no passado fui amante tirano, e poderia ser uma mulher convencional perante os imperativos da matéria. Sentiria atração por homens, poderia ser mãe, enfim, vivenciaria a constituição de um ser feminino na plenitude da mente e do corpo, e não teria problemas em contornar os preconceitos que eu mesma fomentei em encarnações precedentes, promovendo desgostos para muita gente...

Lembrei-me de minha mãe, que sempre dizia: "O que aqui se faz aqui se paga". No fundo ela tinha razão, mesmo sem saber mencionar que, em determinado tempo, tudo que a gente faz volta.

Sem saber o que se passa, existem pessoas, como, aliás, eu mesma fiz no passado, capazes de depreciar o semelhante quando não encontram respostas para o que diverge de concepções convencionalistas, tornando-se fundamentalistas, em atitudes deploráveis.

O fato de o homem de olhar obscuro ter procedido com desprezo, ao identificar a neutralidade do que eu tinha a oferecer, pode parecer uma coisa ruim, mas foi justamente o desprezo sentido que me fez elevar o pensamento a Deus, possibilitando ser resgatada por Paulinho. Do contrário, sabe-se Deus quando me encontrariam. Isso é o que eu chamo de literalmente estar perdida, quer dizer, sabiam onde eu estava, mas eu não me permitia o resgate. Um negócio muito louco!



Minha libertação poderia ter acontecido antes, se tivesse consciência mais espiritualizada. Todavia, durante a última vida, fui uma pessoa alheia às coisas espirituais.

Reaprendi uma coisa muito importante: quando estamos encarnados, não sabemos o que realmente somos, mas temos apenas uma vaga intuição do que fomos.

Essa dedução pode ser observada em nossas tendências de personalidade, de aptidões, de simpatias e antipatias que sentimos por determinadas pessoas enquanto estamos encarnados.

Quando desencarnamos, readquirimos a visão mais ampla da nossa realidade espiritual, na proporção que a mente pode alcançar. Nas minhas condições, por exemplo, permaneci vinte e um anos me sentindo perdida no espaço. Existem pessoas que ficam assim durante séculos ou milênios, por vários motivos; um dos principais é a dificuldade do desligamento do corpo físico enquanto a mente permanecer imersa na matéria.

Pessoas espiritualizadas são mais conscientes, portanto ficam em estado de perturbação durante um tempo bem menor. Tudo depende da situação mental em que se encontram e da condição na qual se colocaram.

Deste lado da vida, recordamos que, para chegar a ser humanos, encarnamos e desencarnamos muitas e muitas vezes, passando por incontáveis estágios, mas apenas uma pessoa muito evoluída poderia ter memória suficiente para alcançar tantos fatos passados... São tantos amigos e inimigos que passaram por nosso caminho... Pessoas que conseguimos perdoar, outras de quem necessitamos o perdão... Quantas vezes sentimos sede de água e fome de comida, para mais tarde sermos sedentos de viver e famintos de amor, de perdão?... Quero dizer que, enquanto encarnados, vivemos tendo de manter um corpo de carne, mas do lado de cá as necessidades são bem diferentes, mais ou menos como se colhêssemos o que plantamos de sentimentos que o corpo espiritual se nutre.



Que sabedoria infinita é Deus! Toda vez que encarnamos, esquecemos tudo que vivemos em encarnações anteriores; no entanto, esse tudo se encontra bem guardado em nós... Toda vez que desencarnamos, relembramos muitos acontecimentos para saber o que deixamos de fazer e o que fizemos para nos sentir mais felizes.

É preciso considerar ainda que, por vezes, nos envolvemos em tantas encrencas que, ao desencarnar, permanecemos em condição de completa ignorância sobre vidas passadas, esquecendo-nos até de nós mesmos e tornando-nos objeto de abusos da parte de pessoas parecidas com o terrível homem de olhar obscuro.

Além das relações pretéritas com Dóris, lembrei-me de muitas outras pessoas e fatos, pela condição em que me encontro, mesmo reconhecendo que estou longe de ser santa.

Interessante como as lembranças funcionam. A mente junta os pedaços de vida para formar a memória mais abrangente, como a montagem de um quebra-cabeça.

Dóris foi a primeira lembrança. Talvez porque, apesar de ter sido um tirano em encarnação anterior à última, conservei por ela um sentimento puro que, de tanto me ser útil, é impossível não amar. Agora estava claro para mim, mas, enquanto vivi com ela, seria impossível saber, por isso fui egoísta, achando que ela era minha.

Precisarei exercitar muito a questão do desprendimento afetivo, pois reconheço que não sou grande coisa... Como fui possessiva!...

Quantas encarnações serão necessárias para superar diversas tendências perniciosas e conquistar condição melhor?

Consegui me livrar de diversos vícios e arrecadei cabedal suficiente para não mais odiar, nem me perverter tão facilmente com as ilusões que a matéria proporciona. Em contrapartida, reconheço que apenas na matéria será possível avaliar se estarei em condições de vencer ou não aquilo que falta para subir mais um degrau.



---

Felizmente, em diversas situações, recebemos auxílio dos benfeitores espirituais que possuem elevação maior que a nossa.

Fiquei muito feliz, depois de certo tempo, em receber a visita de meu mentor Cícero, aquele que muitos chamam de anjo da guarda e que vela por nós durante diversas existências.

Era essa a visita a que Paulinho se referia logo que despertei na colônia. Descobri com alegria que a visita não era propriamente uma visita, pois o anjo da guarda está sempre conosco, mas nós nem sempre percebemos, dependendo das condições que envolvem fé, oração e procedimentos no bem.

O querido Paulinho é para mim como se fosse um anjo, mas não é um anjo propriamente dito. Paulinho é uma pessoa que decidiu se dedicar a mim por amor a uma causa. Essa tarefa lhe foi concedida porque detém elevação espiritual acima da minha, por isso pode cuidar de mim.

As duas pessoas colocadas para conviver comigo têm seus anjos da guarda como todo mundo e protetores com as mesmas tarefas do Paulinho para comigo, mas, no caso deles, são pessoas que exercem essa tarefa específica dentro da colônia. O Paulinho já era conhecido meu, mas minha memória não conseguiu alcançar nossa relação, que deve ser de amor antigo, pois nos damos muito bem.

A propósito, eu, Célio e Beatriz fomos colocados juntos porque temos condições semelhantes no âmbito da transitoriedade sexual-energética e podemos trocar experiências vivenciadas na lide terrestre. Por essa razão, estreitamos laços afetivos, com base em interesses recíprocos de bem-querer e confiança.



Beatriz foi um homem na última encarnação e, no gênero, era transexual. Diferente de mim, transmudou por causa de traumas de infância que não conseguiu superar, invertendo os polos sensoriais.

Apesar de se apresentar como homem na colônia, Beatriz adotou o nome feminino por se julgar despreparada para reassumir integralmente a personalidade masculina.

Beatriz sentia mágoa das ações déspotas do pai. Por isso resolveu antagonizar a sexualidade como forma de protesto, imputando a este mesmo pai o desgosto por ter um filho transexual. Tal procedimento resultou na dissidência familiar, na neurastenia do pai e no seu desencarne precoce, acarretando a inimizade que ocasionou perseguições encarniçadas que lhe proporcionaram muito desequilíbrio. Beatriz, ainda encarnada, enveredou por diversos antros onde o vício preponderava. Desencarnou na tentativa de mudança de sexo em uma cirurgia de conversão malsucedida, numa época em que tal procedimento ainda não havia sido desenvolvido satisfatoriamente. Complicou-se mais porque a operação foi feita com recursos médicos precários que lhe renderam uma infecção generalizada.

Também diferente de mim, quando Beatriz desencarnou, aos vinte e oito anos de idade, instalou-se em zonas do plano espiritual como suicida pelo fato de se reconhecer como tal, pois sabia dos riscos que a cirurgia poderia desencadear, acarretando a falência do corpo físico.

Sofreu muito, subjugada por entidades afeitas a torturas. Obteve a misericórdia de ser socorrida após nove anos de permanência conforme o tempo da Terra.

O fator mais importante que contribuiu para seu resgate teve relação com as boas ações enquanto encarnada, quando participou ativamente em favor da proteção de crianças que eram vítimas das mesmas violências que sofreu.

Foi um trabalho desinteressado, que lhe somou créditos na balança da Divina Providência, por meio dos clamores de preces feitas a seu favor pelos beneficiados por suas contribuições materiais e morais na Terra.

Célio, por sua vez, era um caso semelhante ao meu, porém teve um corpo de homem, assumindo a vida material sem conseguir se desvencilhar da mente feminina na última encarnação.

Nas oportunidades em que nos reuníamos para trocar ideias, era tocante a sensibilidade com que Célio relatava as expiações a que foi submetido por conta de resgates pregressos. Ele nos contagiava com o choro sentido que não conseguia conter.

Célio foi uma criança introspectiva e repreendida por gostar de brincar com bonecas em vez de carrinhos.

Aderindo à condição de crescer em reclusão, obediente a preceitos sociais impostos, submeteu-se em silêncio às indicações de contenção comportamental que o forçaram a não assumir as divergentes preferências de âmbito sexual.

Não esqueço, certa vez, que nos fez rir muito. Contou que, quando pequeno, ganhou uma bola de futebol de presente do avô. Seus pais, horrorizados, flagraram-no estilizando a bola, vestindo-a de roupinha e saia, acrescentando ainda olhinhos delicadamente desenhados e boquinha que fez com o batom da mãe.

O menino Célio foi imediatamente encaminhado para tratamento psicológico e exposto a verdadeiro tribunal inquisitório, que o fez, mais tarde, optar por querer ser padre, o que não deu certo. O motivo da desistência da vida eclesiástica foi apenas uma preocupação: como faria, ao ouvir no confessionário, relatos masculinos libidinosos que pudessem excitá-lo? Meu Deus... Que besteira!

Apesar da franca tristeza com que Célio narrou determinadas passagens, ele fazia questão de se mostrar sempre alegre diante das próprias agruras e conseguia ser tão carinhoso que revelava a abnegação consolidada no ser.



Dotado de consciência autopunitiva, casou-se e teve dois filhos, apesar da contrariedade assumida apenas em renúncia de si mesmo, em favor dos que lhe eram amados.

Ao atingir a meia-idade, declinou aos padrões sociais quando se deparou com um conhecido de outras encarnações, por quem se apaixonou e se entregou, literalmente, de corpo e alma, mas foi descoberto pela esposa, que o flagrou no leito.

Diferente do tratamento que teve enquanto criança, foi segregado pela família e pela sociedade, que não pouparam esforços para lhe denegrirem a imagem, degenerando-o por completo, sem considerarem o bom filho, bom marido e bom pai que tanto se esforçou para ser...

Ao assumir a homossexualidade, condenaram-no à execração silenciosa, o que lhe rendeu profunda comoção... A ingratidão e o desprezo por parte dos que amava o feriram demais até no momento de sua morte.

Ele ficou menos de seis meses em zonas do umbral porque conseguiu perdoar a todos no derradeiro momento, mesmo solitário no leito do hospital, com sessenta e quatro anos de idade, acometido por câncer de próstata.

# 14

Enquanto encarnados, vivemos fazendo conta dos anos que passam, e o tempo futuro é indicativo do que ainda podemos fazer.

Quando crianças, brincamos, depois chega uma idade em que alguns procedimentos não combinam.

Na adolescência, alguns erros são admitidos pelos adultos e, quando nos tornamos adultos, certas verdades fazem parte do somatório de muitos enganos que cometemos, habilitando-nos a ter um senso moral judicioso para saber o que devemos evitar para não sofrer. Portanto, as responsabilidades aumentam; todavia, mesmo na idade adulta, algumas vezes agimos com infantilidade porque, em determinadas situações, gostaríamos de voltar a ser crianças.

Na dimensão espiritual, não somos escravos do relógio. Temos à disposição o tempo para saber se foi bem aproveitado na vida material.

Há pessoas que vivem milênios a fio encarnando e desencarnando, porém não conseguem estar num patamar intelectual de outra pessoa que foi e voltou menos vezes. Com referência ao patamar moral, geralmente é necessário maior número de incursões na matéria, pois o grau de evolução de um espírito está na razão do emprego que faz da inteligência adquirida em favor dos que caminham na ignorância.

Deve ser por isso que existe tamanha diversidade de infantilidade e maturidade espiritual.

Logo que aportei na colônia Acalanto, para tudo perguntava a Paulinho: "Quanto tempo". A questão do tempo corresponde a um marco impreciso diante da eternidade. Pode parecer poético, mas é uma coisa que demorei a entender, considerando as milhares de encarnações que já tive. É que a gente lembra e esquece tantas vezes, fixando o que interessa para prosseguir. Não esqueci muita coisa, mas deixei de lembrar muitas também.

Achei um absurdo ter vivido apenas vinte e um anos, além de, depois de desencarnar, ter ficado vinte e um anos na situação em que fiquei. Contados na eternidade, nada representam quarenta e dois anos, mas, para a consciência evolutiva, é uma eternidade.

Utilizei-me deste ensaio reflexivo para expor diversas passagens de minha experiência na Terra.

Nos momentos em que ficava depressiva na Terra, atribuía à falta de correspondência sentimental para comigo e descobri que na verdade a ausência que sentia era de mim mesma enquanto deixava de cumprir os compromissos assumidos. O resultado era sempre o mesmo: sentia autopiedade e entrava num processo de revolta, projetando responsabilidades nas pessoas que me cercavam. "A culpa é delas, não minha", pensava.



O tempo, nesses momentos, parecia não passar, mas passava... Eu é que não fazia o uso devido dele. Tinha essa impressão porque, em vez de utilizar o tempo para coisas úteis, entregava-me à vontade de nada fazer, daí, sem saber, ressentia-me por mim... Não era espiritualizada o bastante para compreender que o tempo não para... Quem para somos nós...

Ah... Se eu tivesse me dado a oportunidade de me permitir na última vida na Terra ascender ao conhecimento de outras vidas, não teria sofrido metade do que sofri. Há mais de dois mil anos Jesus deixou ali mesmo um compêndio de informações, dando-nos todas as indicações para sermos felizes. Entretanto, nas oportunidades que meu mentor espiritual encontrou para colocar o Evangelho em minha vida, desprezei por orgulho, reunindo todos os pretextos para fugir, dizendo que aquilo era coisa para bitolados, era cafonice, estava fora de moda...

O problema é que, julgando, fui julgada, pois abominava observar aqueles que faziam de uma Bíblia debaixo do braço uma muleta. Repudiava alguns religiosos que deturpavam textos evangélicos para justificarem as atrocidades que praticavam. Deu no que deu. Não me prestava a pesquisar o que desprezava, baseava-me no uso indevido que faziam do Evangelho. Assim, não me dei a chance de obter entendimentos que me confortassem, como, por exemplo, o significado de a felicidade não ser daquele mundo...

Falar de coisas da Terra sem falar do tempo é quase impossível, principalmente quando traçamos parâmetros para relatar eventos que acontecem na Terra.

Passaram-se mais de vinte e um anos da minha última existência corpórea, mais cinco na colônia, portanto, vinte e seis anos no total, e nenhuma vez quis visitar a Terra, porque, apesar das saudades dos que lá ficaram, sentia receio dos sentimentos que seriam despertados ao ver as agruras dos que me são caros.



Célio e Beatriz viviam pedindo para visitar aqueles que deixaram na Terra. Na maioria das vezes, os pedidos eram atendidos.

Beatriz era a que mais visitava a Terra acompanhada por seu protetor e mentor. Voltava sempre feliz por rever os parentes e as pessoas que auxiliou enquanto era encarnada.

Eu percebia, pelas conversas que tinha com os protetores, que nem sempre via apenas o que lhe seria motivo de contentamento, mas Beatriz desenvolvera grande sucesso na área do perdão e conseguia compreender com mais paciência e resignação coisas que lhe pareciam indigestas com relação aos sofrimentos alheios.

Já o Célio fazia essas visitas e algumas vezes voltava contente, outras nem tanto. Houve uma vez que visitou uma pessoa que amava muito e ficou se sentindo tão mal, que precisou ficar afastado de nós uns oito meses.

Foi recomendado para nós não tocarmos no assunto com o Célio quando trocássemos experiências, porém tal fato serviu para aumentar meu receio, imaginando que ainda não estava preparada para testemunhar algo que não gostaria de ver.

---

Depois de trinta e dois anos longe da Terra, Paulinho se aproximou de mim para comunicar-me:

— Salete, preciso lhe informar que sua mãe, a Celeste, está para desencarnar.

— Oh, minha mãezinha... Logo estaremos juntas então... Não precisa ficar preocupado, Paulinho. Hoje tenho maior consciência da transitoriedade da vida material.

Ao observar que meu querido protetor franziu a testa fazendo menção de dizer algo que eu não gostaria de ouvir, adiantei-me:

— Poupe-me, Paulinho! Não precisa me contar o gênero de morte que minha mãe terá. Não preciso saber!

— Está bem. Não contarei, mas o problema é que Celeste não tem a mesma compreensão de transitoriedade e está sofrendo por causa disso. Nos delírios que precedem o derradeiro momento, está clamando por você, Salete.

— Mais um motivo para eu não querer saber.

Diante da forma incisiva com que me expressei, Paulinho respeitou minha vontade, mas não consegui ficar em paz.

Nas conversas que tinha com meus companheiros, relatei o que estava se passando e Beatriz acrescentou:

— Pena que ainda não superou esse medo... Talvez pudesse ser útil, não fosse a fraqueza.

— Não compreendo como poderia ser útil — respondi observando Célio amuado sem se manifestar.

Beatriz continuou:

— Compreendo seus medos, Salete, mas não adianta... Uma hora ou outra temos que enfrentar nossos medos, senão embargamos o próprio progresso.

— Não compreendi o que quer dizer. Se eu não quiser saber sobre o sofrimento de minha mãe, acha que isso pode me prejudicar?

— Você não — interveio Célio. — Sua mãe, sim. Embora você julgue que nada pode fazer na Terra, um simples desejo pode mudar tudo. Aqui oramos, na Terra eu não orava com frequência. Aqui compreendemos coisas que, encarnados, pareciam obstáculos. Você não quer saber o que se passa com sua mãe, provavelmente porque está fugindo de compromissos, ou sabe intuitivamente que terá de se esforçar para contornar obstáculos. Achamos que conseguimos nos desviar dos obstáculos, mas percebi que não adianta. Podemos mudar o caminho, porém o lugar a que é preciso chegar continuará lá. Desviar do obstáculo pode nos fazer traçar o caminho mais longo, mas de que adianta se cedo ou tarde precisamos estar ali?

— Está coberto de razão — emendou Beatriz. — Eu mesma tinha verdadeiro pavor de enfrentar certas verdades, mas, depois que aprendi a visualizar as coisas com maior naturalidade, percebi que nos sentimos melhores. Se analisarmos profundamente, não existe muita diferença entre estar encarnado ou desencarnado. Encarnados, choramos os mortos; desencarnados, choramos os que seguem para nova encarnação. A verdade é que nunca estamos satisfeitos porque nos apegamos a tudo e a todos. Quanto maior o apego, menor a compreensão, por essa razão sofremos como condenados. Tudo isso demonstra o quanto somos egoístas com coisas e pessoas, tentando esconder que não somos.

Após breve intervalo, Célio fez um gesto de quem enfrentaria um inimigo interior para revelar:

— Vocês lembram aquela vez que visitei a Terra e na volta estava tão perturbado que precisei ser internado? Um de meus filhos teve de amputar uma perna por falta de cuidados com o diabetes. Meu problema não foi compreender a dor de meu filho, mas ver que uma pessoa, por quem alimentei ódio durante três encarnações e na última foi meu primo, prontificou-se a cuidar dele, enquanto todos viraram as costas. Fiquei muito mal por saber que, se eu mesmo não tivesse dado motivos para que sua consciência pesasse a tal ponto de se incriminar, não teria somatizado a culpa que se transformou na doença. Hoje sou capaz de falar sobre esse assunto com naturalidade, mas só criei essa capacidade porque aprendi que o melhor é se perdoar em vez de se culpar por coisas que deixamos de fazer.

Ficamos impressionados e ao mesmo tempo felizes por saber do sucesso de nosso companheiro, porém não resisti e perguntei:

— E o que esse seu primo fez a você para sentir ódio dele três encarnações seguidas?

— Detalhes sobre fatos ocorridos não explicam relações de ódio, mas a falta de virtudes, sim. Se eu e meu primo não tivéssemos sido egoístas não teríamos sido orgulhosos, e se não fossemos orgulhosos não teríamos motivos para sermos egoístas. Aprendi que não dá para ter um vício sem o outro. Egoísmo e orgulho caminham juntos. Numa das três encarnações com esse meu primo, pedi para vencer a prova da riqueza e reencarnei rico, mas não estava preparado e procurava prazeres somente em futilidades, espezinhando moralmente esse meu primo o quanto quis, até que precisei dele para cuidar de mim na velhice. Ele mesmo não conseguiu superar a prova do perdão e se aproveitou para se vingar das humilhações que o fiz passar, provocando meu desencarne para usufruir a fortuna que deixei. Se amor é doação e cada um dá o que tem, dependendo dos valores morais que possuímos, asseguro-lhes: o mau aproveitamento de uma vida inteira está relacionado ao emprego que fazemos do orgulho e do egoísmo, em prejuízo das virtudes que ainda não conquistamos.

---

Um dia depois daquela conversa, procurei Paulinho:

— Desde que vim para cá, tenho orado muito por minha mãe, mas depois de me contar o momento pelo qual atravessa, senti impotência. Existe alguma coisa que posso fazer por ela?

— Sim. Acreditamos que, se puder estar na Terra, facilitará o desencarne.

— Vocês não podem promover a vinda dela através do desprendimento do corpo físico enquanto estiver dormindo? Dessa forma poderíamos conversar aqui.

— Não, porque Celeste passa pelo momento de perturbação do desligamento. Ela se agarrou ao corpo físico. A mãe de Celeste está há dias tentando convencê-la com a ajuda dos mentores de ambas, mas Celeste afirma que não sairá se você não for buscá-la. Está sofrendo dores atrozes, entre a vida e a morte.



— Puxa vida! Haverá o momento em que não conseguirá mais se reter no corpo!

— Infelizmente temo que neste estágio se fixe ao corpo físico e permaneça mergulhada na matéria com a ideia fixa em toda sorte de ilusões que conseguir criar mentalmente para se considerar viva na Terra. Isso acontece assim: a gente pensa que está sonhando e faz do sonho a continuidade da vida.

Concordei em visitar minha mãe nos derradeiros momentos e soube que necessitaríamos da companhia de Cícero, meu mentor, para nos acompanhar.

No caminho, Cícero prestou orientações adiantando o panorama dos acontecimentos:

— Três entidades que se julgam credoras pregressas permanecem ao lado de Celeste esperando o momento do desencarne. Essas entidades têm relação com você também. Não se preocupe, pois elas nada poderão fazer de mal porque estamos com vocês, mas, se houver discussão, não se importe com as ofensas que poderão desferir e não convém responder. Se não resistir a responder, faça-o com respostas de amor, que saiam de seu coração.

— Quem são esses supostos credores? — perguntei.

— É um casal que resiste em aceitar auxílio para melhorarem e um homem revoltado. Continuam perdidos porque não ofereceram condições para reencarnarem junto a vocês para ajustes. Tais entidades lhe reconhecerão com a forma física que decidiu manter, porém a perseguição maior está concentrada em Celeste, que ainda permanece no corpo físico.

— O que fizemos para perseguirem minha mãe até na hora da morte?

— Para a entidade feminina chamada Isabel, você e Celeste infligiram torturas; para a entidade masculina, chamada Eurípedes, que foi marido dela, vocês foram responsáveis pela perda de dois filhos; para o outro homem, que se chama Sandro, você o molestou quando ele era criança. Neste último caso, você foi homem, e Celeste, que presenciou o fato, era mulher.

— Que horror! Fizemos tudo isso? Por que não estou me lembrando?

— Porque terá acesso à memória desses fatos quando eles próprios se permitirem ao acerto. Por enquanto seu ajuste perante as leis do Alto se restringe à capacidade daquilo que é viável fazer. Sua responsabilidade e a de Celeste estão atenuadas porque tais ações foram praticadas através de atitudes inconscientes.

— Nossa! Para praticar tais atitudes inconscientemente, então eu e minha mãe devemos ter sido loucas. Até quando esses três continuarão nos perseguindo?

— Até se colocarem predispostos a exercer o perdão através de encarnações vindouras. Aí sim vocês poderão proceder ao resgate junto delas.

---

Ao chegar ao hospital onde minha mãe estava internada, chorei. Ali estava o corpo que me trouxe à vida na última existência. Aquele não era um corpo, era um trapo humano.

O rosto vincado de rugas mostrava o resultado que o tempo e o sofrimento lhe causaram.

Cícero me apresentou Diógenes, o mentor de minha mãe, informando que ela repousava com efeito de forte medicação sedativa.

As três entidades a que Cícero se referiu estavam de plantão, cochichando, sem se aproximar de nós.

Enquanto o mentor de minha mãe magnetizava para manter o espírito junto ao corpo, vovó Firmina, a mãe de minha mãe, apareceu e me abraçou:



— Quanta alegria ver você, minha querida... Que bom que veio!

— A senhora assumiu exatamente a forma de quando desencarnou, vovó. Que saudade dos seus bolinhos de chuva!

— Bons tempos em que pude ver você crescer até os doze anos como minha neta... Que saudade...

— Ai, vovó... Que pena nos vermos apenas em oportunidades como essa, não é?

— Não importa, minha filha... O importante é permanecermos unidas pelo coração.

O protetor de minha mãe nos avisou que, em poucos minutos, ela despertaria, recomendando que eu conversasse com ela.

# 15

Cícero recomendou que eu cessasse de acariciar o rosto de minha mãe e ficasse a certa distância para facilitar o desligamento do corpo físico.

Para minha surpresa, Noeli adentrou o quarto a conversar com a enfermeira:

— Temos rezado muito por nossa companheira Celeste, mas, pelo que se mostra, precisamos mesmo é aceitar que sua partida seja o melhor para ela.

A enfermeira, que diligenciava cuidados junto aos aparelhos ligados à minha mãe, respondeu:

— O médico já a desenganou, por isso a transferiu para este quarto, mas surpreendentemente ela resiste ao estado terminal, sofrendo.

— Eu imagino... Ela continua chamando pela filha Salete, que já se foi há muito tempo... Dó da minha querida amiga... Está delirando nos últimos momentos. Rezarei para que os anjos permitam que Salete venha buscá-la e acabe com seu sofrimento.

Aproximando-se de Noeli, a enfermeira confidenciou sorrateiramente:

— Também penso que está passando por sofrimento desnecessário... Podemos libertá-la dessa situação, com medicação. Até nós da enfermaria estamos condoídos pelo que ela passa. O que acha?

Noeli ruminou pensativa por instantes e uma mulher se tornou visível para nós. Vim saber depois que era Fátima, mentora de Noeli, insuflando-lhe carinhosamente:

— Noeli, só Deus tem o direito de saber o momento da partida. Se Celeste ainda está aqui, é porque existe um motivo. Não concorde em abreviar sua vida.

Noeli tocou de leve o ombro da enfermeira para responder:

— Por favor, não faça isso. Só Deus tem o direito de saber o momento da partida. Se Celeste está aqui, é porque existem motivos. Eutanásia não...

O mentor da enfermeira também apareceu, sugerindo que a melhor resolução não seria a eutanásia. As entidades que espreitavam, entretanto, observaram oportunidade de se manifestar e gritaram para a enfermeira:

— Eles não têm condições de saber o que é melhor para a paciente! Você é a profissional e sabe o que está fazendo! Essa gente não tem coração! — exclamou o tal Eurípedes, seguido de Sandro:

— É isso mesmo! Não é na pele dessa perua... Saudável é fácil observar a dor dos outros... Ela vai para casa toda faceira e não terá o trabalho de limpar os excrementos no leito dessa morta-viva. Faça sua parte! Acabe logo com isso!



Isabel, a entidade feminina, ficou calada. Desesperei-me ao observar que a enfermeira acatava as sugestões deles. Cícero, notando minha angústia, informou:

— Salete, contenha-se... Qualquer manifestação sua poderá favorecer a ação deles e dificultar a nossa... Confie.

Custou-me manter-me calada. Fiquei angustiada ao ouvir a enfermeira simular concordância com Noeli, retirando-se do quarto com o seguinte pensamento:

"Quem sabe de mim sou eu. Vamos acabar com esse morre ou não morre agora mesmo..."

Diógenes, o mentor de minha mãe, surgiu promovendo seu despertar.

Ela chamou Noeli, que se aproximou para lhe segurar a mão com carinho e recomendou:

— Oh, querida Celeste, pare de se contorcer, senão irá estragar esse monte de drenos e acessos. Eu sei que dói, mas Deus trará Salete, que virá buscá-la.

Ajudada por Diógenes, que promoveu pequeno afastamento do perispírito de minha mãe, ela arregalou os olhos e me apontou azafamada:

— Olhe, Noeli! Minha filha está ali, junto das pessoas de branco! Eu estou vendo... Salete, Salete, minha filha, venha aqui pelo amor de Deus!

Noeli lançou um olhar de comiseração na direção que minha mãe apontava insistentemente e, embora não pudesse me ver, sentiu minha presença e começou a chorar, dizendo para minha mãe:

— Sim, Celeste. Salete veio ao seu encontro... Viu como Deus é grandioso conosco?

Não controlei a emoção e também chorei. Quis me aproximar para abraçar minha mãe, mas Cícero segurou meu braço:

— Espere aqui por enquanto, Salete. Confie em mim.

Ao perceberem a chegada de quatro entidades que se aproximaram do leito de minha mãe com determinados equipamentos, as entidades que espreitavam saíram do quarto.

Noeli, a custo, tentava conter os soluços, abraçando minha mãe, que não tirava os olhos de mim, e lhe falou ao ouvido com dificuldade:

— Celeste... Perdoe-me o preconceito que tive de sua filha... Na época fui muito egoísta... Perdoe-me, por favor...

Com os olhos marejados, vovó segurou uma de minhas mãos, Cícero a outra, levando-me perto de minha mãe.

Cícero pediu carinhosamente:

— Fale com sua mãe, Salete.

Passei as mãos sobre a face de minha querida mãe e pude sentir toda a ternura que Noeli sentia próximo a ela, fazendo o mesmo que eu, porém sem saber de minha presença.

Desfizeram-se, naquele momento, todas as más impressões que eu tinha daquela que um dia me julgou e desprezou... Aconselhei à minha mãe:

— Perdoe, mãe... Ela é a mãe de Dóris, que jamais deixarei de amar...

Em esforço tremendo, minha mãe segurou a cabeça de Noeli, fixando-lhe o olhar, deu um beijo na sua face e murmurou em seguida:

— Noeli, eu ouvi minha filha. Eu e ela lhe perdoamos, querida... Diga a Bruna que a amo muito...

Enquanto Noeli abraçava minha mãe com força, intensificando comovido pranto, vovó perguntou:

— Celeste, querida filha, agora que Salete está aqui, pode acompanhá-la?

— Sim, mamãe — respondeu aliviada minha progenitora.

Enquanto as quatro entidades junto aos mentores manipulavam os apetrechos para auxiliar o desligamento do corpo, atendi ao olhar de Cícero e estendi minha mão à minha mãe.



A mulher que me trouxe na última vez a este mundo estava agora frente a frente comigo. Noeli contemplou o corpinho definhado dela desfalecer em seus braços, dando o último suspiro.

Noeli beijou repetidas vezes a cabecinha inerte de minha mãe, que segurava ainda no último abraço, e disse chorando:

— Vá com sua filha Salete, querida Celeste... O seu nome já diz para onde você vai, querida amiga: para o céu... Esteja com Deus...

Abraçada a mim, minha mãe manifestou preocupação com Noeli:

— Oh! Querida Salete... Coitada da Noeli... Ela não está me vendo aqui com vocês...

Foi vovó que a consolou porque eu estava incontrolavelmente emocionada.

— Não se preocupe, Celeste. Ela compreenderá quando estivermos abraçadas a ela novamente.

A enfermeira entrou rapidamente no quarto, com a medicação que ia inocular em minha mãe, mas, junto às entidades que retornaram, olhou para o que acontecia, ouvindo de Noeli:

— Ela não precisa mais de remédios, os anjos vieram buscá-la. Olhe o aspecto sereno que está... Fechou os olhos sem esforço.

A enfermeira confirmou o óbito, intrigada, sentindo-se aliviada por não precisar inserir a medicação conforme planejou.

A entidade chamada Sandro lançou ferino olhar para mim e para minha mãe, ameaçando:

— Quero ver até quando conseguirão escapar... Ninguém pode escapar para sempre. Um dia pegaremos vocês! Não perdem por esperar...

Cícero, pela primeira vez, dirigiu-se a elas pelo nome e convidou:

— Sandro, Eurípedes e Isabel, vocês têm a oportunidade de acompanhar a nossa amiga. Sabemos que não é agradável permanecerem na situação em que se encontram. Acompanhem-nos.

Notando que o casal titubeou mediante o convite, Sandro os puxou para fora, maldizendo:

— Vamos embora. Esses metidos a bons samaritanos querem nos fazer pensar como eles novamente.

Perturbada, minha mãe observou a partida deles e perguntou:

— Quem são eles?

— São estranhos, mamãe — respondi para disfarçar e emendei a questão para Cícero:

— Podemos sair agora?

— Espere um pouco, Salete. Distraia sua mãe para os nossos amigos completarem o desligamento do corpo físico.

Enquanto procedi às recomendações de Cícero, eu e minha avó Firmina conversávamos com minha mãe. Notei que, à medida que o perispírito dela estava sendo quase totalmente desligado, entrava em confusão mental, esquecendo inclusive meu nome, e dizia frases desconexas.

No paralelo entre o mundo material e a dimensão espiritual, o mentor de minha mãe obstruiu sua visão da matéria e ela sequer percebeu o corpo físico sendo retirado dali.

Totalmente concluído o desligamento, minha mãe se deitou numa maca trazida pelos benfeitores e adormeceu sem protestar, magnetizada por Diógenes, seu mentor.

Minha mãe foi conduzida a um posto de socorro localizado na Terra. Minha avó se despediu de mim com efusivo abraço. Combinou de me visitar brevemente e me orientou:

— Salete, querida, obrigada por vir. Soube que conseguiu vencer alguns de seus medos, por isso quero recomendar: continue se esforçando e, para seu próprio bem, visite seu pai.

Um frio me subiu à espinha:

— Para quê, vovó? Meu pai nunca ligou para mim.

— Por que teme, Salete? — insistiu carinhosamente.

— Não sei... Na verdade tenho medo do que sinto por papai e não consigo compreender...

— Seu pai também sempre teve medo dos sentimentos por você, filha.

— Não entendi, vovó... Por quê?

— Descubra por você mesma, querida. Até breve.

Quis continuar perguntando, inclusive quem era a Bruna a quem minha mãe se referiu, mas percebi, pela reação dos demais, que aquele não era o momento.

Os benfeitores se despediram amistosamente e fui reconduzida para Acalanto por Cícero, onde fomos recebidos com imensa alegria por Paulinho, Célio e Beatriz.

Muito animada, contei detalhes que testemunhei, sentindo-me aliviada com o sucesso da expedição, confortada por saber que minha mãe se dignou a receber ajuda dos benfeitores e se restabelecia junto deles.

---

Retomadas as tarefas na colônia, tendo estado com Noeli havia alguns dias, fui envolvida por doce saudade ao me lembrar de Dóris. Senti-me abraçada pela brisa morna da praia do Arpoador quando caminhávamos a pequena extensão, dizendo que as ondas altas eram uma homenagem para nós duas celebrarmos o nosso amor. Ah! Eu fechava os olhos para inspirar com prazer a atmosfera da existência...

O enlevo do momento me fez desejar com ardor contornar o rosto de minha amada com as mãos, contemplando as formas que reproduzem sua essência carinhosa.

Podia ver mentalmente aquele olhar puro aconchegando meu ser... Fazendo-me sentir parte dela...

Hoje posso afirmar com segurança: a paixão é o caminho para o amor, mas o amor, por sua vez, não consubstancia apenas a paixão, pois o amor é um sentimento que nos faz crescer, enquanto a paixão excessiva pode se converter em amor cego, desequilibrando o que poderia ser belo... Mas não havia como deixar de sentir árdua a paixão por Dóris...

Quando se é imatura, fica difícil compreender que a paixão serve para despertar vontades, e os excessos podem fazer nos perder, conduzindo-nos ao cárcere de situações penosas...

Num dia utilizamos o corpo físico apenas para exploração dos sentidos em prejuízo da manifestação de movimentos a favor do bem coletivo, transformando-nos inconscientemente em seres egoístas, possessivos...

Na última existência fui uma mulher homossexual... Em encarnações anteriores fui mulher heterossexual, noutras fui homem...

Na esteira das existências, estou compreendendo agora que as transitoriedades são uma necessidade em contribuição à evolução, e não uma imposição expiatória como entendem algumas pessoas quando movidas exclusivamente pelos preconceitos.

O fato de uma pessoa ser diferente da maioria em relação a qualquer coisa pode não representar uma anomalia, como pretende interpretar a maioria das pessoas. O mesmo serve para avaliar sobre a opção sexual de alguém, pois a preferência por indivíduos do mesmo sexo não é uma doença, como pretendem alguns para justificar a homofobia na Terra.

No caso dos preconceitos, se fossem adotados realmente preceitos cristãos na ponderação dos fatos, não existiriam tantas perseguições àqueles que passam por qualquer tipo de transitoriedade... Haveria respeito...

Antes de reencarnar, testemunhei diversos tipos de preconceito: racial, religioso, do rico em relação ao pobre, para com portadores de deficiência física e mental, machismos e feminismos radicais, enfim, toda sorte de motivos que servem para algumas pessoas se afirmarem melhores que outras. Isso tudo porque não existe a compreensão de igualdade entre nós perante o Criador, independentemente da veste carnal e das decisões que tomamos a qualquer momento a fim de nos servir para nos aperfeiçoar, com erros e acertos, julgando e sendo julgados, humilhando e sendo humilhados, até felizmente um dia nos amarmos uns aos outros e sermos melhores.



---

Depois de cinco semanas, pude visitar minha mãe.

Paulinho me acompanhava. Estava muito feliz por compartilhar de minhas surpresas, como, por exemplo, observar que o hospital em que minha mãe estava provisoriamente internada se localizava em uma avenida de grande movimento.

— Que coisa, hein, Paulinho? Enquanto encarnados, não fazemos ideia de como funciona a ocupação dimensional... Vivemos sem imaginar que podemos estar passando por cima de um imenso hospital em pleno funcionamento, no mesmo lugar em que o trânsito se faz caótico...

Era nítida a demonstração de contágio e admiração em meu protetor:

— Isso não é nada se admitirmos que este hospital já estava situado aqui séculos antes de essa avenida existir...

Como minha mãe é desses espíritos afeitos a procedimentos no bem, logo recobrou a lucidez, recuperando-se rapidamente.

Após oito visitas, eu e vovó nos encontramos no último dia, quando minha mãe já se preparava para seguir para outro lugar de nosso plano. Mais uma vez nos abraçávamos, fazendo votos de nos encontrar novamente.

Notando que eu não queria tirar o pé dali, Paulinho disse, sorrindo:

— Acho que estou conseguindo ler seu pensamento, querida... Está criando coragem para enfrentar as coisas da matéria, não é, Salete?

— Puxa vida, Paulinho! Será que posso dizer algo para mim mesma que você não descubra?

— Só o dia em que não amá-la quanto a amo — respondeu ele a me abraçar, acompanhando-me até Acalanto.

# 16

Nas vezes em que pude estar com minha mãe, ela passava por adaptação às formas exclusivamente espirituais. Procurei não produzir necessidade de recordar as coisas que envolveram nossa existência, mas havia uma questão que remoía e não queria calar. Expus a Paulinho:

— Paulinho, minha mãe mencionou várias pessoas com quem viveu a última existência, mas não tocou no nome de meu pai. Será que ficou tão magoada com ele que preferiu nem lembrar?

Sorrindo, Paulinho respondeu com ironia:

— Sua mãe não mencionou Vitor porque existe neutralidade de sentimentos. Terá ela mesma motivos para ficar tão magoada, Salete?

— Também não tenho motivos! Fez a parte dele, pagando pensão. Não tivemos dificuldades para sobreviver, mas também foi só isso, pois nem cheguei a ter tempo de me apegar...

Paulinho olhava para mim com uma cara que me deixava irritadíssima. Não havia a menor possibilidade de esconder algo dele, mas existem coisas que a gente não quer remexer.

Beatriz e Célio ficaram felizes pelo sucesso de minha estada junto de minha mãe, mas parece que, quando tocamos num assunto, tudo começa a aparecer:

— E seu pai, Salete? Conversamos sobre tantas coisas, mas nunca falou do seu pai. Por quê? — perguntou Beatriz, sem cerimônia.

— Falei, sim, Beatriz. Você é que não se lembra. Meu pai só se deu ao trabalho de me conceber, não há muito que contar.

Os dois ficaram olhando para mim com cara de interrogação e não aguentei:

— Toda vez que não estou com vontade de falar de algum assunto, ficam me olhando com essa cara! Por que será?

Célio se aproximou de mim, mas me afastei e ele advertiu:

— Calma, Salete... É que onde estamos não dá para esconder o que sentimos. Queremos ver você feliz, mas não dá para amarrar alguém ao divã. Vamos, menina... Coloque tudo para fora, liberte-se...

— Já falei que não tenho problema algum com isso. Meu pai não representou nada para mim porque nunca esteve lá quando precisei realmente! Só tive mãe, pronto!

Nervosa, sentei-me em uma poltrona. Beatriz, entretanto, foi cruel, dando o tiro de misericórdia com aquele infernal jeito de ser:

— Está bom, minha filha, mas chegará uma hora que seu tapete estará tão cheio de porcarias embaixo, que tropeçará... Olhe o tapete dela, Célio, está todo ondulado.



Desabei a chorar.

As duas criaturas sentaram-se cada uma de um lado. Célio já estava soluçando em lágrimas, encostando-se ao meu ombro, e declarou:

— Adoro essas faxinas de última hora. Vai, minha querida. Deixe-me levantar o tapete para você.

Sem saber se ria ou chorava, prorrompi no desabafo:

— Ele foi embora quando eu tinha apenas seis anos, mas recordo o que sentia quando via alguma menina do meu tamanho segurando a mão do pai... Enquanto crescia, olhava-me no espelho, sempre pensando como ele se orgulharia de mim vendo como estava ficando bonita... Ele nunca telefonou para me dar parabéns no meu aniversário... Minha mãe se desdobrava no Dia das Crianças para me presentear, fazendo de tudo para eu não sentir falta de meu pai. Eu via o carinho de Fernando com Dóris... Não tinha inveja de Dóris, porém sentia um aperto no coração pela falta de meu pai, que nunca esquecerei...

Éramos três chorando simultaneamente. Beatriz não perdia a oportunidade de ser sagaz:

— Olhe que coisa, Célio. O saco do aspirador está quase explodindo de tão cheio que ficou.

Desta vez me agarrei à Beatriz, rindo e chorando:

— Você é muito cruel, por isso vai jogar a sujeira no lixo.

— Com prazer, querida! O seu tapete agora ficou um brinco!

— Vocês judiam de mim, mas amo vocês mesmo assim...

---

Paulinho estranhou meu novo pedido:

— Por que resolveu ver seu pai?

— Porque Célio e Beatriz me ajudaram a tirar o que estava jogando debaixo do tapete e decidi fazer o que minha avó recomendou.



— Nesse caso, tenho certeza de que nem precisamos pedir para os dirigentes, mas é melhor falar com Cícero para ver o que ele acha.

Com a simples menção, Cícero estava diante de nós. Perguntou para mim:

— Quem de você quer ver Vitor?

— O que quer dizer, Cícero?

— A pequena Salete, a jovem Salete, a Salete espírito, ou a Salete de outras encarnações?

— Estou confusa. Por que a pergunta? Qual é a diferença?

— Como você mencionou, tirou a sujeira de debaixo do tapete, mas não manifestou se está contente por isso. Está?

— É claro, Cícero! Estou aliviada, desabafei o que sentia, coloquei para fora, como disse Célio.

— Está bem resolvida com Vitor, mas não perdoou seu pai. Estou certo?

— Que pressão é essa? Não basta saber que compreendi que já passou? Ele nunca esteve presente mesmo...

— E você, Salete? Sempre esteve presente?

— Não estou entendendo, meu mentor!... Está querendo me confundir, irritar ou forçar a acreditar que tenho culpa de alguma coisa? Só eu sei o que passei na infância e adolescência, sentindo a falta que meu pai me fez!

— Você não teve culpa de nada, seu pai também não. Por que todo mundo procura sempre culpados para justificar falhas?

Percebi que me perdia na discussão, recorri a Paulinho:

— E você, Paulinho, não diz nada? Por favor, ajude-me a decifrar os códigos do meu anjo guardião. Primeiro pergunta se quero ver meu pai, se o perdoei do que não tem culpa. Perdi alguma parte da história que vivi com meu pai? Ou melhor, perdi alguma parte da história que deixei de viver com meu pai?

Como estávamos num diálogo amistoso, Paulinho sorriu para Cícero antes de responder:

— Já sei. Estão querendo me enlouquecer! Gente, o meu pai e o Vitor não são pessoas diferentes! Por que insistem nisso?

— Terei de usar a frase de sua avó Firmina para lhe responder. Descubra você mesma.

---

Enfrentar medos não é fácil.

Decorridos alguns dias, estávamos a caminho da casa de meu pai.

Dadas as circunstâncias que ainda desconhecia, foi necessário que Cícero me acompanhasse.

— Preciso lhe esclarecer algumas coisas para não ficar surpreendida. Notamos seu equilíbrio diante da situação vivenciada quando visitou sua mãe, mas neste caso terá que redobrar sua atenção.

— Por quê, Cícero? O que acontece na casa de meu pai?

— De forma abrangente, descreverei algumas coisas antecipadamente. Vitor está em idade avançada e mora com um dos filhos, Heleno, e sua esposa, Olinda, que têm um casal de filhos, Heleno Júnior, de dezesseis anos, que chamam de Leno, e Eliana, de treze anos. O outro filho de Vitor e Jacilda, que se chama Sílvio, discute muito com o irmão por causa dos bens que seu pai deixará quando se for da Terra.

— Pelo menos não precisei disputar nada. Este é um problema que não me diz respeito, portanto não tomarei partido. Fique tranquilo, não me envolverei.

— Jacilda, a esposa de seu pai que está desencarnada, não deixa o ambiente doméstico. Acredita que ainda pode promover a paz no lar. Mesmo recebendo sugestões de sua mentora para seguir seu caminho, ela não lhe dá ouvidos, prefere sofrer.



— Deve mesmo sofrer. Ela não sabe que nada podemos fazer para os que ficaram quando estamos do lado de cá, a não ser rezar?

— Sabe, mas não aceita. Você conhecerá os motivos. Caso venha conversar com você, peço que tenha o bom senso de compreender suas limitações de entendimento. Aja com naturalidade, diga o que veio fazer se ela perguntar, mas não discuta posições. Poderá nos atender?

— Fique tranquilo, Cícero. Mesmo que minhas impressões sejam negativas, guardarei para mim, pois quero ver meu pai para entender o que sinto, não para arrumar encrencas. Serei mera expectadora dos meus próprios sentimentos, desperta para não me influenciar por nada que possa acontecer e eu não goste. Não estou para julgar, e sim para entender o que se passa comigo.

— Muito bem. Permanecerei invisível para todos, exceto para você, pois dessa forma sua curta estada poderá ser mais proveitosa.

— Ah! Não! E se a mulher investir contra mim, o que faço?

— Eu disse que ficarei invisível, mas estarei com você. Jacilda não é motivo de preocupação. Deverá se preocupar com as entidades que rondam o lar de seu pai, mas nada podem fazer com você, porque estará imune às energias delas. Basta controlar seu pensamento com intenções elevadas, no bem.

— Essa parte, você não tinha me contado. Quer dizer que ainda pode haver fantasmas para enfrentar? E se eu não conseguir me controlar?

— Não se refira assim às entidades. Não são fantasmas, são espíritos como você e eu, que ainda não compreendem coisas que já compreendemos. Caso não consiga se controlar, sairemos imediatamente, pois, se não tivermos condições de interferir beneficamente, não ficaremos para piorar a situação em que se encontram.

E tem gente que pensa que não temos responsabilidades e preocupações depois que morremos... Fiquei lembrando quando mencionavam descanso eterno, referindo-se à vida depois da morte como sendo férias em ilhas paradisíacas no céu... E o que é pior: quantas vezes posso ter passado por situações semelhantes e não lembro?...



Dureza sentir necessidade de enfrentar as coisas que poderiam ser evitadas se não fosse tão cabeça-dura, metendo-me em situações que geraram medos, remorsos, mágoa... Mas parei de lamentar, o negócio naquele momento era enfrentar.

Chegando à casa de meu pai, tive muito medo ao adentrar o ambiente onde ele estava. Entretanto, eu estava determinada a fazer de conta que nada era comigo, assim teria condições de enfrentar o desconhecido senhor Vitor, meu pai participativo até quando eu tinha seis anos de idade, depois apenas mantenedor financeiro, que praticamente sustentou a mim e minha mãe enquanto vivemos na Terra.

De longe o avistei e dei graças a Deus por saber que não me via. Assim não precisaria pensar no que dizer.

Quando me aproximei, custei a esconder o choque ao ver aquele homem triste, enrugado, de cabelos brancos, ensimesmado e entristecido, ladeado por um cinzeiro cheio de bitucas. Fumava um cigarro atrás do outro na sala. Deduzi que era um vício de muito tempo, observando a cor da nicotina impressa nos dedos da mão direita. Lembrei que, quando era pequena, detestava aquele cheiro de fumaça. Talvez por isso não tenha sido fumante. Bom, tinha encontrado o primeiro ponto positivo...

Um homem entrou na sala em direção de meu pai, e Cícero apresentou:

— Esse é Heleno, filho de Vitor.

Meu até então desconhecido meio-irmão Heleno se aproximou de meu pai e gritou bem perto do ouvido dele:

— Velho, o jantar está pronto. Venha logo, senão vai esfriar.



— Por que essa grosseria? — perguntei indignada para Cícero.

— Desculpe. Não lhe falei, seu pai está praticamente surdo.

Heleno virou as costas. Meu pai se levantou, com muita dificuldade, e seguiu sozinho para a cozinha. O filho bem que podia ajudar o pai a se levantar, pelo menos, mas não o fez.

Devido à apresentação antecipada de Cícero, não tive dificuldade para identificar os presentes junto à mesa com meu pai. Achei legal ver que a família estava reunida para jantar. Faltava apenas Leno, o filho de Heleno.

Fiquei impressionada com Eliana, a menina de treze anos. Ela é a minha cara quando tinha essa idade. Aliás, sorte a dela não se parecer com a mãe, porque valha-me Deus... Mesmo quando minha mãe tinha a idade de Olinda, era bem mais bonita... Meu meio-irmão não poderia ter gosto pior para mulheres.

Claro que Cícero, observando o que eu pensava, não poderia deixar de olhar com aquela carinha de misericórdia, como dizendo que não estávamos ali para ficar reparando na feiura e na beleza, um sutil cutucãozinho que tentei fingir assimilar de bom grado e continuei observando, pois a Olinda é feia de doer, impossível não reparar.

Logo percebi que também reparavam em mim. Deduzi que era a esposa desencarnada de meu pai, Jacilda, que expressava admiração com leve sorriso, embevecida.

Fiquei preocupada com sua reação, pois imaginei que ela poderia sentir-se incomodada com minha presença, se soubesse quem eu era, mas me enganei. Ela se achegou e disse:

— Você é linda... Nem dá para negar ser filha de Vitor. Como se parece com ele...

Cícero me lançou rápido olhar, sugerindo que eu prosseguisse na conversa. Eu o fiz com cuidado:

— A senhora também é bonita. Deve ser Jacilda, que foi esposa de meu pai.



— Sim, sou, mas você nunca me viu. Como sabe?

— É que meu mentor Cícero me falou da senhora... Então a senhora me achou parecida com meu pai?

— Além de ser parecida com ele, basta olhar para Eliana e perceber o parentesco. Achei engraçada sua impressão sobre minha nora... Pena que ela não seja feia só por fora, é mais feia ainda por dentro.

Não me atrevi a arriscar qualquer comentário. Não sabia com quem estava lidando e podia ser que a qualquer momento a mulher surtasse.

Voltei a atenção à conversa que nascia entre os presentes encarnados à mesa:

— Não esqueça que amanhã tem de ir ao banco retirar a pensão do senhor Vitor — observou Olinda para o marido.

— Pode deixar, não esquecerei.

— Espero que não esqueça. O bico do meu tênis está abrindo, papai — ressaltou a jovem Eliana, provocando a contrariedade de Heleno.

— É porque só usa esse tênis de marca. Já falei que não vou gastar tanto dinheiro num tênis. Use aquele monte que você tem na sapateira.

— Por que só eu tenho de me contentar com ninharias? Para o Leno você faz tudo, para mim é o que sobra.

— Não seja ingrata, menina! Pois lhe comprei essa droga de tênis não faz um mês e você está me questionando?

— É que Leno é menino, Eliana... A decisão aqui está na medida do sexo — interveio Olinda, instigando o marido, que deu um soco na mesa e disparou:

— Estou cansado dessas indiretas irônicas e infames que você faz questão de não me poupar diante dessa menina mimada!

— Eu é que não ficarei quieta vendo você querer poupar o dinheiro do morto-vivo do seu pai, beneficiando só quem você acha que merece! Eu também estou com meu guarda-roupa parecendo um museu, mas não pense que não vi o seu guarda-roupa renovado!

— Melhor ser surdo como o velho aí do que ouvir isso! Eu vi no extrato do cartão de crédito onde você gastou aquela grana toda no mês passado... Estava lá o nome da loja!

— Olhe para o seu nariz, Heleno! Não pedimos para você ser o chefe de família. Que chefe?!... E se acha que damos muita despesa, já lhe disse o que pode fazer!

— Pois saiba que não farei! Posso ser idiota a ponto de ter me casado com uma gastadora como você, mas não vou me separar só para lhe dever pensão. Vá trabalhar, se quiser!

Enquanto os pais discutiam, Eliana jogou os talheres sobre o prato e se retirou sem fazer ideia das cinco entidades que chegaram atraídas pelo calor da discussão, que continuou:

— Sente-se aí e termine de comer, sua menina mimada, filhinha da mamãe! — ordenou Heleno.

— Dei um nome a ela. É Eliana, se você ainda não sabe! Pare de provocar! — retrucou Olinda.

Aquelas entidades, rindo e fazendo micagens, irritavam-me cada vez mais, porém me controlei o quanto pude em silêncio. Observava meu pai, comendo com dificuldade, sem dizer uma palavra no meio do fogo cruzado, entre uma garfada e outra da comida que engolia em seco. Manifestava uma tristeza impassível, como se fosse um espectador desprezível, ignorado pelo casal que parecia ter prazer na contenda, recebendo a inspiração daquelas infelizes criaturas invisíveis, que atormentavam em vez de ajudar.

Senti raiva de algumas entidades que faziam caretas para mim e para Jacilda. Só não avançava nelas porque estava sob os olhares de Cícero, como se fosse um cão de guarda estudando meu comportamento. Nossa! Que vontade de expulsar todo aquele povo dali! No entanto, era Heleno e Olinda que os atraíam e me senti impotente por não poder dar um grito a fim de pararem com aquela discussão ferrenha.

# 17

Não me conformava de ver o sofrimento de meu pai calado. Jacilda ali, como um dois de paus, e ninguém falava nada.

Estava sedenta para desabafar com Cícero o que sentia, mas resolvi tomar a iniciativa do diálogo com Jacilda quando as coisas se acalmaram:

— Jacilda, diga-me o que acontece com meu pai. Não o vi abrir a boca desde que cheguei.

Mal terminei de formular a questão, e o adolescente Leno entrou, dirigindo-se a meu pai, que estava sentado, fumando, na sala:

— Fala, vô! Tudo calmo por aqui?

Meu pai nada escutou e o vi pela primeira vez falar alguma coisa:

— Repita, não entendi.

Não havia necessidade alguma de fazer o que Leno fez. Ele quase colou os lábios no ouvido do avô para gritar estridentemente, assustando-o:

— Perguntei se alguém matou alguém aqui hoje!

— Não. Está tudo bem... — respondeu o pobre do meu pai, com a voz embargada, pois ficou magoado ao observar que Leno fez de propósito para se divertir à sua custa, rindo da situação. Que maldade fazer isso com um velhinho...

O grito foi tão alto que Heleno surgiu para chamar a atenção do filho, que não parava de rir:

— Atormentando seu avô novamente, Leno?

— É para ver se ainda está vivo, pai...

— Fica de gozação, mas é bom lembrar que é por causa dele que temos casa e comida.

— Sabemos! Se o velhote tiver um piripaque, faremos uma ressuscitação, bombando esse coração velho de fumante.

Jacilda se aproximou de Heleno, implorando para intervir a favor de meu pai. Comentou que aquilo não era a educação que havia dado a ele, que aquilo não era coisa que se fizesse com uma pessoa idosa, mas ele apenas chamou a atenção do filho e argumentou:

— Pare de gritar então, pois só agora sua mãe fechou a matraca.

— Pai, por falar em casa e comida, amanhã, quando for receber a aposentadoria dele, não se esqueça de me dar dinheiro para o barato que lhe falei, ou seja, para a minha comida.

— De novo, Leno? Está na hora de começar a procurar emprego! Não posso ficar sustentando sua fome por mulheres a vida inteira.

— Ah! Pai... Ainda bem que não é fome por machos como o tio Sílvio!



— Se fosse, também, seria exclusivamente problema seu. Por falar nisso, estou farto do seu tio. Ele não se contentou com a parte mensal que era da pensão da ex-mulher falecida de seu avô e fica me atormentando que quer a parte da aposentadoria antes de o velho morrer.

Naquele momento, descobri para onde foi direcionada a pensão que minha mãe recebia, depois que ela faleceu. Ficava cada vez mais perplexa com o que ouvia do Leno:

— O vô arrumou para sua cabeça, dando-lhe esse irmão, hein, pai? Bem que a gente podia arrumar um jeito de dar cabo nele. Assim parava com esse negócio de achar que tem direitos sobre o espólio do morto-vivo. Daí é só o vovô deitar, que estará tudo certo, poderemos vender os imóveis e ficar numa boa, sem Sílvio e sem esse velho que só serve para defumar o ambiente.

— Já disse para deixar de falar besteiras, Leno. Precisamos de seu avô vivo. Se ele morrer e Sílvio recorrer à Justiça, estamos fritos. Ele tem a parte de minha mãe, e ela se casou com o idiota do velho em comunhão de bens, não se esqueça disso.

Interrompi a atenção naquela conversa, que havia atraído novamente diversas entidades que empesteavam o ambiente, e me dirigi espontaneamente a Jacilda:

— Jacilda, por favor, dá para explicar por que Heleno está falando desse jeito do irmão?

— Fico constrangida de falar nesse assunto.

— E eu fico pasmada de ver esses dois parecendo urubus na carniça viva! Falando de constrangimento, o que acha que meu pai está passando? Isso aí não é constrangimento, é humilhação! Eu vi que você não gosta do que estão fazendo com este que foi seu marido.

— Por que você acha que estou aqui ainda, Salete? Não me conformo com essa situação. Meu mentor cansou de dizer que devo tomar meu rumo, mas você acha que consigo vendo isso?

— Por acaso acha que consegue convencer Heleno a tratar o pai de modo diferente? Não adianta nada! Não está vendo que fazem apenas o que querem? Você foi lá, em cima dele, tentou insuflar ideias para respeitar o pai, mas de nada adiantou.

Jacilda colocou as mãos no rosto e começou a chorar.

Olhei para Cícero, mas ele fez que estava olhando para outro lado. Percebi que eu mesma tinha que desfazer a besteira. Resolvi consolar minha pobre madrasta que nunca tinha conhecido. Olha que ironia...

— Jacilda, não fique assim... Decerto não morro de amores por meu pai porque ele sempre foi ausente, para não dizer nulo. E só não foi nulo porque não sei o que eu e minha mãe teríamos feito se ele não pagasse pensão. Mesmo pensando assim, não acho que mereça que Heleno e esse pirralho mulherengo o tratem desse jeito.

— Não merece mesmo. Vitor sempre foi um bom pai para eles, mas eu tenho de ver isso porque não soube conduzir as coisas...

— Pare de chorar, senão vai inundar a sala... Ninguém precisa sofrer. Está aqui porque quer. Uma vez que desencarnou, seu lugar não é mais aqui.

— Parece brincadeira... Nem meu mentor conseguiu, e vem você querer me convencer?

— Para mim não faz diferença se ficar ou seguir seu caminho. Se acha que merece infligir-se penas absurdas, o problema é seu. Só considero burrice achar que poderá mudar as coisas estando do lado de cá.

— E você, Salete? O que faz aqui então?

— Quis vir para saber o que acontece com estranhos sentimentos que tenho em relação ao meu pai, mas estou vendo que a única coisa que sinto por ele é compaixão, porque agora vejo o que lhe acontece.

— É fácil quando a gente está longe e não sente obrigação de fazer algo por quem a gente ama, não é, Salete?

— Pois você acha que, para amar alguém, é obrigatório estar presente quando deveria deixar a vida seguir seu curso? Olhe só: fiquei anos sem ver minha mãe desde que desencarnei, mas não a amei menos por isso, porém não me arrependo, pois, se tivesse permanecido ao lado dela, o que poderia fazer? Nada! Mesmo sem compreender direito e sentindo saudades das pessoas que amo, eu acertei sem querer, amando e desejando tudo de bom para elas. Diferente de você, que fica aqui sofrendo como condenada, achando que pode mudar o que não pode ser mudado.

— Você tem certeza de que não podemos modificar nada, Salete?

— Claro que não! A gente pode mudar a si mesmo, mas não aos outros, ainda mais quando estamos onde não deveríamos estar. A Terra é um lugar onde o tempo passa para fazermos uso dele, agindo para nossa evolução ou estagnação. Depois do período que passou, temos a alternativa de viver onde podemos para melhorar, ou viver lamentando onde nada podemos fazer. Desculpe, querida, mas você fez uma péssima escolha. Acho que pior que o Heleno quando escolheu essa mulher feia de doer, diga-se de passagem!

— O que fará daqui por diante, Salete?

— Vou embora para onde sinto que posso melhorar para merecer estar de volta à vida material. Pelo menos aqui, neste lugar, na casa de meu pai, não estou vendo nada que precise para me sentir melhor.

— E se lhe pedir que fique mais um pouco, ficará?

— A menos que me mostre algum motivo interessante. Tenho mais o que fazer do que me irritar vendo esses vampiros sugando fumaça de meu pai e esses encarnados extorquindo benefícios monetários dele.

— Por favor, fique mais um pouco comigo. Preciso que fique.



— Também não sei se posso. Deixe-me perguntar a meus superiores, espere um pouco.

Fiz que me concentrei e conversei mentalmente com Cícero:

— Cícero, o que faço?

— Em primeiro lugar, obrigado pelo superior, Salete.

— Ora, Cícero, não comece! Estava disfarçando para ela me deixar em paz. Posso falar que o meu bambambã superior disse que era para eu espirrar daqui?

— Essa é sua vontade? Está satisfeita com a estada que teve?

— Sei lá... Não achei nada que mereça continuar e estou sem paciência de ver sofrimentos alheios. Além disso, como falei para ela, descobri que o único sentimento que me inspira em relação ao meu pai é o de pena.

— Não confunda misericórdia com pena, Salete. Ninguém é digno de pena porque não existem vítimas.

— Lá vem você com charadas, não é, Cícero? Está bem, farei o que meu coração manda.

Dirigi-me novamente a Jacilda, que aguardava ansiosa:

— Meus superiores disseram que precisam de mim. Não poderei ficar mais. Não há utilidade para permanecer neste lugar. Adeus, Jacilda. Espero que compreenda um dia que esta não é mais sua casa.

Fui dar um beijo na face de Jacilda, mas ela me ignorou. Não me magoei por isso, apenas tentei sair, mas, a curta distância, ela acrescentou:

— Você não sabe de nada.

— Bem-vinda ao clube! Claro que não sei. Se soubesse, não teria vindo aqui — continuei saindo.

— Eu disse que não sabe de nada sobre a ausência de seu pai, mas, se for embora, jamais saberá.

— Não tem problema. Isso não tem importância, pois sei que existem coisas que não é para a gente saber mesmo... Adeus, Jacilda.

— Salete! Preciso de você, eu lhe imploro, fique e apenas visite meu filho Sílvio.

— Estou começando a ficar irritada com você, mulher! Por acaso tenho cara de anjo guardião, mentora ou coisa do gênero? Eu não posso fazer nada tanto quanto você! Deu para entender ou quer que mande um telegrama do Além? Aliás, estamos no Além, só você não percebeu ainda.

A mulher começou a chorar novamente:

— Cansei de ser espezinhada pelo próprio destino que cultivei... Todos me dão as costas... Ninguém quer me ajudar.

— Eu detesto chantagens emocionais. Pare com isso, senão terei motivos para lhe deixar falando sozinha. Aprendi que vítimas não existem — olhei para Cícero e quase dei uma gargalhada. — Vamos lá, vou visitar o tal filho seu, mas também será só isso, ok?

Acompanhei Jacilda sem esperar pelo que viria.

Quando chegamos ao pequeno apartamento de Sílvio, ele estava com o namorado, conversando na cama, e prestamos atenção:

— Sílvio, você não tem que ficar aguentando esse hipócrita do seu irmão que pensa ser dono de tudo. Vá lá e enfrente!

— Ora, Cláudio. Quer que invada a casa de Heleno e arme barraco? Não posso fazer isso, mataria o velho Vitor, nossa mina de dinheiro.

— Ué, criatura?... Pois não era essa a melhor coisa que poderia acontecer?

— Imagine! Vitor pode não ser o meu pai biológico, mas foi mais pai que meu pai. Ele nunca me tratou mal e era marido de minha mãezinha. Devo muito a ele.

Em minha conversa paralela com Jacilda, comentei:

— Vim para ver que é mais um querendo espoliar o pai? Que história é essa de Vitor não ser o pai biológico?

— Era isso que estava constrangida em lhe contar.

— Se me trouxe até aqui para ficar cheia de escrúpulos, não sei por que vim!... Diga logo. Você pulou a cerca?



— Não é tão natural como quer que pareça, Salete. Não sou uma mulher vulgar.

— Está bem, madre Jacilda. A santa Salete aqui quer saber o que você aprontou. Estou esperando.

— Depois que tivemos Heleno, eu me separei de Vitor porque me apaixonei por um cafajeste e tive essa criatura que você vê se deitando com outra do mesmo sexo. Bem que tentei abortar, mas a Providência quis que ele viesse. Tomei muito remédio para provocar o aborto, mas ele nasceu mesmo assim.

— Ouvi direito? Você chamou o próprio filho de criatura em sentido degenerativo só porque é homossexual? E ainda me conta que quis abortar, como se fosse um sucesso se conseguisse só porque descobriu depois que ele cresceu que é gay?

— Não diga que defende essas coisas?

A melhor representação do que senti era a vontade de dar na cara de Jacilda, mas olhei para Cícero, ele sorriu para mim e de alguma maneira me fez pensar que aquilo se tratava de uma prova por que precisava passar, e que prova! Minha mão estava sedenta para esquentar numa bochecha preconceituosa, porém reprimi meus reais e lícitos desejos em nome da paz, pois nada ganharia com um prazer momentâneo.

— Jacilda... Estou sem palavras... Poderia tentar lhe explicar um monte de coisas, dar-lhe uma porção de argumentos, mas como fazer uma criatura como você entender que o fato de Sílvio ser homossexual em nada o diminui?

— Da maneira como você fala, até parece que eu estou errada, mas eu agi mal, pois Deus me castigou dando-me um filho homossexual. E ainda tive que voltar para Vitor porque o cafajeste que colocou Sílvio em mim não quis assumir a criança de jeito algum e sumiu, por isso tentei abortar.

Minha memória se remeteu à época que convenci Dóris a fazer o aborto, então sosseguei meu ímpeto de dar na cara de Jacilda e continuei mais calma:

— Seja sincera, Jacilda. Você ama seu filho?



— Claro! Amo de todo o meu coração, mas não aprovo o que ele faz.

— O que ele faz de errado?

— Ora, Salete, está me gozando?

— Vamos, Jacilda. Responda numa boa, por favor.

— Fica até difícil ter de admitir. Ele se deita com homens. Não está vendo?

— Perguntei o que ele faz de errado e você não me respondeu.

— Ele se deita com homens, ora bolas! Isso por acaso é certo?

— O que é errado para você, Jacilda?

— Tudo o que é contrário à natureza humana. Homem com mulher é certo, o resto é errado.

— Desculpe, mas o seu foco pode estar distorcido, por isso sofre. Pode estar com dor nos olhos.

— Não é possível, só pode estar gozando da minha cara.

— Jacilda, não estou!... Mas poderíamos considerar errado algo que possa prejudicar alguém?

— Pois não prejudica? Ou você acha que eu e o Vitor não sofremos toda sorte de preconceitos e fomos segregados tantas vezes por isso?

— Existe uma grande diferença entre ser prejudicado e sentir-se prejudicado. Por acaso os que foram preconceituosos e lhes segregaram estavam sendo prejudicados em alguma coisa por causa das preferências sexuais de Sílvio?

— Não diretamente, porque não era com o filho deles, mas é constrangedor para a sociedade ter um filho afeminado...

— Desculpe outra vez, Jacilda, mas concorda que constrangedor é comprar o que não pode pagar, amar de mentirinha dizendo que ama impondo condições para exercer o amor? Que amor doente é esse que você disse que sente pelo seu filho? Amaria mais se ele fosse homem de verdade? Homem de verdade é o que assume a sexualidade ou o que tem um caráter que não consegue nem assumir o próprio filho? Pois você se acha melhor do que este que julga cafajeste? O pior é que meu pai aceitou-a de volta. Admite que seja bom pai, mas nem assim você se tocou que a vida lhe colocou à prova para testar sua gratidão por conseguir ter um filho aceito pelo pai que não era o biológico?

Novamente Jacilda cobriu o rosto com as mãos para chorar, e não resisti:

— Você deve estar se escondendo atrás das lágrimas a vida inteira por ter vergonha de chorar o sofrimento que causou a si própria... Não tenha vergonha do que você é! Não é justo ter vergonha pelo que as pessoas são... Olhe para você mesma daqui para a frente, respeitando a si mesma e o que sente, pois só assim poderá encarar a vida como ela é, assumindo o lugar que lhe é pertinente.

— A vida inteira foi só mentira, só decepção, só sofrimento!...

— Sim, deve ter sido mesmo, a começar por se achar vítima cada vez que as coisas não andavam como você queria e as pessoas não fossem como você queria... Mas isso mudou alguma coisa na sua cabeça?

— Não sei.

— Por que não sabe? Ou vai querer continuar não sabendo? Até quando fugirá da verdade?

— A partir do momento que eu lhe revelar toda a verdade.

— Então vamos, diga... Estou ficando sem argumentos e preciso saber por quê. Não estou me defendendo de nada, estou de coração aberto, querendo conhecer verdades que desconheço.

Eu não estava ficando sem argumentos. Fui tomada por uma vertigem sem saber o que se passava.

Num instante minha memória apagou como se apaga uma luz e acende novamente.

# 18

No momento em que Jacilda iniciou a narrativa, adquiri posse da história de uma das nossas passagens juntas, sem que ela soubesse.

Meu pai não era meu pai naquela época, era uma mulher que me esperou a vida inteira, e eu, o homem que o desprezou...

Desprezar não seria o termo correto. É que me relacionei com ela para tentar esquecer outra pessoa com quem tinha rompido relacionamento, nada mais que a dona Celeste, minha mãe. Ao atinar para o engano, desisti do relacionamento sem considerar seus sentimentos e, consequentemente, promovi ferimentos na alma que surtiram sequelas morais naquela mulher, que na última reencarnação foi meu pai, reatando o relacionamento com Celeste, casando-me com ela, inclusive.

Guardava certo ressentimento por não corresponder às expectativas daquela com quem eu havia me envolvido por curto tempo, mas sabia que para ela tinha representado a maior frustração que carregaria durante o resto daquela existência.

Mesmo considerando um curto período que nos relacionamos, posso descrever a personalidade daquela mulher como sendo submissa e melindrosa, enquanto eu era altivo e imperioso.

Jacilda naquela época teve seu papel. Ela foi homem, o marido daquela que magoei sem intenção. A Jacilda que se tornou marido sabia dos sentimentos de sua esposa por mim e, apesar de tentar sublimar o ciúme, não se conformava com as frustrações amorosas da esposa. Quer dizer, uma besteira e tanto. Imagine só: sentiu ciúme gratuito, porque não havia motivo, já que não me envolvi novamente com a esposa dele.

Todos os partícipes dessa família na atual encarnação estiveram presentes naquela época, sendo que todos tinham seus papéis, mas, como minha participação foi distante, o resto não chegou ao meu conhecimento.

Achei o ocorrido muito estranho, pois tinha recordações de várias encarnações, mas esta, com envolvimento de meu pai, fazia parte de um recôndito perdido na memória, e passei a compreender qual era o sentimento que tinha medo de enfrentar.

Pude ouvir Cícero mentalmente:

— Aproveite o momento de Jacilda para se ajudar.

Satisfaria muitas dúvidas depois com Cícero. Aquele era o momento de ouvir Jacilda, que se debulhava em lágrimas para relatar:

— Não soube educar meus filhos com valores que não fossem materiais, por isso colho os frutos amargos de ver meu marido sendo humilhado por todos, tratado como se fosse lixo... Você deve ter percebido, Vitor anda introspectivo, mas não é só porque está triste. Vitor está ficando ruim da cabeça.

Como Jacilda me deu espaço para falar, continuei com cuidado:

— Infelizmente é assim mesmo, Jacilda... No plano em que estamos, depois da passagem pela vida na Terra, é que percebemos o que deixamos de fazer. Também aconteceu comigo, ocorre com a maioria de nós... Não é justo se infligir pena porque se arrependeu. Temos outras formas de...

Jacilda não me deixou continuar e exclamou:

— Chega de mentiras! Salete, preciso lhe contar uma coisa...

— Antes de começar com mais revelações, saiba que não estou aqui para julgá-la.

— Proibi seu pai de visitar você desde que o conheci. Ele queria vê-la, mas não deixei. A possibilidade de Vitor reatar com Celeste me consumia de ciúme e pavor de perdê-lo para ela. Tinha um trato com ele de ajudar você e sua mãe financeiramente em troca de viver sua vida comigo... Fui tão cruel... Vitor tinha uma foto sua. Muitas vezes o surpreendi suspirando às escondidas com sua foto nas mãos. Na primeira oportunidade que tive, dei um sumiço nela, achando que, fazendo isso, estaria protegendo a mim e a meus filhos...

Em posse de fatos de vidas passadas, acreditando que Jacilda nem suspeitasse, foi muito fácil compreender o que se passou, por isso não me ofendi, mas não posso negar que fiquei feliz por saber que meu pai não tinha simplesmente me ignorado porque me julgava insignificante. Ele deve ter sofrido também... É só pensar em um pai e uma menina de seis anos para saber que não é tão fácil assim.

Eu senti certa culpa por uma coisa lá atrás, quando deixei meu pai, e ele se magoou. Jacilda sentiu culpa na última vida porque não deixou meu pai me ver... No foco desta reflexão, pude entender a frase de Cícero, dizendo que somos todos inocentes... Às vezes nos ofendemos por tão pouco, que deixamos de saber muito, perdendo tempo com melindres inúteis.



Eu poderia ter evitado fazer meu pai de ponte para superar um intervalo no relacionamento com minha mãe, querendo fazer ciúme para ela. Meu pai poderia ter compreendido que ninguém é de ninguém e superado a desilusão comigo. E Jacilda poderia ter se poupado do incômodo que é sentir ciúme, fruto da insegurança, que atravessou existências.

Impressionante pensar que, deixando de fazer o que podemos, evitamos fazer o que devemos e temos de voltar para rever o que sabemos. Somos crianças que repetem o ano na escola. Mesmo sabendo a lição de casa, temos de voltar para a mesma série porque tivemos preguiça de fazer o que precisava ser feito para passar de ano.

É horrível sentir-se culpada, ainda mais na situação de Jacilda, torturando-se com o que testemunhava no antigo lar da Terra.

Decidi ajudar a diminuir seu fardo:

— Calma, Jacilda... Você não foi cruel, foi apenas egoísta, orgulhosa e mesquinha. Eu também fui tudo isso. Não pense que me condenou ao exílio, nem meu pai. Afinal, você pode ter dito para ele fazer algo que não devia ter feito, mas ele fez porque quis. Além disso, existem outras implicações pretéritas, que você desconhece, que contribuíram para que meu pai obedecesse à sua sugestão de não me procurar.

— Do que está falando, Salete?

— Fiquei sabendo que, em uma das encarnações que vivemos, fiz meu pai sentir-se abandonado, rejeitado, alguma coisa assim. Então não há por que ficarmos nos culpando de ausências. É preciso ter coragem para enfrentar a consciência, criando condições para merecer possibilidades melhores.

— O que mais sabe sobre nossas vidas passadas?

— Creia-me: nada que precise saber por enquanto. Já percebi que a gente só se lembra de coisas do passado quando nos livramos de algemas que nos prendem a ele...

— Você se libertou dessas algemas?

— Com a verdade que me contou, foi você quem me ajudou a me libertar. Por isso, obrigada, Jacilda.

— Salete, você me perdoa?

— Nunca fiquei ofendida com você. Mesmo agora que me contou a verdade, mas me sentiria melhor se você mesma se perdoasse. Você se perdoa?...

Também fiquei emocionada com o abraço espontâneo que surgiu entre nós.

Jacilda se livrou de um fardo, e eu também me livrei do meu.

Cícero me acenou e me informou que nossa estada havia se concluído. Daí me despedi de Jacilda:

— Espero que você seja mais feliz daqui para a frente, assim como eu serei. Agradeço muito o proveito que sua companhia me proporcionou.

— Salete, você tem razão, não posso fazer nada por seu pai, nem por meus filhos ficando aqui. Deixe-me ir com você...

Não tive tempo de responder. Uma entidade surgiu, sorriu para mim e se dirigiu a Jacilda:

— Lembra-se do que lhe falei, Jacilda? A jornada pode ser diferente do que imaginamos com aqueles que amamos, mas no fim todos nós nos encontramos para recomeçar...

— Foram muitas as vezes que não quis lhe escutar, Irene... — respondeu Jacilda.

Ela se voltou para mim e me deu um abraço de despedida:

— Obrigada pela bênção de ser digna do seu perdão.

— Quero apenas lhe pedir uma coisa, Jacilda. Sei que ama seu filho Sílvio, mas aprenda também a respeitá-lo... Lembre-se sempre de que, quando manifestamos julgamentos impróprios, estamos pedindo para sermos julgados por aquilo que amamos abominar.



— Pode deixar, Salete. Eu sei que confundi tudo a pretexto de convenções furtivas...

— Jacilda, olhe para mim e me diga: qual é o meu sexo?

— Você é mulher, Salete — sorriu.

— Não, Jacilda, não sou mulher. Eu estou mulher. Em nosso plano, a alma representa manifestação mental, mas, quando estagiamos na matéria, a genitália representa o reflexo de nossos âmbitos transitórios necessários para experiências que contribuam para o aprendizado, mas nem sempre uma coisa corresponde à outra, satisfazendo padrões como a maioria das pessoas acha que tem que ser. Sílvio está encarnado, pensando. Quando estiver no nosso plano, junto de nós, será pensamento, como eu e você... Não é o sexo que determinará o sentimento entre vocês. O sentimento de amor não tem sexo. Pense nisso.

Jacilda seguiu seu caminho, e eu o meu, depois de estar com meu pai. Desta vez consegui lhe dar um beijo que ele parece ter sentido, pois respirou fundo como quem sorve um perfume... apesar de toda aquela fumaça de cigarro poluindo o ambiente.

---

Como me sentia leve, livre do peso da ignorância sobre meus próprios sentimentos em relação ao meu pai!

— Cícero, por que só agora consegui lembrar os fatos vividos com meu pai em vidas passadas?

— Você mesma respondeu a essa pergunta para Jacilda. Libertou-se de algemas que a prendiam ao passado.

— Então se confirma que a consciência contribui para agirmos no esquecimento?

— Sabe-se que, mesmo quando encarnados, no exemplo de uma pessoa que sofre um trauma, dependendo da dimensão desse trauma, a própria mente se encarrega de esconder um fato ocorrido que causaria muita dor, a ponto de a pessoa não conseguir conviver com ela. A diferença, quando estamos no plano espiritual, o que é realmente considerado um trauma para o espírito, fica no inconsciente, aflorando apenas quando consegue vencer as tendências que ocasionaram mal a si mesmo.

— No caso de meu pai, o dano que causei estava localizado muitas vidas atrás. Surgiu na minha memória porque havia superado o trauma que causei, ou o trauma que sofri na última encarnação?

— Está relacionado ao bloqueio que você mesma gerou quando se sentiu rejeitada, pois seu pai sentiu tristeza por ter sido submisso à imperiosidade de Jacilda, mas esse não foi o motivo para promover bloqueios de memória. No caso de Vitor, quando desencarnar, lembrará que poderia ter agido diferente com você, dando-lhe maior atenção, e as consequências só poderão ser mensuradas conforme a reação de sua consciência com o fato de ter sido inadimplente com a filha.

— Eu me senti incomodada demais com a revelação de Jacilda sobre a tentativa de aborto do Sílvio, pois lembrei que paguei e convenci Dóris a fazer o aborto, com a diferença de que o de Jacilda não foi a termo, mas o de Dóris, sim. Não sei o que me deu, tive vontade de voltar o tempo para mudar o destino. Sabe me dizer por que isso aconteceu?

— É que em todos nós reside a consciência divina. Afinal, somos criados por Ele.

— Então quer dizer que eu estava errada. Dados os motivos da época, realmente pensei como a vinda de um filho prejudicaria o andamento da vida de Dóris. Não agi querendo seu mal. Por que isso me incomoda?

— Você diz que promoveu o aborto, mas quem fez foi Dóris, não você. Decerto sua influência foi decisiva para que o aborto se efetivasse, porém é para se questionar: estava você integralmente interessada no bem-estar de Dóris, ou tinha a ver com seu egoísmo de possuir Dóris para si, considerando um filho representar obstáculo?



— Admitindo que sejam as duas hipóteses, a culpabilidade é a mesma?

— Culpa, erro e castigo são termos que, em nosso plano, onde nada é oculto, não são apropriados para representar justiça. Em vez de culpa, diga responsabilidade. Erro, interprete como falha; e castigo, como remissão.

— Cícero, desculpe... Não quero ser teimosa, mas que diferença faz o termo se sentimo-nos culpados, erramos e temos que pagar a duras penas através do sofrimento?

— É que, quando nos sentimos culpados, é mais difícil nos perdoar. Quando reconhecemos responsabilidade, entendemos o que precisamos melhorar. Quando sentimos que erramos, nós nos culpamos ou jogamos embaixo do tapete, como você mesma diz. Finalmente, quando achamos que Deus quer que soframos a duras penas, confundimos o verdadeiro sentido de amor e justiça que consiste na possibilidade de resgatar, pois não é a vontade de Deus que soframos, mas sim que busquemos a felicidade, em vez de fazermo-nos de vítimas.

Quanta alegria compartilhar essas experiências com os amigos quando fazemos incursões na matéria!

Depois de relatar em detalhes para Célio e Beatriz, foi uma festa:

— Mentora Salete invade a Terra! — motejou Beatriz, seguida de Célio:

— Que coisa! Até deste lado, preconceito, mas... faixas, banners e outdoors para nossa rainha Salete, que promove um verdadeiro levante anti-homofobia!

Eu não aguentava de tanto rir com os dois:

— Calem-se, seus loucos! Vão me matar de rir.

— Sério, Salete. Qualquer dia desses vão mudar o nome do nosso lugar. Em vez de se chamar Acalanto, será Acalanto Salete! — completou Beatriz.

Depois de passar por essa experiência, refleti sobre a besteira que fazemos dando importância a tantas coisas que acreditamos ser um monstro em nossas vidas, quando na realidade não passam de inúteis suscetibilidades.



Ah! Se cada vez que um obstáculo me surgisse à frente eu pudesse ter o discernimento que tenho agora...

Fico imaginando quantas vidas ainda terei para me ver livre dos defeitos da alma, até ser como Cícero, que não precisa mais reencarnar... Sei lá! Por enquanto, encarnar é um desafio, uma oportunidade para a gente saber aonde conseguiu chegar e prevalecer no bem.

Bem que eu queria arrumar um jeito de levar este diário comigo quando puder voltar para a vida na matéria...

Serviria como um manual para me lembrar do que me faz mal e, quando fosse entortar novamente, era só folhear algumas páginas, e tudo resolvido, sossegaria evitando contrair medos, culpas, remorsos, ressentimentos, mágoas e chegaria aqui de novo em um segundo quando desencarnasse.

Quem não consegue compreender pensa: "Que sortuda dona Celeste, que desencarnou e pá-pum, paz!". Mas ninguém sabe a bagagem que traz uma pessoa assim, resistindo, lutando com vistas direcionadas à vida futura... Nossa! Lembrei quantas vezes disse a Dóris e a outras pessoas que a gente devia viver a vida como se fosse o último minuto... Eu queria tudo na hora, queria abraçar o mundo, como se prazer, conquista e satisfação física fossem tudo.

Mas já fui pior noutras vidas... Lembro que, três encarnações antes da última, morri com idade muito avançada e não conseguia lidar com a morte dos outros. Quando chegou a minha, que decepção... Encontrei bastante gente conhecida e não me conformava de entes que amava terem reencarnado. A gente nunca está contente com nada...

Pelo menos já não dou mancadas, como a Jacilda, que não queria arredar o pé da Terra, achando que podia mudar o que poderia ter mudado enquanto estava lá.



E assim vamos vivendo... Fazendo dramas, dizendo que morremos por dentro; aliás, como tantas vezes fiz, mas na verdade nunca morrendo de verdade...

# 19

Obtive a concessão de visitar parentes e amigos que deixei na Terra, na última encarnação, daí por diante sempre acompanhada de Paulinho, sabendo que, quando precisasse, Cícero estaria comigo.

Muitos parentes e amigos haviam desencarnado por diversos motivos, e chegou a hora de visitar Dóris.

Ah, Dóris! Minha doce Dóris...

Ela arrumava caprichosamente os cabelos de uma linda adolescente. Contemplei minha amada. É estranho a gente ficar tanto tempo longe e parecer que foi há alguns instantes... Ela pinta o cabelo, usa a mesma cor de esmalte. Se pudesse me ver, perguntaria: "Gostou desse?". Ela só mudava a marca, nunca a cor, mas sempre achava que estava diferente.

Nossa! Que saudade! Que vontade de abraçar e sentir seu corpo no meu, com sua voz dizendo: "Nada mudou"...

Impossível não amar Dóris. Deve ser porque amo sua alma... Penso que, se ela fosse o Corcunda de Notre Dame, eu a amaria do mesmo jeito.

Tive certeza de que Paulinho, naquele silêncio todo, sabia exatamente o que eu pensava, mas não, eu não estava nem aí. Ainda disfarcei:

— Para uma mulher de sessenta anos, Dóris está bem conservada, não acha, Paulinho? Quem é essa moça linda que ela está penteando?

— Você tem verdadeiro fascínio por Dóris, não é, Salete? Essa moça é neta dela, a Bruna, que hoje tem doze anos.

— Puxa vida! Você só me contou do casal de filhos que ela teve com Felipe. Quem diria... vovó Dóris... Então era essa a Bruna para quem minha mãe mandou um beijo através de Noeli... Essa mocinha é bisneta de Noeli então.

— Não comentei porque você era esquiva e não deu oportunidade. Bruna é a neta mais nova. A mais velha tem dezessete anos e se chama Simone. Ambas filhas de Penélope, que é a filha mais velha de Dóris e Felipe. A Penélope é casada com Noburo Tanaka, pai das meninas, que você conhecerá em breve. Ficará surpresa com ele.

— E o filho mais novo de Dóris e Felipe, não lhes deu netos?

— Não. Fernando Neto não se casou e está morando com Noeli.

— Merecida homenagem que Dóris e Felipe prestaram ao pai de Dóris... Ele chegou a conhecer as netas antes de desencarnar?



— Sim, Salete. As meninas sentiram demais a desencarnação do avô. Fernando foi um homem muito carinhoso. Sua partida aconteceu quando Bruna tinha cinco anos, pouco antes da partida de dona Alice, mãe de Felipe, dois anos depois, e dona Celeste no ano seguinte. Bruna ficou muito ligada à sua mãe logo que o avô Fernando partiu.

— Estou curiosa para conhecer os outros membros da família, principalmente Fernando Neto. Decerto mora com a avó para cuidar dela que é idosa.

— Infelizmente, Nando mora com Noeli porque Felipe o expulsou de casa. Estão ocorrendo diversos desentendimentos na família.

— Nossa! Por que Felipe expulsaria o próprio filho de casa? — perguntei indignada, mas paramos para observar Felipe. Entrou, bateu a porta, cumprimentou a neta Bruna e se dirigiu ao quarto sem sequer olhar para Dóris, o que a deixou muito ressentida.

— Vovô ainda está bravo com você por causa do tio Nando, vovó — observou Bruna.

— Olhe só para ele. Parece um burro chucro... Mas não tome partido dessa desavença, querida. Uma hora as coisas se resolvem — tornou Dóris, que terminava de arrumar a neta para ir à escola.

— Pronto, querida. A perua já chegou. Hoje você vai direto para sua casa quando voltar da escola. Já avisei a inspetora e o tio da perua. Vá se despedir de seu avô.

— Desculpe, vovó... Não quero me despedir do vovô depois do que o vi fazer com você ontem.

— Bruna, já lhe disse que não deve tomar partido. Isso é coisa de adultos. Seu avô adora você. Não faça desfeita a ele para não se arrepender depois. Vá.

Contrariada, a mocinha obedeceu e seguiu para o quarto onde estava Felipe. Despediu-se dele rapidamente com um beijo no rosto.



---

Fiquei entristecida por perceber que minha amada não estava feliz. Era patente na expressão que fez, ao suspirar fundo, tomando coragem para seguir em direção ao quarto para conversar com Felipe.

Paulinho fez sinal para que o seguisse até lá.

Felipe estava sentado na escrivaninha, manipulando documentos. Ignorou propositadamente a entrada de Dóris, que se sentou na cama a certa distância.

— Felipe, precisamos conversar.

— Se for para falar sobre ontem, não quero saber — retrucou Felipe com rudeza e continuou o que estava fazendo.

— Felipe, isso não pode continuar assim... Estamos falando de nosso filho... — insistiu Dóris.

Num gesto violento, Felipe socou a mesa e se levantou em direção à esposa com o indicador em riste:

— Sua filha! E agora é Nanda... Nandinha, diga-se de passagem!

Dóris continuou a falar com docilidade, compreendendo ser inútil entrar na sintonia do marido:

— Felipe, ele não deixou de ser nosso filho só porque assumiu sua homossexualidade... O que você fez ontem não é certo...

Ao compreender o que realmente se passava, não me contive e o lamento saiu espontaneamente:

— Essa não...

Nem deu tempo de Paulinho me dizer algo. Permaneceu em silêncio para eu prestar atenção na conversa, que na realidade era uma contenda da parte de Felipe. Este passou a gritar ferozmente com Dóris, deixando-a angustiada:

— E o que é certo então para você? Admitir uma bichona sob o mesmo teto que nós? Você sabe o que isso representa para um pai? Quais serão os nossos programas para passear com Bruna e Simone daqui para a frente? Desfiles na Parada Gay? Encontros de gays, lésbicas, bissexuais, e o que mais? Ora essa, Dóris! Não vou, nem sou obrigado a aceitar isso! Criei um filho, não uma bicha!



— Homem de Deus... De que adianta querer mudar as coisas? Você sabia que Nando não é heterossexual, mas só agora ele resolveu assumir. Além disso, a escolha é dele, não nossa!... Agredi-lo na frente da Bruna e da Simone não foi uma atitude civilizada de sua parte, ainda mais porque você me machucou também, sabia? As meninas adoram o tio. Você acha que elas merecem passar por isso?

Felipe não cedeu, continuou atacando Dóris com palavras e gestos grosseiros:

— Sobrou para você porque não me deixou enfiar um murro na cara desse sem-vergonha, ou melhor, dessa sem-vergonha que resolveu descer do muro, sair do armário, e acha que devemos concordar com isso! Eu não aceito e pronto! Por causa dele viverei ouvindo chacotas dos amigos! Não sou obrigado a ver que sua filha, homem com agá minúsculo, anda com namorados me chamando de sogro... Você é a culpada, Dóris! Você sempre protegeu Fernando Neto toda vez que eu o repreendia... Eu acho mesmo que seu pai morreu de desgosto por saber que o neto era uma bichona desvairada!

Dóris não suportou a dor das palavras contundentes e caiu em choro incontrolável, mas se esforçou para prosseguir:

— Nando não é uma bichana desvairada como está dizendo, Felipe! Se ele não nos revelasse solenemente, continuaríamos fingindo não saber, e estaria melhor assim? O comportamento dele é tão natural... Não fica fazendo apologias nem escandalizando como outros fazem somente para aparecer... Sim, ele tem delicadeza no falar, mas isso denota uma pessoa sensível e delicada no trato, antes de bichana desvairada como está sugerindo! Ele é nosso filho, lembra?

— Pois ele que não saísse do armário então! Essa é boa... Quer me mostrar agora que munheca torta é sensibilidade... Pois, para mim, desmunhecar é baixeza, e falar mole é para mulherzinha. Definitivamente, Dóris, ouça a rima: "Homossexual não é natural, não é normal"! Se fosse normal, Deus teria criado Adão e Ivo! Não quero saber da Nanda aqui dentro se não tomar atitude de homem com agá maiúsculo!

Desnorteada, Dóris saiu lentamente do quarto e finalizou, sentida, antes de passar pela porta:

— Desculpe, meu amor... Se você me colocar para decidir entre meu filho e você, lamentarei por nós dois...

Felipe ficou furioso, a gritar de onde estava:

— Pois vá com a sua Nanda então! Eu tive um filho homem, tenho certeza... Não me enganaram na maternidade, pois vi com esses olhos que a terra há de comer que havia um pênis ali... E aquilo que vi é o que vale... Não esta coisa que agora se apresenta!

---

Assim como Dóris, fiquei desnorteada, observando Felipe sentar-se na cama encolhido, extremamente triste, e desabafei com Paulinho:

— Paulinho do céu... Tantas visitas e compreendi as experiências por que passavam aqueles que me são caros, outros nem tanto, mas justo aqui vejo uma coisa dessas acontecendo com a família de Dóris?

— É... — respondeu Paulinho. — Não fossem as diferentes provas, para que serviriam as encarnações, não é, querida?

Entristecida, fitei Felipe naquele momento angustioso. Paulinho se adiantou:

— Venha cá, Salete. Antes que comece a perguntar como pode uma pessoa ser tão preconceituosa e cometer o engano de julgar, preste atenção no que Felipe pensa.



Paulinho colocou a destra sobre meus olhos e pude vislumbrar o plano mental de Felipe a recordar a infância feliz do filho junto a ele, correndo na sua direção dizendo: "Te amo, papai"; o momento feliz em que Felipe despejava orgulho junto aos amigos, distribuindo charutos na maternidade; a preocupação do pai amoroso no pronto-socorro cuidando do filho que havia caído da bicicleta e torcido o punho...

Felipe se levantou, abriu a gaveta e apanhou uma foto antiga dele abraçado ao casal de filhos a sorrir...

Paulinho tirou a mão de meus olhos. Respirei fundo e novamente lamentei:

— Nossa! Como é triste...

Num impulso instintivo, emocionei-me. Abracei Felipe, insuflando-lhe:

— Oh, meu Deus... Não fique assim, Felipe... Compreenda que nem tudo é do jeito que queremos... Ouça Dóris... Não deixe que isso destrua a felicidade de vocês.

Sem saber de onde vinham aqueles pensamentos que contrariavam as expectativas do momento, ele se levantou rapidamente, jogou a foto dentro da gaveta, fechando-a com violência, e exclamou:

— Se, para ser feliz, é preciso aceitar isso, prefiro o inferno!

Olhei desanimada para Paulinho, que sorria para mim.

— Homens... Todos iguais! E o pior é saber que um dia pensei exatamente assim...

— Pois é, Salete, ainda bem que reconhece, mas agora temos que voltar para os nossos afazeres.

---

Voltei ao que poderíamos chamar de uma vida normal no mundo espiritual. Sentia, porém, que deixava algo mal resolvido para trás e nada mais seria normal para mim dali em diante. Fui dominada por uma sensação de impotência tão grande que até Célio e Beatriz perceberam:

— Desculpe, Salete, mas ultimamente você só fala nisso... — observou Beatriz.

— Eu, se fosse você, perguntaria para seu mentor Cícero o que está acontecendo, pois talvez precise de tratamento semelhante ao que fiz naquela vez que visitei a Terra — recomendou Célio.

Foi exatamente o que fiz. Pedi socorro a Cícero e expus minha insatisfação por testemunhar o que acontecia no lar de Dóris. E lá estava Cícero ouvindo as minhas lamentações, que eu não cansava de repetir.

— Não entendo o motivo de seu agastamento, considerando que sabe por que todos passam por provas enquanto encarnados — acrescentou Cícero.

— Confesso que estou me sentindo perdida nesta colônia, como se tivesse que estar junto ao lar de Dóris para ajudar, porém sei que não tenho capacidade para isso. Mesmo me dedicando com afinco aos trabalhos aqui, meu coração está lá.

Não pude compreender por quê, mas Cícero olhou para Paulinho e me explicou:

— Na verdade está acontecendo com você o que ocorre com todos. Está clamando para proceder a algumas reparações. Percebeu, Salete?

— O que devo fazer então para contornar este incômodo que me assola?

— O que acha de traçar um plano encarnatório e retornar à escola da carne? — lançou a questão meu mentor, deixando-me desconcertada.

— Minha nossa! Pegou-me desprevenida, Cícero... E é claro que, pela sua cara, você já sabia, não é, Paulinho?

— Ora, Salete! Não é comigo que deve se preocupar... Responda do fundo do seu coração, já que diz que seu coração não está aqui. Vamos, responda — instigou Paulinho.



— Bem... Para ser sincera... Gelei... Só sei dizer que meu ser grita para que isso aconteça na família de Dóris, não sei por quê...

— Façamos o seguinte: acompanhe, com Paulinho, os acontecimentos na família de Dóris, e pedirei verificação ao Conselho Tutelar para saber o que poderá ser feito — indicou Cícero resoluto.

A caminho da Terra, questionei Paulinho:

— Por que sempre tenho a impressão de que você e Cícero sabem o que irá acontecer comigo?

— De minha parte, não pode esperar que soubesse, mas Cícero, com certeza, sabe até onde você irá, pois, como Espírito de Ordem Superior, ele tem acesso a informações que não possuímos. Isso não é novidade para nós. Afinal, além de conhecer você há dezenas de séculos, ou mais, também adquiriu relativa presciência dos acontecimentos futuros.

— Deve ser difícil ser mentor, ou anjo da guarda, de alguém, não é, Paulinho?

— Não sei, mas, se pensar bem, sempre nos é confiado alguém para coadjuvar e proteger para exercitarmos. Eu e você somos um exemplo desse exercício. Não sou um mentor, mas a vontade de vê-la feliz me faz sentir vontade de cuidar de você, usando meus limitados atributos a favor desse intento. Isto me deixa feliz... Para um pai e uma mãe encarnados, constitui também um exemplo de exercício na missão para com os filhos. Concorda?

— É verdade... Por isso Felipe está sofrendo. A missão de pai lhe foi confiada, porém está valorizando o orgulho, preocupando-se com a opção sexual do filho, em vez de valorizar seu bem-estar, ou seja, não está respeitando o livre-arbítrio de seu protegido provisório, se é assim que podemos interpretar...

— Sim, isso mesmo, Salete. Outra coisa certa é que Felipe e Nando terão a possibilidade de inverter papéis em algumas encarnações posteriores, dependendo das resoluções que promoverem contra ou a favor de si mesmos; enquanto um anjo da guarda fica no mesmo papel a observar seu protegido, como pai, mãe, filho, irmão, avô... E para isso o mentor tem de ter vencido todas as etapas que o protegido ainda não conseguiu vencer.

---

Noutra visita passamos na casa de Noeli e participamos da conversa entre ela e Dóris.

Para nossa desagradável surpresa, Dóris havia se separado de Felipe e estava morando com Nando na casa de Noeli:

— Mamãe, o que me consola é saber que deixei Felipe porque ele mesmo me submeteu a fazer uma escolha. Por mais que eu sofra, não poderia renegar meu filho.

— Não concordo, Dóris. Por mais que queira proteger Nando, ele não existiria se não fosse sua união com Felipe. Em minha opinião, você deveria estar com o seu marido.

— Também penso assim e não deixaria Felipe se aceitasse simplesmente o fato de o Nando ter resolvido vir morar com a senhora, e vivêssemos nossa vida, mas todo dia olhava para mim a apontar culpas, submetendo-me a verdadeira tortura moral, como se eu tivesse convertido o sexo de Nando... Enfim, esgotei todas as tentativas de conversar com Felipe, mas ele acha que tenho obrigação de desprezar nosso filho, e isto não tem lógica.

— Coitado do Felipe... Eu sei o que está passando... Só quem teve de pagar pela língua sabe... Se para mim foi difícil aceitar quando soube de seu envolvimento com Salete, imagine para ele o que isso deve representar. Na cabeça dele, você desprezar as escolhas de Nando pode significar que ele mude a orientação sexual... Felipe não consegue entender que o fato de você aceitar ou não em nada mudará as escolhas de seu filho.

— Sei lá, mamãe... Sei apenas que está sendo muito difícil para mim e sei que Felipe também sofre, mas nada posso fazer...

# 20

Lá estava eu novamente observando a rotina na família de Dóris.

Penélope, a filha mais velha, se parece com Dóris fisicamente, não na personalidade, pois Penélope é mais segura de si, mais ousada. Ela auxiliava o pai nos afazeres domésticos porque Dóris o deixou.

Enquanto arrumava a cozinha após o jantar, Felipe conversava com o genro na sala:

— Tanaka, esgotei toda a minha paciência tentando mudar as coisas. Não vou implorar para Dóris voltar para casa. Não posso fazer nada se preferiu ficar ao lado do filho afeminado.

O genro de Felipe era mais ouvinte. Não fazia comentários, não tomava partido e era preciso muito esforço para lhe extrair opiniões, o que Felipe persistia em obter:

— Tanaka, eu sei que você teve uma educação oriental e fala pouco, mas, por favor, gostaria de saber o que acha disso tudo que está nos acontecendo.

— Não tenho condições de julgar, senhor Felipe. Uma das coisas que aprendi é não me intrometer na vida alheia.

— É fácil dizer quando não envolve um filho seu... Mas não quer dizer respeito à vida dos outros, pois suas filhas adoram a Nanda. Você não se opõe que elas visitem o infeliz.

Aliás, elas estão lá agora. Não lhe preocupa a hipótese de ele influenciar negativamente suas filhas? — instigava Felipe.

— Absolutamente, senhor Felipe. Não é de hoje que sabemos das preferências afetivas do Nando, por isso me ocupei em orientar minhas filhas sobre esse fato quando passaram a compreender melhor as coisas, de maneira que o vejam como o tio que é dedicado, carinhoso e atencioso. Desde que elas nasceram, Nando as trata com tanto carinho, que seria besteira querer que elas o ignorassem.

— Ah, sim, estou entendendo... Então isto significa que você reconhece que Nando é um pervertido, safado e sem-vergonha. Só não admite para as meninas.

— Eu não disse isso, senhor Felipe. Eu não me vejo no direito de interferir no relacionamento do tio com as sobrinhas. Observo quando uma pessoa está sendo prejudicial no convívio com meus filhos, e este não é o caso de Nando para com elas.

— Sim, mas, por favor, eu lhe peço: coloque-se no meu lugar de pai e se imagine com um filho homossexual. O que faria?

— Não sei. Não tenho condições de saber porque não vivencio a situação, como o senhor mesmo citou. Posso apenas lhe assegurar que o fato de o Nando ser homossexual não me afeta, pois respeito a opinião dos outros, mesmo que sejam diferentes das minhas.



Penélope, da cozinha, ouvia a conversa. Ao terminar a arrumação, sentou-se junto ao marido para tomar parte na conversa:

— O senhor não tem jeito, não é, papai? Não pode querer que pensemos como o senhor. Todos sabem que o correto é respeitar a opção dos outros. Não pode querer que expulsemos uma pessoa que amamos muito de nossas vidas. Não pretendo que o senhor fique bravo comigo, mas não tem o direito de fazer o que está fazendo. Por que somente nós temos que respeitar suas opiniões e o senhor não respeitar as nossas?

Felipe ficou contrariado:

— Muito bem! Então está concordando com sua mãe e deve estar farta de gastar dinheiro comigo, contratando a horista para lavar e passar minhas roupas e arrumar a casa... Sei que minha aposentadoria não dá para pagar tudo, portanto peço desculpas pela despesa que estou dando a vocês. Sinto reconhecer que prefiro viver debaixo da ponte a ter que aceitar uma barbaridade dessas! E pode avisar sua mãe que, se ela quiser, desocupo a casa, pois era dos pais dela.

Pacientemente, Penélope levantou-se, sentou-se ao lado de Felipe e disse com carinho:

— Papai... Não apele... Não queira inverter as coisas se fazendo de vítima. Graças a Deus, eu e Tanaka estamos em situação favorável para não ser eu a ter que me desdobrar para cuidar do senhor... Papai, ouça: pensa que é agradável para nós o senhor e a mamãe separados, ambos sofrendo, cada um do seu lado? O senhor pensa que não preferíamos que as coisas fossem diferentes para o Nando e o senhor? A mamãe não suportou ficar aqui porque o senhor não cede. Fica a censurá-la todos os dias, atribuindo a culpa de o Nando ser homossexual a ela... Papai, a opção é do Nando, não dá para o senhor entender isso e viver a vida de vocês? Vocês batalharam tanto juntos, amam-se tanto...



Mesmo sem ter argumentos diante da intervenção carinhosa da filha, Felipe não se dava por vencido:

— Ah! Penélope... O meu sonho de poder contemplar netos advindos de seu irmão se foi... Ainda bem que vocês nos presentearam com Bruna e Simone... Filha, a religião que você professa assinala que as atitudes de seu irmão não são corretas?

— Não, papai. O Espiritismo não aponta o que é correto e o que não é, como se fosse uma cartilha de boas maneiras. O Espiritismo, em sua essência, presta-nos esclarecimentos sobre a lei de justiça, amor e caridade, oferecendo-nos a oportunidade para refletir e vivenciar o Evangelho de Jesus, além da possibilidade de adquirir discernimento para agirmos fundamentados no bem desinteressado... Vivenciar o Evangelho não é ficar mandando fazer isto ou aquilo, e sim respeitar o momento de compreensão de cada ser sobre a Terra, sem julgar. Amar o próximo como Jesus recomenda é premissa fundamental, independentemente de comungar as mesmas ideias ou não com o semelhante. Amar é não julgar, muito menos pensar que somos melhores que alguém.

— Pois, então, se o Espiritismo preceitua o Evangelho de Jesus, não pode concordar com o homossexualismo. Jesus não concordaria com isso porque é uma coisa antinatural! Não estou certo?

— Lá vem o senhor tentando distorcer tudo, não é, papai? Acho que estou falando grego. Pois se Jesus perdoou a todos até pendurado na cruz!... O senhor acha que Jesus condena algo?

Tanaka interpôs-se com serenidade:

— Para melhor entendimento, Jesus não condena. Ele nos recomenda o caminho para a felicidade e nos deixou exemplos quando não julgou. Ensinou que só através dele chegaríamos a Deus, entendendo que seus exemplos são a via de acesso para nos aproximar Dele. Decerto estamos muito longe de alcançar um entendimento integral do que Jesus preceitua, mas, se nos esforçarmos, sofreremos menos.



— Perfeito! — exclamou Felipe como quem se apossa da chave da razão. — Mas Jesus disse à mulher que ia ser apedrejada, após perdoá-la: "Vá e não peques mais". Entendam que a mesma recomendação possa servir para Nando. Se ele não pecasse mais, eu mesmo teria capacidade de perdoá-lo!

Apesar da manifestação gestual de inconformismo de Penélope, Tanaka ponderou com equilíbrio:

— A questão do que consideramos pecado está na razão da consciência de cada um, senhor Felipe. Aquilo que pode ser pecado para o senhor, pode não ser para o Nando... De qualquer maneira, ainda assim não nos cabe julgar. Cabe-nos respeitar a forma como cada um de nós concebe o assunto homossexualidade, sem nos esquecer de que ainda estamos distantes de conhecer as verdades puras. Porém, todos devemos prestar contas do que fizermos de bom ou ruim, provocando prejuízos materiais ou morais para outrem.

— Não acho possível Nando desconhecer que está prejudicando a todos com isso, porque ele está fazendo algo ruim, ele está transgredindo as Leis de Deus, porque ele é que separou nossa família; portanto, ele é que irá para o inferno — retrucou severamente Felipe, obtendo outra resposta pacífica por parte do genro:

— Grande equívoco pensar dessa forma, senhor Felipe... Inferno não é um lugar circunscrito e reservado àqueles que julgamos culpados... O verdadeiro inferno pode estar dentro de nós mesmos, e o mapa para chegar a ele está inscrito em nossa consciência. Somos nós que traçamos mentalmente, através das intenções, o resultado do bom ou mau uso do senso moral que conquistamos.

Minha admiração por Tanaka aumentava a cada ensinamento que aprendia e comungava.

Por instantes, a conversa transcorreu apenas entre Penélope e Felipe, porque Tanaka percebeu nossa presença, o que estranhei demasiadamente, e indaguei a Paulinho:



— Ele parece saber que estamos aqui... Isso pode ser?

— Pode — respondeu Paulinho. — Eu lhe avisei que ficaria surpresa com Tanaka. Ele é vidente e clariaudiente.

Meu espanto foi maior quando Tanaka se comunicou conosco através do pensamento e ouvimos:

— Se vocês estão perturbando esta família, peço que respeitem o momento difícil que estão passando, porém, se estão com objetivos elevados, por favor, tragam paz a eles, para que, unidos em Cristo, possamos viver no amor que Ele nos ensinou.

Paulinho respondeu, diante de minha estupefação:

— Fique tranquilo, irmão. Nossa presença aqui tem a ver com objetivos favoráveis, por amor a vocês.

Tanaka retomou a postura tranquila e voltou a atenção à conversa com seus interlocutores encarnados.

Esperei Penélope se retirar com o marido, enquanto Felipe se preparava para o repouso noturno, e levantei questões a Paulinho, que me deixaram intrigada:

— Poucas pessoas têm esse dom de observar o que ocorre no plano invisível aos encarnados. Como Tanaka consegue?

— Tanaka é estudioso das coisas do Espírito e, junto aos esforços que faz para se elevar moralmente, é assistido pelos benfeitores que o auxiliam no exercício da mediunidade, o intercâmbio com o nosso plano.

— Felipe se referiu ao Espiritismo. Estou lembrando que, em encarnações passadas, já tinha ouvido falar sobre o assunto. Se essa religião prescreve o que Tanaka e Penélope afirmaram, dever ser verdadeiramente cristã.

— Para os encarnados, como consideração religiosa, é relativamente nova. Foi codificada em 1857 por um homem dedicado, numa de suas encarnações na França, oportunidade que muitos benfeitores de ordem elevada se reuniram em favor dos encarnados para prestarem importantes esclarecimentos sobre a espiritualidade e trazerem luz aos que ignoravam o Evangelho de Jesus em suas acepções de amor.

— Sim... O nome desse francês é Hippolyte Léon Denizard Rivail, professor e discípulo do mestre Pestalozzi. O professor Rivail adotou o pseudônimo de Allan Kardec a fim de diferenciar a Codificação Espírita dos seus trabalhos pedagógicos anteriores. Lembrei porque, há duas encarnações, vivi naquela época na Espanha. Certo bispo ordenou que fossem queimados todos os exemplares espíritas em praça pública. O episódio ficou conhecido como Auto de fé de

Barcelona.[1] Lembro-me, inclusive, de que aderi às sugestões da Igreja, que recomendava abominar a filosofia que pregava tais ideias, mas recordo também que o advento serviu para disseminar o interesse do público em vez de obstá-lo.

— Pois é, Salete... E se lhe disser que, apesar das verdades sobre a conversa que acabamos de ouvir, ainda existem pessoas que questionam a cristandade do Espiritismo? E, é claro, os questionamentos tentam mostrar que é uma doutrina anticristã. Apesar das perseguições serem menores nos dias de hoje, ainda persistem no âmbito religioso, de uma forma sutil, por debaixo dos panos.

— Confesso que não entendo... Se uma doutrina faz compreender melhor como funciona o intercâmbio com o mundo espiritual e ainda traz esclarecimentos sobre o Evangelho de Jesus, por que os espíritas não predominam?

— Porque, a exemplo de Felipe, nem todos estão preparados para receber de coração aberto certas verdades... Preferem olhar apenas as verdades que servem para os outros, em vez de reconhecerem a necessidade da reforma interior, o que faria com que sofressem menos, como Tanaka mencionou agora há pouco.

— Nesse caso, então, por que não instituir a reencarnação predominantemente de pessoas que possuam esses conhecimentos? Dessa forma, o progresso chegaria mais depressa.

— Ora, Salete, isso seria exclusivismo. Onde estaria o mérito de evolução e de que valeria retornarmos à escola se já soubéssemos as lições? Além do mais, isso seria um impositivo incoerente com propósitos verdadeiramente cristãos, privilegiando uns em detrimento de outros. O único impositivo



1 Auto de fé de Barcelona foi uma expressão notabilizada por Allan Kardec para se referir à queima, em praça pública, de trezentos livros espíritas, realizada no dia 9 de outubro de 1861 em Barcelona, Espanha. Foi utilizada pela primeira vez no subtítulo do artigo "O resto da Idade Média", publicado em novembro daquele ano na *Revista Espírita*.

justo, a que qualquer religião pode se prestar, é o respeito à vontade dos interessados em aprender, querendo se melhorar. Caso contrário, se podemos designar como religião um mecanismo de ligação dos seres com o divino, não haveria lógica no próprio Deus impor o amor, se Ele mesmo é o amor e nos concebeu a todos por amor. Por isso mesmo somos livres para determinar se queremos, ou não, amar e receber o amor, mesmo confundindo amor e paixão... É preciso entender que, se não podemos obrigar alguém a nos amar, é preciso também ter disposição para aprender a amar sem recíproca, convictos de que somos amados por Aquele que nos criou. Sendo assim, não importa a religião que se professe, e sim o que se faz através dela em benefício do Bem Maior. Estamos aqui nos embevecendo com uma pessoa como Tanaka, mas nem todos os espíritas são assim.

— Nem sei por que estou discutindo isso, se eu mesma sou tão egoísta, tão orgulhosa... Quando olho para trás, nem acredito que eu mesma fiz e quis determinadas coisas... Quando alguém se achegava a mim para falar sobre qualquer religião, eu dizia que não queria saber desse papo borracha...

— Olhe só, você demonstrando vontade de aprender! Querendo amar incondicionalmente... A cada estada na escola da carne, concedida na bênção da reencarnação, maior a consolidação do entendimento! Um dia sofremos as provas e, se passarmos, nos será reservado o lugar de professores. De que adiantaria lhe dar complexo instrumento musical se só sabe assobiar?



— Então, tenho de agradecer muito a possibilidade de ter um professor tão dedicado como você. Obrigada, Paulinho.

Depois do meu agradecimento sincero, Paulinho me olhou reticente e rematou o assunto antes de retornar à colônia:

— Não se engane, Salete. Os professores também não sabem tudo. A grande sabedoria dos processos encarnatórios está na inversão de papéis... O professor de hoje poderá ser o aluno de amanhã. O aluno do ex-aluno...

Alguns dias depois, Cícero me prestou informações a respeito das deliberações do Conselho Tutelar.

— Com base nas informações colhidas em suas incursões na Terra, gostaria de saber suas impressões, Salete.

— O Paulinho não seria a pessoa mais indicada para falar sobre isso?

— Na realidade, estou a sós com você porque não deve sofrer interferências de opinião em suas decisões. Paulinho é ótimo amigo e conselheiro exemplar, mas não pode direcionar suas vontades.

— Minhas vontades? E eu tenho direito de querer algo?

— Na medida de suas intenções, tem direito, sim. O que em verdade poderá constituir merecimento está na razão da proficuidade da satisfação de suas vontades em contribuição ao coletivo, beneficiando-lhe, por consequência.

— Para ser sincera, não sei o que quero. Sei apenas que continuo com aquele sentimento de impotência diante dos acontecimentos no lar de Dóris. Esta é a única impressão que tenho condições de relatar com segurança.

— Está bem, Salete. Tenhamos paciência que a luz se fará na hora certa para você. Continue visitando a Terra e colhendo informações.



— Você tem alguma orientação para mim, Cícero?

— Tenho. Tente visualizar sem reservas as pessoas que representam no teatro da Terra, sob a ótica das antipatias e simpatias para você, ou seja, analise com qual delas se afina ou antagoniza em relação a opiniões e procedimentos.

— Bem, em relação a opiniões, não é tão difícil, porém reconheço que tenho prestado pouca atenção em relação a antipatias e simpatias... Cícero, normalmente as pessoas com quem simpatizamos são aquelas com as quais comungamos opiniões, não é?

— Se observar sob o aspecto óbvio dos procedimentos, sim; porém, se ocorrer de observar os reais móveis das intenções que ocasionam tais procedimentos, nem sempre... Leve em consideração que muitas pessoas mostram o que não são e tentam fazer aquilo que as contraria apenas para agradar aqueles que lhes interessam. Não podemos prescindir o fato de que as uniões transitórias podem ser por amor ou resgates, portanto nem sempre as ações correspondem à vontade, no momento em que enfrentar contrariedades significa cumprimento de compromissos assumidos. Os espíritos, quando desencarnados, assumem certos compromissos com base em intenções elevadas de progresso; no entanto, ao reencarnar, nem sempre conseguem, revelando opiniões divergentes das que conquistaram e fazendo a vida tomar rumos imprevistos para elas mesmas.

— Puxa vida, é verdade! Foi assim comigo também. Vou prestar mais atenção nesses detalhes que envolvem a complexidade encarnatória. Para isso posso contar com o Paulinho? Ele sabe os motivos dos diversos graus de parentesco entre os que dividem papéis no lar de Dóris? Posso perguntar a ele?

— Paulinho não sabe de tudo. Você tem plena liberdade de perguntar, mas compreenda e respeite se ele não puder responder, pois está bem orientado sobre o que lhe foi confiado.

# 21

Na casa de Noeli, Dóris organizava o armário no quarto e Bruna acabava de chegar da escola:

— Oi, vovó. Está arrumando a bagunça?

— Estou, sim, querida. Esperei tanto tempo desde que vim morar aqui e só agora criei coragem, mas a vida é assim...

Notando a inflexão de tristeza da avó, Bruna especulou:

— A senhora disse que faz tanto tempo, mas não chega a três meses que se separou do vovô...

— É, filhinha, mas para mim parecem trinta anos.

— Vovó, eu não consigo acreditar que está com saudade do vovô depois do que ele fez ao tio Nando.

— Bruna, pare de fazer perguntas e venha me ajudar — convidou Dóris contendo as lágrimas.

Coloquei em prática as recomendações prestadas por Cícero e expus minhas impressões a Paulinho:

— Não sei o que se passa com Bruna... Ela é até mais ponderada que a irmã, mas, se eu não estivesse desencarnada, diria que não vou com a cara dela e ao mesmo tempo dá vontade de apertar essas bochechas lindas e fofas. Ela é muito lindinha! Sinto algo de familiar nessa menina.

— Talvez tenha essa impressão por notar a inexperiência da mocinha que não consegue compreender as atitudes de Felipe. É adolescente ainda, Salete. Não entende certas questões da vida.

— Não creio que seja só isso... Eu também tenho vontade de dar na cara de Felipe às vezes. Acho que agiria da mesma forma se estivesse no lugar dela. Sinto mesmo é uma inexplicável antipatia gratuita, ao mesmo tempo simpatizo com sua alma, devo admitir...

Paulinho ficou em silêncio e então me atrevi a perguntar:

— Você sabe se eu e Bruna tivemos relação encarnatória em alguma oportunidade?

— Sei.

A curta resposta me deixou ainda mais curiosa do que estava e, efetivamente, comecei a colocar em prática as recomendações de Cícero:

— Qual foi a relação de Bruna comigo?

— Quando acessamos a encarnação, o nosso papel é relacionado com todos os envolvidos em nosso caminho.

— Sim, eu sei. Estou lhe perguntando diretamente sobre Bruna.

— Ah, sim, claro, mas isso fará parte dos acontecimentos futuros, porque o envolvimento de Bruna está no contexto de angariação do amor e integração aos membros dessa família.



— Paulinho, você está enrolando! Serei mais direta. Qual foi e o que fez Bruna ou eu fiz para ela em algumas das encarnações e quais são esses acontecimentos futuros a que se referiu?

Meu protetor abriu largo sorriso para responder com satisfação:

— Na última encarnação, Bruna foi Patrícia, aquela moça com quem você se relacionou quando se separou de Dóris, e que depois seguiu você, quando planejou a trama armada para separar Dóris de Felipe, descobrindo seu endereço.

Aguardando longos instantes para que eu pudesse digerir tais informações, posso afirmar com convicção: se tivesse um coração de carne, teria saltado pela boca... Paulinho continuou:

— Quando Patrícia seguiu você e passou seu endereço para Zumbi, isto pesou demasiadamente na consciência dela porque o desenrolar dos eventos resultaram em seu assassinato, Salete... Para aliviar o estado deplorável de consciência em que ficou, ela resolveu denunciar Zumbi, que foi preso e libertado logo em seguida por falta de provas. Patrícia foi sincera ao relatar não ter presenciado sua morte; portanto, não havia testemunhas. Zumbi sentiu-se muito ofendido pela delação de Patrícia e a assassinou também, mas desta vez houve testemunhas que o incriminaram. Zumbi fugiu quando lhe foi dada ordem de prisão. Trocou tiros com a polícia e atingiu um policial, que sobreviveu, apesar do ferimento grave. Zumbi morreu na perseguição.

— Meu Deus... Patrícia fez isso... Zumbi foi morto... Qual foi o destino de Zumbi?

— Como arrecadou grande lista de ações negativas, instalou-se em zonas inferiores de nosso plano, foi aliciado por criaturas que comungam o mesmo padrão de comportamento e está lá até hoje.

— Que coisa... Por que até hoje minha mãe não me contou nada? Não estou entendendo o motivo de Patrícia ter encarnado na família de Dóris.

— Cícero pediu para dona Celeste não comentar com você a fim de não interferir em julgamentos precipitados de sua parte. Salete, depois de seu desencarne, Patrícia se aproximou de sua mãe e revelou o que aconteceu. Celeste cedeu o seu quarto para ela morar. Infelizmente por poucos meses, até que Zumbi a assassinou. Noeli foi envolvida por fortes dores emocionais de sentimento de compaixão por Celeste, que só não ficou sozinha porque Noeli resolveu prestar-lhe apoio, até no momento do desencarne, como você mesma testemunhou. Patrícia reencarnou como neta de Dóris, por conta das afinidades que a atraíram a essa família. Serviu de consolo para Celeste, pois, quando Bruna nasceu, Noeli permitiu que Celeste concentrasse todo o carinho nela. A criança Bruna correspondeu naturalmente à troca de afeto, servindo como esteio emocional até o fim da vida material de Celeste.

Minhas impressões sobre aquela menina geniosa se justificaram, mas também mudaram radicalmente meu conceito a respeito de quando havia sido Patrícia.

Aproximei-me dela para abraçá-la:

— Oh, meu Deus! Você conseguiu fazer mais por minha mãe do que eu mesma... Teve a grandeza de se submeter a Zumbi para se redimir e ainda se dignou a abraçar minha mãezinha... Obrigada, Bruna... Obrigada, Patrícia...

Paulinho se juntou a mim, transmitindo à menina todos os eflúvios de agradecimento e perdão. Isto estimulou Bruna a expressar o que sentia para Dóris:

— Vovó... Sabe quando a gente se sente plena? Como se estivesse sendo acariciada pelo vento?

— Hum... Que romântico, Bruna — disse Dóris. — Acho que está apaixonada, isso sim... A última vez que ouvi uma coisa romântica assim foi de uma amiga há muito tempo...

Fiquei mais emocionada. Era de mim que Dóris se recordava. Bruna continuou:

— Só se eu estiver apaixonada pela vida mesmo, não é, vovó?! Mas não é por isso... Estou tendo uma sensação boa e estranha de contentamento...



Paulinho olhou para mim e observou contente:

— É... O amor cobre a multidão de pecados, não é, amiga?

— Talvez por isso eu esteja querendo cobrir a minha multidão de pecados também... Precisarei muito da sua ajuda, Paulinho. Preciso fazer como Patrícia, que conseguiu realizar algo importante.

— Uma encarnação não serve para proceder a um resgate apenas, ou superar uma única tendência, Salete... Bruna, por exemplo, manteve o gênio temerário da Patrícia de outrora. Além disso, existem outros propósitos de resgate.

— Com certeza, Patrícia deve mesmo ter relação com mais alguém nessa família... Com quem, Paulinho?

— Com você, Salete.

Novamente Paulinho me fazia perder o chão. Não resisti à ofegante dedução:

— Eu estava certa. Você e Cícero sabem coisas que não me revelaram e concluo que terei de descobrir por mim mesma...

— Não se sinta traída, como se escondêssemos algo de você, querida... Tudo tem a hora certa. Eu vou lhe explicar. Logo que Patrícia desencarnou, passou pela perturbação que todos atravessam na fase inicial, mas ficou menos tempo que você na erraticidade[2] porque se modificou antes de desencarnar. Após obter informações sobre seu paradeiro, Salete, o mentor de Patrícia lhe transmitiu informações e prognósticos sobre as possibilidades de você encarnar. Informações colhidas, claro, através de departamentos responsáveis de nosso plano, que apontaram a necessidade de vocês se encontrarem no futuro. Algumas vezes ocorre de encarnarmos em tarefas junto a pessoas que conviveram conosco em passado recente, como foi o caso de Bruna e Celeste; noutros, aliás, na maioria dos planos encarnatórios, perdem-se de vista no tempo. Existem compromissos que assumimos enquanto estamos desencarnados que demoram séculos para se tornarem viáveis, como foi o caso entre você, seu pai Vitor e sua madrasta Jacilda. O de Bruna em relação a você pode ser considerado um ajuste a curto prazo.

— Estou me lembrando daquela conversa que tivemos certa vez que vínhamos para cá, e você disse que os mentores tinham como atributo certa presciência do futuro... Estou entendendo melhor esta questão. Estou compreendendo



2 Erraticidade é o intervalo entre existências corpóreas. Período que o espírito permanece no plano espiritual antes de reencarnar.

também que não terei condições de decidir nada sozinha. Precisarei da ajuda de vocês...

— Precisamos da ajuda uns dos outros, Salete...

---

À noitinha, Nando providenciava a arrumação da mudança que faria para a casa do namorado, enquanto conversava com Noeli e Dóris:

— Mamãe e vovó, não fiquem preocupadas comigo. Não é de hoje que eu e Silas pretendemos juntar os trapos.

— Cheguei a pensar que estivesse se mudando por causa de seu pai, filho.

— Não, mamãe, imagine... Mas não seria má ideia você voltar com o velho... Eu sei que ele nunca vai aceitar eu ter assumido a homossexualidade, mas não posso fazer nada, só me mantive dentro do armário por amor a ele. Decidi que não posso deixar de viver minha vida porque ele acha que devo ser como quer que eu seja... Respeitei a opinião dele até hoje. Por que não pode respeitar a minha?

Noeli recomendou:

— Não fique magoado com seu pai, Nando. Há traços de nossa formação que não conseguimos alterar. No fundo ele o ama muito e sofre por não aceitar a situação.



— Nem precisava dizer isso, vovó. Tenho certeza de que me ama, assim como o amo e sinto muita falta dele... Aliás, o principal motivo de estar indo morar com Silas é que pretendemos adotar uma criança e, para dar tudo certo perante a lei, é necessário estarmos juntos sob o mesmo teto. Quero ser para meu filho o que papai foi para mim.

A reação de Dóris foi automática:

— Minha nossa! Como vocês são corajosos! Vocês têm noção do preconceito que irão enfrentar?

— Sabemos disso, mamãe! E, se não der certo adotar uma criança através da lei, existe um monte de crianças praticamente jogadas neste mundo... Quanto ao preconceito, se for esperar que a sociedade compreenda que temos capacidade de amar, este mundo estará perdido. Nosso interesse não é provar nada a ninguém, mas eu pergunto: se criar um filho é certo apenas para um casal heterossexual, por que existem tantos abortos, tantos orfanatos e tantas crianças abandonadas? Está certa essa falta de amor entre pais heterossexuais que maltratam e até violentam filhos menores? Está certa a falta de amor deste povo? Um cafajeste que engravida uma mulher paga a pobre para fazer um aborto e ainda é bem-visto, como um garanhão, na sociedade machista. Está certo isso também?

Nando não tinha conhecimento sobre o aborto que Dóris realizou com meu incentivo, assim como a dor moral que aquelas últimas observações causaram a nós duas.

Da parte de Noeli, foi como se recebesse um choque, fazendo com que se sentisse motivada a mudar o rumo da conversa, na tentativa de preservar as feridas da filha:

— É isso mesmo, Nando... E quem disse que não me dará bisnetos? Será que estarei viva para contemplar esse momento?

— Com certeza estará, vovó! A senhora está melhor que eu, sabia?

Após a despedida de Nando, notei que Bruna estava vasculhando, às escondidas, um pequeno baú localizado no quarto de Noeli.

De início não dei muita importância, mas reconheci um objeto que ela retirou e me aproximei para confirmar. Era o meu diário. Começou a ler e fiquei enfurecida:

— Paulinho, essa atrevida está lendo o meu diário! Como ele foi parar ali?

— Sua mãe, a Celeste, deve ter deixado seu antigo diário com Noeli.

No ímpeto de arrancá-lo das mãos de Bruna, o fiz cair.

Ignorando minha presença, Bruna pensou que tivesse deixado escorregar das mãos. Paulinho me admoestou:

— Salete, não pode fazer isso. Não estamos aqui para interferir.

— Mas ela não tem o direito de ler o meu diário.

— O diário é material, Salete! Não temos posses materiais.

— O diário contém informações sobre minha intimidade, sobre minha relação com Dóris, com ela mesma quando foi Patrícia, minhas ideias e opiniões... Ela não tem o direito de invadir minha privacidade depois de morta!

— Ora, Salete... Não posso acreditar que terei de lhe explicar o óbvio. Qualquer objeto que deixamos, mesmo que sejam registros, não nos diz mais respeito.

— Desculpe, Paulinho, mas como não me diz respeito, se ela está lendo fatos importantes de minha última vida? O que está escrito aí é íntimo. Isso é um desrespeito.

— Então tomara que de alguma forma seja útil para ela.

— Não há nada de útil para ficar bisbilhotando minha vida... Ela não tem direito de fazer isso...

Tentei repetir o que fiz anteriormente, mas não consegui:

— Por que não estou conseguindo? Ajude-me, Paulinho, não me conformo com isso.



— Pois então não deveria ter escrito o diário — respondeu Paulinho sorrindo, mas eu estava irritada:

— Droga! Assim não vale!

Percebendo que nada adiantava me zangar por aquilo, declinei:

— É isso que dá... Eu já deveria saber que nada é oculto deste lado, nem do outro...

Bruna devorava meus textos com sofreguidão e curiosidade patente, enquanto eu fiquei louca da vida observando as expressões que ela fazia, deliciando-se com os fatos que lia.

Retornamos à colônia e não consegui esconder a comoção em que penetrei, fazendo Paulinho inquirir antes de nos separar:

— Notei que está muito quietinha, Salete. Ainda está perturbada com Bruna por causa do diário?

— Não é isso... A observação de Nando sobre aborto não perturbou apenas Dóris... Senti a dor dela, talvez em maior grau porque lembro bem. Fui eu que a estimulei a fazê-lo, eu paguei.

— Salete, não se condene. Dóris estava num momento em que condescendeu ao aborto.

— Sim, ela concordou, mas foi no último momento, porque a convenci quando havia desistido, portanto, fui responsável também... Quando não temos consciência dos verdadeiros valores da reencarnação, fazemos toda sorte de besteiras...

— Você disse bem. Não tinha consciência, e sua atenção não estava voltada para a extinção de uma oportunidade encarnatória. Queria se livrar do problema.

— Você também falou bem, meu querido. A intenção estava voltada apenas para mim mesma, valendo-me da oportunidade para exterminar um feto, cujo motivo estava relacionado ao egoísmo por querer Dóris para mim... Aliás, o que aconteceu com esse espírito impedido de nascer?

— Soubemos que, de início, ficou muito magoado, mas felizmente teve discernimento suficiente para tocar sua vida em frente. Perdoou o impedimento e foi agraciado com elevadas oportunidades propiciadas pelo plano superior.

— Ainda bem... Menos um para me odiar... Paulinho, quando acontece algo assim, de uma pessoa ser impedida de nascer, é merecimento do espírito ter a vida de carne sem prosseguimento? Já existe algo previsto entre os dirigentes do plano superior?

— De maneira alguma, Salete. Quando uma pessoa provoca um aborto, visando a interesses próprios, está se utilizando do livre-arbítrio para fugir de compromissos, pois a vida de todos os seres é produção de Deus, que tudo sabe sobre o ser que criou. Por diversos motivos, um aborto pode acontecer, mas a única forma lícita perante as Leis Divinas são os abortos espontâneos, em que existe a previsibilidade motivada por diversas causas, como oportunidade de prova para os pais e o espírito que reencarnaria; ou ainda o aborto provocado, quando a gravidez coloca em risco a vida da mãe. Neste último caso, é justificável o aborto se considerarmos a Lei de Preservação da vida de um ser que já existe, o que mesmo assim não deixa de ser uma prova.

— Depois desta exposição, ainda quer que não admita que seja culpada?

— Sei que antes não se achou culpada. Apesar de ter agido premeditadamente, o fez sem compreender as consequências. Deveria se considerar feliz, pois a pior parte seria o espírito impedido de nascer não ter se conformado. Se ele a perdoou, por que não perdoar-se?

— Porque esta é uma questão que desejo resolver... A pobre Noeli ainda tem esperanças de conhecer o filho de Nando... Será que conseguirá?

— Por que duvida, Salete? É possível que isso aconteça, apesar de Noeli estar debilitada... Quando Nando disse a ela que estava melhor que ele, na verdade pressente a veracidade desse fato.



— Como assim? Nando está doente? Ou ficará doente?

— Ele ainda não sabe, mas contraiu do namorado uma doença que ainda não tem cura, um vírus que não existia ainda quando você desencarnou. Essa enfermidade se manifesta a partir da baixa imunidade do portador. Nando e seu namorado ainda desconhecem, mas existe previsão de que o namorado desencarne antes.

# 22

Algumas vezes acompanhei Tanaka, Penélope e Simone, para conhecer a religião que professavam.

Fiquei maravilhada com a magnitude dos trabalhos realizados no centro espírita, onde se praticam diversos trabalhos assistenciais, tanto materiais quanto espirituais, coadjuvados em grande parte por agentes do nosso plano.

Numa dessas oportunidades, ocorreu um fato singular que me tocou profundamente.

Tanaka era dirigente do trabalho de passes e estava reunido com seu diretor:

— Obrigado por atender ao chamado para conversarmos antes de iniciar o trabalho com os novos obreiros em nossa tarefa de amor e caridade.

— É um prazer poder trocar ideias com o amigo Modesto. Peço, por gentileza, que sejamos breves, pois faremos a prece inicial daqui a quinze minutos.

— Serei breve. Ao observar a lista atualizada de trabalhadores que farão parte de seu grupo, identifiquei o nome do irmãozinho Elias. Alguns diretores foram a favor de este rapaz participar dos trabalhos, mas eu e a maioria decidimos que não seria conveniente.

— Não estou entendendo, senhor Modesto. Conheço o Elias, é assíduo aluno dos cursos de doutrina e um dos que mais participaram do curso de passes, interagindo a contento nas reflexões.

— Tudo bem, Tanaka... Mas um dos diretores obteve a informação de que o rapaz é homossexual assumido.

— Desculpe, senhor Modesto, mas continuo sem entender... Qual é o impedimento de o rapaz trabalhar, se o senhor sabe que o prejuízo para este tipo de trabalho está relacionado às energias do passista que possibilitam aos espíritos converterem em favor dos assistidos, somente quando o trabalhador é alcoólatra, fumante ou ingere drogas, dificultando o trabalho dos benfeitores? Elias está bem informado a esse respeito e posso lhe assegurar que não possui nenhum desses vícios... Sei que isso não é prerrogativa, mas tive conhecimento, inclusive, de que Elias é vegetariano.

— Você é uma alma boa, Tanaka. Faz bem em visualizar qualidades nas pessoas, mas não podemos arriscar a credibilidade de nossos trabalhos perante o público, pois sabemos que a homossexualidade pode ser considerada um vício porque não é uma virtude. Além disso, pode trazer combinações energéticas com entidades sintonizadas com costumes antinaturais do trabalhador, combinações estas que podem ser prejudiciais ao assistido.



— Desculpe mais uma vez, senhor Modesto, mas não concordo com isso. Está evidente a preocupação da diretoria com o que o público pode pensar, em detrimento do que podemos oferecer, conforme a realidade dos fatos... Estamos numa casa de caridade, senhor Modesto! Seria justo impedir uma pessoa de prestar auxílio à outra por causa de sua escolha sexual?

Enquanto o diretor se ocupava de munir Tanaka de argumentações esquivas, um benfeitor espiritual dos trabalhos se aproximou dele para prestar orientações, ao que captou atento:

— Não discuta com Modesto. Infelizmente não está preparado para admitir os próprios equívocos.

Tanaka respondeu mentalmente:

— Não posso concordar com uma atitude que configura deslavada discriminação, contrária a verdadeiros preceitos cristãos. O que faço, benfeitor?

— Sugiro dizer que acatará a suposta decisão da diretoria, mas ele deverá informar ao Elias a impossibilidade de participação no trabalho de passes. Tenha paciência, confie. Estamos providenciando o afastamento de Modesto por agir com personalismo em diversas situações, as quais não há necessidade de lhe relatarmos agora.

Encerradas as recomendações do benfeitor, Tanaka voltou sua atenção integralmente para senhor Modesto, que finalizou a prédica:

— E, com base nas instruções dos mentores desta casa, tomamos esta decisão e esperamos que o senhor acate.

— Sim, senhor. Acatarei — respondeu Tanaka com serenidade. — Mas, como não sou obrigado a concordar, porque a doutrina que professamos não é impositiva, pedirei que Elias venha falar diretamente com o senhor, pois minha função é a de dirigir o trabalho de passes e não a de selecionar os trabalhadores, que, no caso de Elias, considero uma pessoa íntegra e apta para exercer a tarefa.

Tentando esconder a contrariedade, o diretor concordou. Dispensou Tanaka e pensou:

"Logo tomarei uma atitude para me livrar de você também, seu japonês metido a Chico Xavier..."

Indignada, revoltada e abismada, toda "ada", não me contive:

— Paulinho, isso é um absurdo!...

Observando o rapaz se retirar da câmara de passes onde iniciaria o trabalho e seguindo em direção à sala do diretor, Paulinho me perguntou:

— Quer acompanhar a conversa de Elias com o senhor Modesto?

— De maneira alguma! De modesto esse diretor de meia-tigela não tem nada... Não quero ouvir mais besteiras do que já ouvi, porque senão já sei onde vou implorar de joelhos para reencarnar e será na casa desse modesto diretor, cheio de propósitos construtivos, só para ele ver uma coisa...

Paulinho sorriu de minhas observações e comentou:

— Lamento lhe informar, Salete, mas os propósitos da reencarnação são apenas para finalidades elevadas e com certeza a sua reencarnação não seria na casa do senhor Modesto.

O trabalhador que instruiu Tanaka se aproximou de nós educadamente:

— Boa noite. Sejam bem-vindos, irmãos Salete e Paulinho. Eu sou Orlando. Percebi sua contrariedade com a ocorrência de nosso companheiro Elias e vim conversar sobre isso para acalmá-la, Salete.

— É isso mesmo. Fiquei muito contrariada, senhor Orlando. Peço desculpas, pois sei que não deveria adotar esse tipo de comportamento, mas estou abismada com esse procedimento que afetará Elias... Isso não é certo!

— Sabemos que não, querida irmã, por isso mesmo informei Tanaka de que Modesto seria convidado a deixar a diretoria, pois as atitudes que vem tomando poderão resultar em prejuízos maiores não só para este trabalho, como para outros também.



— Deixar a diretoria é pouco! Desculpe, senhor Orlando... Esse homem deveria ser afastado de vez de uma casa que realiza trabalhos tão nobres.

O benfeitor trocou um sorriso com Paulinho e me respondeu tranquilamente:

— Afastar definitivamente Modesto seria lhe negar a possibilidade de emendar-se com os resultados que Elias pode alcançar através do exemplo, você não acha?

— Sei... Os resultados poderão significar uma depressão, ou quem sabe até coisa pior, oriunda de uma rejeição como esta a que está sendo submetido injustamente.

— Isso não acontecerá, Salete... Elias possui bastante conhecimento evangélico e irá se magoar só um pouco, pois, prevendo os fatos que acabam de acontecer, está sendo intuído por seu mentor a participar dos trabalhos sociais do centro, onde doará fluidos benéficos, os quais foram impedidos de serem doados na câmara de passes, sem contar que existe previsão nossa para ele futuramente abraçar a função de dirigente.

— Puxa vida! Talvez eu tenha sido intempestiva nos meus julgamentos, mas o senhor há de concordar comigo. É difícil observar o quanto algumas pessoas distorcem o sentido do que representam elevadas intenções, aliás, o senhor disse que o Elias está sendo intuído... É verdade que o senhor Modesto recebeu informações dos mentores dessa casa para tomar a decisão que tomou?

— Sim, recebeu informações de mentores, mas não dessa casa e sim dos mentores inversos. Bem, este é um assunto que Paulinho está habilitado a lhe esclarecer, pois peço licença para continuar a finalização de outros trabalhos.

Agradecemos a atenção do prestativo trabalhador de nosso plano, e Paulinho me esclareceu:

— Os mentores inversos, a que o senhor Orlando se referiu, são espíritos malfazejos que estão em contato mental com os frequentadores e dirigentes do centro, com o propósito de desequilibrar os trabalhos de uma casa. Esse tipo de espíritos não existe apenas entre adeptos do Espiritismo, porque não são somente os espíritas que trabalham no bem. Em qualquer instituição que promova a caridade, esses supostos mentores agem junto àqueles encarnados que se prestem à hipocrisia e à maledicência.



— Puxa vida! Assim fica difícil! Por que então os benfeitores não impedem a entrada desses espíritos?

— Você não prestou atenção. Eu disse que esses supostos mentores devotados ao mal estão em contato mental com frequentadores e dirigentes, mas não dentro dos lugares onde o padrão vibratório é incompatível com a presença deles. Até no lar isso funciona quando existem pessoas que, além de orar, vigiam também as próprias atitudes e pensamentos, impedindo que o mal prevaleça... Já imaginou como estaria o lar de Felipe sem as orações do Tanaka e da família?

— Nem me fale... Ficaria como o lar de meu pai — encerrei devidamente agradecida pela instrução.

Nesse mesmo dia, a caminho de casa, no carro, Penélope perguntou ao marido:

— Por que Elias saiu da sala e não participou do trabalho?

— Não sei. Acho que o senhor Modesto precisou falar com ele a respeito de outro trabalho de que queria participar.

Descobri que Simone desenvolvia as mesmas faculdades mediúnicas do pai porque as exerceu do banco de trás, dizendo com sagacidade depois de captar da mente dele:

— Pois eu tenho certeza de que aquele velho gagá do senhor Modesto, que de modesto não tem nada, afastou o Elias só porque é homossexual... Ah!... Eu tenho certeza.

— Será? — perguntou Penélope olhando para o marido, esperando uma resposta.

— Seja qual for o motivo da conversa, temos que fazer nossa parte sem julgar, não é, Simone? — Tanaka dirigiu o olhar para a filha através do retrovisor interno, para observar a postura de contrariedade assumida por ela, que respondeu de braços cruzados, torcendo o nariz:



— É, sim, pai... Mas ele sabe se meter no seu trabalho e não vê a Zefa e a Cláudia, que frequentam os trabalhos de que ele participa, com aquelas saias curtinhas mostrando até o útero. Disso ele não fala nada, não é?

Foi inevitável a observação de Simone arrancar risos dos pais e de nós também, pela espontaneidade da exposição. Tanaka se recompôs a custo e recomendou carinhosamente:

— Ah, menina bocuda... Cuidado com a língua, Simone... Não está aprendendo a deixar de olhar o argueiro no olho do próximo para notar a trave no seu?

— Sim, pai, é claro que sim... Só que a trave no meu não deixa as pálpebras fecharem. É por isso que fica impossível não olhar para a microssaia vermelha da Zefa, que mais parece um tapa-sexo...

Tanaka se esforçava para conter o riso, mas Penélope não se preocupou, riu à vontade e emendou:

— Cuidado mesmo, Simone... É capaz de a colocarem justo no trabalho delas só para aprender a calar-se...

— Ah, mamãe... Então nesse caso terei de trabalhar de olhos vendados, pois já vi o Alceu e o Euclides entrarem para aquele trabalho de olhos arregalados a enfrentarem a tentação de olharem para as pernas delas... E isso é o que chamo lutar contra obsessões...

Eu e meus companheiros de Acalanto rimos muito quando contei as observações da jovem Simone.

Na troca de experiências que partilhamos, Beatriz narrou um fato semelhante ocorrido na sua última encarnação, quando testemunhou um amigo homossexual ser impedido de assistir à missa em uma igreja católica, e ela justificou por que concordou com a atitude do padre:

— O que este meu amigo queria mesmo era chamar a atenção. Era um baita de um homenzarrão, mas se emperiquitava todo com roupas extravagantes para ir a uma missa. Existem híbridos que ostentam para chocar: "Eu sou, e daí?". Isso não está certo. Concordo com essa tal Simone, pois a mesma premissa serve também para heterossexuais, não só num trabalho religioso, como em qualquer situação. As preferências devem ser respeitadas, porém existem lugares apropriados para se exibirem atributos físicos...

— Eu mesmo sofri esse tipo de assédio — relatou Célio. — E olhe que foi sem ostentação alguma. Quando entrei em crise por assumir a hibridez, recorri secretamente a um pastor de igreja evangélica. Triste decisão... Ele me falou que era Satanás a me tentar, alegando que havia demônios dominando meu corpo. Ainda bem que tive discernimento para reconhecer que o sujeito estava me enganando, pois testemunhei diversos casos de híbridos que quase enlouqueceram por acreditar nisso.

Mais tarde, a sós com Paulinho, indaguei:

— Antes de você me trazer para Acalanto, aquela entidade de olhar obscuro se referiu a mim como sendo uma criatura híbrida e, depois de lhe contar, você disse que o termo tem conotação pejorativa; porém, mesmo aqui na colônia, vejo muitos se referirem assim àqueles que foram homossexuais, inclusive até meus companheiros próximos. É mesmo um termo pejorativo?

— Depende da boca comandada pela mente que expõe... Se analisarmos o significado do vocábulo na Terra, hibridez é considerado algo anormal ou irregular, mas híbrido pode ser uma qualificação ou denominação de uma ideia, ou composto de duas partes, que para nós, no caso, designaria sexos diferentes em um só ser. Aqui muitos se utilizam dessa forma para se referir à transitoriedade sexual, por considerarem homossexualidade um termo ofensivo; no entanto, conforme comentei, tudo depende do veículo que expressa a ideia, se degenera ou apenas refere-se a uma situação presente no ser. Dispomos de toda sorte de palavras para designar uma situação, mas em quaisquer dos planos, material ou espiritual, as acepções tomam expressão degenerativa, contundente ou profícua, dependendo da intenção do emissor quando se refere a qualquer termo que serve para qualificar.

# 23

Depois de pouco mais de um ano visitando a Terra com Paulinho, certo dia ele me trouxe um presente:

— Adivinhe quem veio visitá-la?

Era minha mãe querida, correndo para um abraço apertado com lágrimas de felicidade.

O mentor Diógenes, que a acompanhava, saiu na companhia de Paulinho após me cumprimentar e pude matar a saudade de coisas que somente pessoas que se amam compreendem.

Não precisei falar muito sobre os acontecimentos ocorridos após meu desencarne, pois da maior parte ela já havia sido informada.

Ouvi com interesse e curiosidade novidades sobre ela.

— Que maravilha a senhora ter uma recuperação tão rápida, mãe!

— É, minha querida, só não está sendo fácil manter você em minha memória como Salete para falarmos de você.

— Adaptei-me novamente às vestes femininas, como pode ver. Consegui me tornar mulher outra vez, depois de tantas encarnações como homem.

— Quantas e quantas vezes estivemos juntas, não é, minha filha? Minha enteada... Amante... Avô...

— Calma, calma, mãe... Vá devagar porque minha memória espiritual não tem tanto alcance quanto a sua. Prefiro me restringir à última encarnação em que pudemos, enfim, fincar nossa bandeira de amor incondicional.

— É verdade, minha filha... Nós conseguimos mesmo, mas soube que logo mais não estará disponível com tanta liberdade em nosso plano e fará novo regresso à escola na Terra.

Sorrindo, retribuí o trocadilho anterior de minha mãe comigo:

— Pois é mãe, madrasta... Minha amante... Minha netinha linda... Estou me lembrando do seu rosto quando criança naquela época... Abrace-me de novo, por favor... Preciso de você...

Depois de nos abraçarmos muito, pedi conselhos para aquela que justamente tinha vindo como mãe na última encarnação, cujos laços eram do amor conquistado e não mais por resgate, como em oportunidades anteriores:

— Estou pensando exclusivamente nesta concessão com que fui abençoada para reencarnar, mas não estou sabendo direito como me ajustar ao local onde pretendo fazer nova viagem.



— Isto não é nenhuma novidade... São tantas as possibilidades de ação para direcionar interesses evolutivos, que só mesmo nossos mentores para orientar.

— Sei disso, mãe, mas estou tentando exercitar minhas capacidades de ação de encaminhamento. A única certeza que tenho é a de querer retomar o papel de mulher porque encontrei sintonia para isso novamente. Estou confiante de que dessa forma atingirei os objetivos de que preciso.

— Seja como for, estarei torcendo para que consiga viver mais tempo na carne do que na última vez e tenha essa magnífica oportunidade de ser mãe novamente.

— Ah! Mãe... Olhando para você e sentindo-a aqui mais perto do coração, me dá tanta segurança... Prometa que haverá outra oportunidade de nos unirmos através deste amor que conseguimos consolidar...

— Já se foi o tempo que precisávamos estabelecer a nossa união através de promessas, minha querida. Como você já deve saber, todas as vezes que nos encontrarmos na vida material não será diferente, nós nos apoiaremos uma à outra, ou um ao outro, sei lá...

— Só não gostei de uma coisa que você fez, mãe... Por que entregou o meu diário para Noeli?

— Por que não tive coragem de jogá-lo fora. Quando fui internada, antes de partir da Terra, tive o pressentimento de que estava chegando minha hora, então pedi a ela que ficasse com o seu diário. Ela o guardou?

— Sim, e flagrei Bruna, que era Patrícia, lendo... Fiquei revoltada...

— Que besteira, filha! Por que ficou assim? Nós duas amamos Patrícia pelo que representou para nós.

— Fiquei envergonhada de as besteiras que fiz chegarem ao conhecimento de Bruna e senti como se a própria Patrícia tivesse surrupiado meu diário.

Minha mãe riu gostosamente e acrescentou:

— Pois não era a própria Patrícia, filha?... E daí? Que infantilidade pensar assim...

— Deixa pra lá! Mesmo que meu diário ainda se torne peça de museu público, quem saberá que o móvel de minhas ações teve o objetivo de eu ter de errar para acertar, não é mesmo?

— É claro, Salete! A história de todos nós consiste em erros e acertos, tristezas e alegrias, além disso, se sabemos que nada acontece por acaso, de alguma forma pode ser que Bruna, lendo os seus erros e acertos, tire proveito para ela mesma, não é?

— É verdade, mãe... Lembrei aquela frase popular: "Inteligente é quem aprende com os próprios erros, mas sábio é o que aprende com os erros dos outros".

Não há como vislumbrar um universo de possibilidades sem se olhar no outro, prestando culto ao sentimento de união fraternal...

Quando uma pessoa amada parte para qualquer uma das infinitas moradas do além, dá aquela mesma saudade que sentimos quando estamos encarnados, aquela sensação de querer estar o tempo todo com quem amamos.

Assim foi com Celeste, minha mãe, que seguiu seu caminho para uma dessas moradas, deixando em mim a doce esperança de estarmos juntas novamente.

Deste lado, nossa vontade é poder estar com as pessoas que amamos, vivendo no tempo que escoa rapidamente na matéria...

Os laços consanguíneos constituem grandes possibilidades de redenção perante os desígnios celestes, pois os outros papéis são coadjuvantes se admitirmos a dimensão de responsabilidades de uns para com os outros.

Com esse pensamento, estava diante de meu mentor, Cícero, Paulinho e outros dois conselheiros tutelares ligados ao ministério responsável pelo departamento que trata dos extensos acervos de nossas existências.



Depois das apresentações de Arce e Sólis, os eminentes conselheiros, meu mentor Cícero iniciou a reunião:

— Sentimo-nos gratificados por participar de novo plano encarnatório para você, Salete. Para isso, estamos na presença de nossos provedores espirituais que nos abençoam em se manifestarem de uma forma que possamos compreender, em posse de seu histórico de encarnações, e gostaríamos de ouvir suas ponderações a respeito.

— O meu agradecimento se expressa por meio da oportunidade concedida, pela felicidade de não ter mais a necessidade de encarnações compulsórias... Minha vontade manifesta é a de reencarnar como filha de Bruna; porém, sei que não alcançaria a graça de abraçar Noeli ainda na Terra porque Bruna é muito nova. Pensei na possibilidade de nascer através de Simone, mas também não sei se seria possível... Por isso gostaria de poder novamente contar com o direcionamento por parte deste Conselho que sabe de minhas necessidades, porém, gostaria de saber de antemão se consideram que estou apta a assumir um corpo feminino, que é minha pretensão.

O conselheiro Arce tomou a palavra:

— Pelas informações a seu respeito, aconselhamos direcionamento como filha de Fernando Neto. Para que isso se torne viável, será adotada por ele e seu companheiro Silas. Dessa forma poderá representar o traço de união entre Felipe e o filho renegado, caso o pai consiga vencer o orgulho, pois Fernando Neto tem previsão de estada na Terra por mais seis ou sete anos, enquanto seu companheiro Silas desencarnará antes. Se dignar-se à redenção de sofrimentos infligidos em outras encarnações, Fernando Neto perdoará o pai e terá se ajustado com ele, o que será de grande valia para ambos, situando-os em equivalência perante à Justiça Excelsa. Você será o instrumento para isso. Quanto à sua integração num corpo feminino, o sucesso dependerá de sua vontade em cumprir os compromissos utilizando o corpo que pretende.



Percebendo que não consegui compreender a última observação do conselheiro, Cícero esclareceu:

— O nobre conselheiro se refere aos planos de ajuste que pretende assumir nas relações maternais. Quanto maior sua vontade em beneficiar os encarnantes vindouros, maior se faz o prognóstico de sucesso. Tem alguém em mente, Salete?

— Que me recorde, através de ínfima capacidade de alcance, são quatro as pessoas que relacionarei, uma a uma, para que os nobres conselheiros aprovem se puder, informando a viabilidade. A primeira é a entidade que persegue minha mãe, o Eurípedes.

O conselheiro Sólis tomou a palavra:

— Infelizmente esse companheiro permanece ainda envolvido nas entranhas da matéria, absorvido pelos próprios sentimentos que o chumbam na Terra. Ainda que se liberte da cadeia de ódio, não observamos perspectiva de que haja tempo hábil para renascer como seu filho, mesmo assim o colocaremos na lista de possibilidades para outro grau de parentesco, mas a melhor possibilidade seria assumir matrimônio com você, isto é, se você permitir, mas isso depende da disponibilidade dele em aceitar sua oferta.

— Desde já me coloco com essa possibilidade por confiar em vocês, que sabem o que é melhor para mim. Sim, aceitarei Eurípedes visando amá-lo e amar os filhos que teremos, pois assim conseguirei resgatar a dor por duas vidas que subtraí de seu convívio com Isabel.

— Como sabemos que mencionaria a mulher que foi a esposa de Eurípedes naquela ocasião pretérita, a Isabel, para esta sim, existe possibilidade de ser sua filha, já que, depois do evento que você presenciou, encontrando-se com ela no dia da desencarnação de Celeste, abraçou a oportunidade de redenção e foi socorrida por agentes de nosso plano, apesar da insistência de Eurípedes e Sandro,

que tentaram contê-la. Será necessário apenas consultá-la para saber se concorda em assumir o papel de sua filha. Prosseguindo, qual sua terceira expectativa?

— Sandro, o homem que parece ter mais ódio de mim e que estuprei quando fui homem, e ele, menino.

— Por causa de Sandro, Eurípedes se demora a declinar da postura odiosa. Logo que Isabel resolveu mudar de atitude, desistindo das seculares perseguições, Eurípedes quase a acompanhou, mas, por julgar que deve muito a Sandro, permaneceu junto dele. Os dois se desentenderam porque Sandro quis insistir que Isabel ficasse com eles, e Eurípedes considerou que Sandro devesse respeitar a decisão. Eurípedes é muito submisso a Sandro, por isso não sabemos o tempo que levará para conseguir se livrar do jugo que impôs para si mesmo. Sandro está fora de questão. Sabemos que continuará na onda de ódio da qual não consegue se libertar, porém os emissários estão preparando um encontro entre você, enquanto estiver encarnada, e ele, ainda desencarnado no futuro, quando vislumbramos uma oportunidade com a participação de Celeste, mas esta é uma conjectura que depende das circunstâncias futuras. Vamos à sua quarta expectativa.

Pensei muito antes de responder, porque a quarta expectativa era a que me trazia maior constrangimento. Munida de coragem, manifestei:

— Desculpem o mau jeito para expressar minhas intenções em relação a esta entidade, mas gostaria de saber se aquele que ajudei a impedir de nascer por causa do aborto de Dóris está encarnado. Mesmo que estiver, gostaria de poder contribuir na participação de sua vida e, se estiver no nosso plano, gostaria de lhe dar a vida que foi obstada, isto é, se ele quiser...

— Sim — respondeu de imediato o conselheiro Sólis. — A pessoa impedida de reencarnar com o aborto feito por Dóris, incentivada por você, não está encarnada e está habilitada a assumir o papel de seu filho. Aliás, aguarda esta possibilidade que lhe foi concedida por mérito antecipado.

Fiquei surpresa com a resposta e, antes que tivesse tempo de perguntar quem seria essa pessoa, observei os olhos de Paulinho vertendo um manancial de lágrimas silenciosas e entendi que era ele a pessoa a quem o conselheiro se referiu... Era ele o filho que eu queria... Era ele que não veio ao mundo como filho de Dóris...

Difícil expressar a sensação de um momento tão sublime que nos faz retroceder no tempo e no espaço... Um instante que se fará eternamente lembrado em quantas existências eu tiver daqui para a frente e que carregarei no âmago do ser, fazendo-me chorar de alegria cada vez que rememorar...

Como relatar a vontade que já existe sem ter renascido na carne? Como explicar estar diante daquele que um dia será meu filho e já é amado? Como representar em palavras instantes vivenciando uma situação, esquecendo momentaneamente tudo à volta, e de repente me sentir abraçada àquele que já pressinto no ventre, tão desejado, fazendo-me sentir desejada?... Meu desejo foi nutrido com amor, como se Paulinho já fosse uma parte de mim mesma... Quando se tem vontade de ser mãe, emociona saber que haverá um tempo na vida que meu corpo pedirá e a mente atrairá não uma pessoa simplesmente, mas um pedaço enorme de amor que se transformará em um corpo crescendo junto de mim para abraçar e beijar... Sentirei suas dores, as vontades, as alegrias... A gente fica assustada nessa hora, porque nos dá uma coragem tão grande de crescer, que podemos até entrever o futuro, respondendo a algumas questões relativas a predileções por determinados filhos, mesmo sabendo que amaremos incondicionalmente todos os que pudermos ter...

Aquele momento pareceu um sonho de que eu não queria acordar.

Foi assim que me peguei pendurada no Paulinho, como se já entendesse tudo que estava acontecendo, querendo pular muitos anos para senti-lo dentro de mim.

Cícero me cutucou mentalmente para lembrar onde estava e o que estava fazendo. Ele me colocou novamente sentada, dizendo alegre:

— Estou me lembrando de certa conversa que você teve com Paulinho. Ele lhe dizia que existem certas oportunidades em que o professor se torna aluno...

Fiquei tão extasiada que não conseguia me recompor. Em meu pensamento, seguiam-se cenas em que eu segurava uma mãozinha pequena, que seria a de Paulinho criança. Entre outros momentos, o conselheiro Sólis se serviu para me despertar do transe, interrompendo a sorrir:

— Acreditamos que não precisaremos mais lhe responder sobre prognósticos a respeito de seu preparo para aderir à maternidade através do próprio corpo, enfatizando que Nando e Silas não a conceberão biologicamente, o farão através do coração, e a intenção deles não é menos elevada que a sua, facilitando nossa intervenção para envolver todos os membros de sua nova família espiritual na Terra.

Ainda atordoada pelas emoções, respondi cambaleante:

— Sim, conselheiro... Não me lembro de sentir o que estou sentindo agora em nenhuma oportunidade anterior.

— A felicidade é uma força atrativa — rematou o conselheiro Arce. — Existem outras ocorrências que poderão ser efetivadas, dependendo de suas respostas diante da vida. Tais acontecimentos estarão reservados para você poder abraçar outros entes que porventura estiverem disponíveis para serem abarcados por seus sentimentos de amor.

Restaurada a normalidade, despedimo-nos dos conselheiros. Eles me dedicaram votos de apreço e desejo de sucesso.

Alguns dias depois, segui com Cícero para outra colônia. Estávamos agora na presença de Isabel e sua mentora Alba.

A princípio, notei que a animação de Isabel não era a mesma que a minha, mas se esforçou para ser educada.



Alba, mentora de Isabel, iniciou a reunião expondo os motivos que me levavam até ali, enaltecendo valores morais, como perdão, perseverança no bem... Comentou algumas parábolas de Jesus. Cícero emendou discursando outros assuntos de âmbito moral. Eu, enfim, verbalizei minhas sinceras intenções de resgate, ao que Isabel ouviu com atenção, necessitando que Alba requisitasse suas impressões, na intenção de retirá-la do silêncio que se instalou:

— Dentro da proposta que está recebendo, gostaríamos de saber se você concorda com a perspectiva de ser acolhida como filha de Salete no futuro.

A interpelada mostrava segurança, olhando fixamente para mim, mas não tinha condições de saber o que ela pensava. Fiquei aflita e ela começou a falar:

— Foram tantos anos de perseguição a você e Celeste junto a Eurípedes, Sandro e outros companheiros que tinham os mesmos propósitos de vingança... Fico a pensar, como dizem os poetas, se o tempo fecha as feridas. Entretanto, existem feridas que demoram mais para fechar...

Passaram expectantes instantes para Isabel notadamente conter o pranto que nascia e continuar:

— Tanto tempo se passou e foram quase quatro séculos que vi você e Celeste nascerem e morrerem algumas vezes, acompanhando de perto as situações por que vocês passaram... Admito que compreenda melhor meus próprios sentimentos e senti inveja de vocês... Regozijei a saborear o momento de tristeza de Celeste quando você partiu da Terra da última vez, jogada daquele viaduto, mas notei o quanto aquele evento contribuía para o crescimento moral daquela que um dia havia sido responsável pela minha infelicidade, sofrendo a mesma dor da perda que outrora me causou... Eu reconheci você, Salete, no momento da partida de Celeste, porém não falei a respeito com Eurípedes e Sandro, que continuam cegos a alimentar o ódio que o tempo não apagou, porque eu sabia que eles não compreenderiam... Quando olhei para você abraçada a Celeste, depois que se desligou do corpo físico e seguiu seu caminho, eu me perguntei: quem virá me abraçar? Será que poderei um dia esquecer tudo que passou e começar de novo, para me sentir assim como elas agora? Perguntei também: aqueles que me foram caros e com quem me condoí com a perda lamentam o fato de eu não ter me recuperado dessa doença chamada ódio e não pude mais estar ao lado deles nascendo e morrendo para fazer crescer no amor... Diante de sua proposta de um dia me acariciar no seu colo, será que conseguirei ser digna de merecer esse carinho? Será que o ódio terá mesmo se apagado para ser uma boa filha?

A essa altura da exposição, todos nós compartilhávamos das lágrimas em comunhão de sentimentos inexplicáveis.

Levantei-me na direção de Isabel para me juntar num abraço:

— Você não conseguirá odiar quem já a ama e sente-se sua mãe... É através desse desejo de esquecer momentaneamente tudo, absolutamente tudo que se passou e começar de novo, que somos capazes de conhecer o valor do presente que Deus nos dá quando obtemos a graça de reencarnar... Olhe para mim, minha filha... Você ficará aqui neste plano cumprindo tarefas, estudando, traçando novos caminhos e me observando nascer, crescer e desejar você... Quando for levada até mim, daqui a vinte, trinta ou quarenta anos, não sabemos em quais circunstâncias, mas sejam elas quais forem, teremos o apoio de Cícero e Alba, que farão nosso desejo se realizar. Daí Eurípedes, Sandro e tantos outros passarão a compreender muitas coisas, e quem sabe o amor que certamente crescerá a cada dia entre nós despertará neles as mesmas vontades que temos em nos abraçar, não é?

# 24

Meus companheiros de Acalanto já me fazem sofrer de saudade por antecipação, o que posso classificar como sofrimento saudável.

Beatriz, como sempre, é a que mais nos fazia rir com suas maneiras debochadas:

— Este lugar ficará vazio sem você... Eu e Célio não suportaremos o sossego que teremos com sua partida. Estamos pensando em dar uma festa para comemorar a paz que desfrutaremos, não é, Célio?

— É sim, Beatriz, mas estou aqui a pensar com os meus botões: Salete está indo embora, eu tenho previsão de meus planos encarnatórios se realizarem daqui a uns dezesseis anos, e você, segundo informou, daqui a uns trinta e dois... Não sei não, mas, se estivéssemos na Terra, diria que você está ficando para titia, hein, Beatriz...

Eu não poderia perder a oportunidade, aproveitei a deixa de Célio para emendar:

— Xiii, Célio... É capaz de a gente desencarnar e encontrar a Beatriz aqui ainda... Estará uma charmosa velhinha fazendo tricô.

Entre os risos, é claro que Beatriz jamais admitiria ficar para trás:

— Se vocês acham isso, estou pensando melhor ainda. Estarei aqui, saberei de tudo e assistirei de camarote... Estou vendo a cena: vocês batalhando como condenados na lide terrestre, preparando toda sorte de modernidade e conforto que desfrutarei quando for a minha vez de estar com vocês. Daí, eu ainda jovem, lindo e maravilhoso, jogarei uma moedinha na canequinha que vocês, velhotas, estarão empunhando debaixo da ponte a pedir esmolas...

Dei um tapa no ombro da criatura:

— Cruz-credo, Beatriz! Vire essa boca para lá e tome cuidado, porque, se minha intuição for muito forte, saberei o que fazer com o jovem lindo e maravilhoso que jogar a moedinha na minha canequinha...

Célio se aproximou devagarzinho para falar a sério:

— Salete, quero lhe agradecer cada minuto que pude estar com você.

— Ora, Célio... Querido Célio... Eu também amei estar com vocês.

— No meu caso talvez você não tenha ideia das mudanças que operou no meu ser.

— Mas, querido, você observou as mudanças que operaram em mim também?

— Com você aprendi a amar... E a me respeitar.

— Eu também, querido. Por isso sempre vou amar vocês e Deus permitirá nos encontrarmos sempre...

Senti a verdade das próprias palavras na vibração do abraço que Célio me deu.

Não existem despedidas de pessoas amadas sem aquele aperto no peito quando está chegando a hora de partir...

---

A última etapa a cumprir antes da grande viagem foi conhecer aquela que me daria à luz na Terra.

Estávamos eu, Cícero e Paulinho em extensa favela a observar Florinda diligenciando cuidados para com os oito filhos de várias idades.

Defronte ao tanque de lavar roupas, a mulher se desdobrava entre os pequenos, que choravam dentro do barraco, e as diversas tarefas que delegava às três meninas descalças e maltrapilhas que obedeciam de boa vontade aos mandos da mãe.

Observando com admiração o rosto daquela que cumpriria a nobre missão de servir de instrumento no papel de minha progenitora, eu me condoí ao notar os dentes cariados que deviam lhe causar tremendas dores, com certeza. O rosto, marcado pelo sacrifício e sofrimento, denotava a expiação num olhar assustado de quem espreita um perigo a qualquer momento.

Paulinho se aproximou dela, acariciando seus cabelos, e declarou:

— Esta grande mulher, que aos olhos da sociedade é uma desvalida, cultiva enorme tesouro no Reino do Céu... Será minha vovozinha, que nem sei se chegarei a conhecer na lide terrestre, mas certamente abraçarei um dia para agradecer esteja onde estiver...



Cheguei mais próximo dos dois para comentar:

— A vida nos reserva surpresas... Quantas vezes desmereci pessoas como esta heroína, afirmando que deveriam ser esterilizadas como animais porque só serviam para fazer filhos... Agora me rendo ajoelhada aos seus pés, implorando a oportunidade de me dar à luz...

— Este é um dos motivos que levaram os conselheiros a indicarem a sua vinda através de Florinda — emendou Cícero. — Esta nobre criatura, que se veste de pobreza e miséria, será o seu passaporte neste mundo, para não se esquecer das origens que lhe beneficiaram a vinda, isto é, se não se enredar nas ilusões que corrompem as melhores intenções.

Envolvida pela atmosfera propícia das reflexões, questionei:

— Cícero, como vocês podem saber que Florinda abrirá mão de minha guarda? Não consigo visualizar como vocês a induzirão a entregar o bebê para adoção sem fazê-la sofrer.

— Talvez não tenha entendido direito como se processam os direcionamentos, Salete... A mentora de Florinda não estimularia coisa alguma, nem a inspiraria a renegar a sagrada missão de mãe, assim como também não é função de mentor algum fazer o protegido sofrer. Para melhor entendimento, a própria Núbia poderá lhe explicar.

Tornando-se visível a nós, a mentora Núbia nos saudou e esclareceu:

— Quando solicitada pelos conselheiros a dar uma sugestão para o seu caso, indiquei minha protegida porque seu marido a tiraniza a ponto de podermos observar o fato patente através do olhar assustadiço que minha querida Florinda denuncia. Entre as barbaridades a que ele a submete, aterroriza a esposa com ameaças de matar o feto caso engravide outra vez, visando incutir a ideia de ser a responsável por despesas oriundas de mais um filho. Como minha protegida tem um grau de instrução precário e não conta com o apoio de ninguém fora do barraco onde reside, somamos a esses fatos a conjectura iminente de engravidar sempre que estiver em período fértil porque não utiliza nenhum tipo de método anticonceptivo, já que o marido é bom em fazer ameaças, porém não se preocupa em prevenir.



— Que coisa horrível! — exclamei. — E o pior é que nem posso me ver no direito de julgar esse animal, pois ele será o meu pai...

Diante da macabra exposição, Paulinho questionou enternecido:

— Existe alguma possibilidade de auxiliarmos esta senhora e sua família no futuro, caso nos seja permitido encontrá-la no decorrer da vida?

— Não — respondeu a mentora Núbia. — Florinda desencarnará em breve, segundo a programação feita por ela mesma. Quanto aos filhos, só terão condições de receber ajuda de vocês se a solidariedade inscrita em suas consciências abranger intenções do bem coletivo. Fomos informados sobre suas intenções de voluntariado, Paulinho. Esperamos que, no decorrer de sua próxima vida, efetive-se o profundo desejo.

Alcançado o entendimento sobre mais este detalhe, pontuei:

— Isto responde a inúmeras questões sociais que antes não conseguia compreender... Uma pessoa que faz o bem a outras fora do círculo familiar sente vontade de fazer porque ali está oculta em nossa consciência a memória dos afetos do passado... E, no caso de Paulinho, como Núbia especificou, estará ajudando meus irmãos, podendo estender benesses até para meus sobrinhos, sem o saber...

Cícero sorriu para acrescentar:

— Isso é verdade, Salete. Mas nem sempre o auxílio que os mais necessitados recebem chega através das mãos dos devedores diretos, ainda mais se considerarmos que, no geral, somos devedores uns dos outros. Na verdade, qualquer criatura com mínimo de senso moral tem o dever de solidarizar-se com o semelhante, a menos que a visão desse que pode mais estiver focada apenas em si mesmo.



Paulinho emendou como recebendo um lampejo:

— E o que dizer então dos grandes vultos da humanidade, que nem precisam mais reencarnar e fazem a opção de reencarnar na matéria para cumprir missões que tanto contribuem para o progresso coletivo? Isto prova: aqueles que fazem o bem sem ostentação acabam se beneficiando sem saber.

---

Aquele que será meu pai biológico chegou questionando Florinda de maneira grosseira:

— Ei, mulher, já não falei para acabar com essa mania de fazer os moleques pedirem esmolas nos faróis? Eu vi o Sirineu no cruzamento com aqueles maconheiros, filhos do Zé Índio. Quando fui lhe dar uma surra, o pivete correu.

— Sirineu não estava pedindo esmolas, Rubão. Estava vendendo balas para ganhar algum dinheirinho. Eu as dei a ele. Estava trabalhando.

O truculento homem tinha modos que me remeteram à lembrança de Zumbi.

Covardemente agarrou os cabelos de Florinda, empurrou-a contra a parede e lhe deu um tapa no rosto, advertindo:

— Tome isto e aprenda de uma vez por todas. Mulher que responde para marido merece apanhar. E, a propósito, joguei ração na mesa para você dar às crias. Não precisa vender balas porque eu já faço isso.

Após contemplar a cena deplorável, nós apenas esperamos Rubão sair e Florinda se dirigir para dentro do barraco.

Não resisti quebrar o silêncio para desabafar:

— Mesmo levando uma vida miserável ainda consegue se preocupar em sustentar bichos?

Paulinho me lançou um olhar de misericórdia, afagou minha cabeça de encontro a seu peito para elucidar baixinho:



— Figuradamente ele estava se referindo às crias como sendo os filhos, Salete... A ração quer dizer comida, e venda de balas é uma gíria que significa drogas em papelotes... As gírias mudaram um pouco desde sua última estada por aqui. Ele é traficante aqui na favela...

Fiquei envergonhada por desperdiçar a oportunidade de ficar calada.

---

Faltavam poucas horas para me dirigir à sala de onde seguiria para os procedimentos reencarnatórios.

Já havia me despedido de todo o pessoal que conhecia na colônia. Foi muito choro, muitos abraços. Célio até passou mal. Ele, com certeza, é o mais suscetível a problemas de controle emocional entre nós.

Atendendo aos meus pedidos, Paulinho, minha mãe Celeste e Isabel estariam lá para acompanhar o processo que acontece quando um espírito é levado à Terra para ser concebido junto ao corpo daquela que será sua mãe.

A sós comigo, Cícero se aproximou e lhe entreguei as minhas anotações.

— O que é isso, Salete?

— Não perdi uma mania que tinha na última encarnação. Descrevia as coisas que aconteciam comigo e continuei fazendo isso aqui, desde que retomei a consciência. Quando parti da Terra na última vez, não tive opção do que fazer com meu diário. Por favor, dê um fim nele porque não tenho coragem.

— Tudo bem, querida. Posso dar o fim que quiser?

— Sim, pode. Não me preocupo com isso, pois sei que meus registros se encontram todos no Ministério do Acervo.

— Se eu quiser dar outra destinação às informações contidas neste caderno, você permite?



— Não entendo que tipo de destino poderia dar... Você sabe mais a meu respeito do que eu mesma...

— É que existem entidades responsáveis pela divulgação de informações que passam para os interessados encarnados a respeito do que ocorre no nosso plano, por intermédio do mecanismo mediúnico de psicografia. E isso serve para esclarecimentos.

— Já ouvi falar. Mas, se alguém quisesse escrever sobre o que passei aqui, você mesmo seria a pessoa certa para contar. Ainda não entendi.

— Certamente que eu narraria tranquilamente seu histórico, mas, quando possível, as entidades responsáveis por esse trabalho de divulgação na Terra solicitam que o próprio espírito registre sua passagem visando à fidelidade de detalhes que só ele conhece, transmitindo sentimentos, sensações e emoções por meio da expressão daquele que vivencia as diversas situações. Uma palavra pode mudar completamente o sentido de uma exposição.

— Interessante que escrevi isso aí como se estivesse fazendo uma carta para mim mesma... Se julgar mesmo útil, faça como quiser, não me importo... Quer dizer, desde que não seja através do hipócrita do senhor Modesto, é claro — sorrimos.

— Sim, farei isso. Fique tranquila porque nesses casos as entidades diligenciam cuidados especiais para que os envolvidos na história não sejam identificados, adaptando, revisando os textos, os fatos, e modificando o nome dos personagens.

— Que coisa chata, hein, Cícero?! Se esta história for publicada um dia, pode ser que eu passe numa loja de livros e você me inspire a comprá-lo... Faça isso, por favor... Olhe lá, hein? Mesmo nesse caso, se for o senhor Modesto a me vender, inspire-me a atirar o livro em sua cabeça. Fechado?

— Salete, se não mudar esse jeito Salete de ser, teremos que mudar o rumo de sua encarnação... Teremos que colocá-la no lar do senhor Modesto.

— Como pode rir de uma coisa dessas, Cícero?... Componha-se. Você é um anjo guardião, não pode me ingressar nas trevas da carne...



— Pode deixar, Salete...

— Espere um pouco, Cícero, por favor. Deixe-me então relatar estes últimos instantes e fazer uma dedicatória.

— Ora, ora, moça... Já vai sair daqui uma Modesta, valendo-se de vaidades? Quer deixar um autógrafo também?

— Ah! Deixe de bobagens, Cícero, e me entregue! Isso me ocupará enquanto não nos chamam. Esta ansiedade está me matando antes de renascer...

— Está aqui, Salete, só não esqueça que tem apenas alguns instantes.

*Tive a oportunidade de relatar aqui as passagens que acredito terem contribuído muito para eu adquirir algum conhecimento, mas reconheço que estou muito longe do objetivo de ficar próximo do que é Cícero...*

*Não espero que as passagens sirvam para polemizar qualquer assunto, pois reconheço que fui ofensiva algumas vezes, até comigo mesma. Não estou preocupada com isso porque quem se ocupar de relatar o conteúdo certamente tomará o cuidado de selecionar adequadamente o que for importante, como o Cícero ressaltou.*

*Não tenho a intenção de justificar qualquer atitude que tenha tomado irrefletidamente. Como disse a Cícero, apenas narrei acontecimentos que se passaram comigo mesma.*

*Durante minha estada neste lugar de amor, li e reli diversas vezes o que escrevi, para exercitar a reflexão de fatos que julguei importantes, ou seja, eu me fazia usuária das experiências para tentar compreender a simplicidade do que significam instantes diante da real interpretação inatingível de eternidade, concluindo que dei demasiado valor ao transitório, quando desconhecia os verdadeiros valores do espírito imortal. Mesmo reconhecendo, não sou, nem pretendo ser, uma santinha do pau oco.*



*Que Deus me ajude, e que eu possa carregar comigo o aprendizado dessas palavras para conseguir me dedicar mais a Ele...*

*Estou de partida para a Terra e muito feliz, pensando se, quando voltar para cá, ainda terei esses dados. Espero que sim, porque daqui a instantes estarei de volta. É assim que funciona.*

*Beijos emocionados,*

*Salete*

# 25

Sete meses se passaram desde que Salete voltara à matéria no ventre de Florinda.

Tanaka e Penélope faziam trabalho comunitário numa favela que visitavam uma vez por mês, com um grupo de assistência social, pertencente ao centro espírita que frequentavam.

Penélope era responsável pela distribuição de roupas doadas e passava pelos barracos das pessoas cadastradas:

— Florinda, Florinda! — chamou Penélope em frente ao barraco, acompanhada de dois voluntários.

Os filhos menores de Florinda já conheciam aquela voz, que trazia alegria, e saíram do barraco dando gritos de felicidade, acompanhados da mãe.

Enquanto selecionava algumas peças de roupa, Penélope conversava com Florinda:

— Esta aqui é perfeita para o Sirineu. Calma, crianças! Não baguncem a sacola... Tem para todos vocês, mas, se desobedecerem, Papai Noel não trará presentes.

— Sai daí, sua xereta. Obedeça à tia Penélope, senão vou lhe dar umas lambadas...

— Deixe, Florinda... São crianças e estão felizes... Mas me conte. Está tudo bem com você? Seu marido melhorou? O comportamento dele está menos violento?

— Vixi, dona Penélope, esse homem continua com o cão no corpo... Será que eu podia dar uma palavrinha com a senhora, sem que seus amigos ouçam?

— Claro, querida. Cláudio, por favor, fique aqui vigiando esses anjinhos que vou até ali perto do tanque com Florinda e já volto.

Distante dos voluntários, Penélope deu a oportunidade de Florinda confidenciar:

— É que tem uma conhecida nossa, ela não mora nesta favela e está grávida. Ela vai partir para o Norte assim que tiver o bichinho, mas decidiu dá-lo para alguém que queira, ou vai jogá-lo no rio.

— Minha Nossa! Essa mulher deve ser louca, Florinda! Não a deixe fazer isso, me dê o endereço dela que tentaremos resolver o problema. Onde já se viu? Pensar em jogar um bebezinho no rio!

— Não posso lhe dar o endereço porque a infeliz não quer saber de conversa. Até pensei em pegar o bichinho para criar, mas com oito bocas para sustentar fica difícil. O Rubão me mataria... A senhora sabe de alguém que possa querer esse bichinho?

— Acho que sim, Florinda... Olhe, fique com meu endereço. Se essa mulher se interessar, diga para não fazer besteiras com a criança. Por favor, não me entenda mal, mas por segurança não dê meu endereço para mais ninguém, está bem? A propósito, ela fez ultrassom para saber se a criança está bem?

— Fez nada! Ela é dessa gente relaxada, dona Penélope.

— Que coisa... Diga para essa sua amiga que até postos de saúde acompanham a gravidez, aliás, vá você mesma com ela, senão já viu...

— Pela barriga embicada, deve ser uma menininha... Não dá para saber porque se recusa a ir ao médico. E, se a senhora achar quem queira, diga a quem interessar que nossa amiga e o homem dela são brancos, viu? Não são negros, não!

Florinda apertava a cintura com faixas para esconder a gravidez, temendo ser vítima de ameaças e violência por parte do marido.

---

Depois do trabalho, Penélope e Tanaka visitaram o casal Nando e Silas.

Ao expor a situação relatada por Florinda, Penélope concluiu:

— Então, vim saber do interesse de vocês, pois sei que o pedido de adoção que fizeram novamente não deu certo.

Silas manifestou com alegria:

— Ai, amor, que bênção de Deus! Claro que queremos... Como saberemos que seremos presenteados? Estou até com o enxoval pronto, menina!... Sem saber se daria certo no orfanato, comprei roupinhas de bebê de todas as cores e para todas as idades, porque não sabíamos se seria menino ou menina, recém-nascido ou grandinho... Depois lhe mostro, Penélope.

Nando ponderou cabisbaixo:

— Calma, Silas. Não adianta querer cortar o bolo antes de começar a festa. A Penélope já falou que deu o endereço, e a mãe da criança nem quer saber de conversa.



— Não seja por isso. Voltaremos lá para confirmar o interesse para Florinda transmitir à gestante — dispôs-se Tanaka, dando margem para Silas continuar:

— Estou aflito! Não dormirei até vocês dizerem se conseguiram... Já estou imaginando a cor do berço, chupeta, mamadeiras... Por que está com essa cara, Nando? Parece que não ficou feliz!

— Fiquei sim... Mas também fiquei um pouco chateado.

Após breve pausa, Nando continuou:

— Fico chateado porque essa gente se diminui... Olhem só a preocupação dessa mulher, enfatizando que os pais da criança são brancos... Quer dizer então que, se fossem negros, o bebê valeria menos? Tratam de crianças como se fossem mercadorias, bichos; aliás, nem com bicho isso deveria acontecer. Fomentam o preconceito até entre eles próprios, reconhecendo-se inferiores perante aqueles que os submetem, desprezando-se...

Tanaka ponderou:

— Não é isso, Nando. Certas pessoas são tão discriminadas, tão assoladas pelo sofrimento ocasionado pela discriminação, que acabam por fazer de tudo para evitar maior padecimento. Convivendo apenas uma vez por mês com pessoas assim, tendo a oportunidade de conversar com elas, vemos tantas dores físicas e morais, que chegamos a pensar que estamos num verdadeiro inferno. É que a gente não conhece o que é viver assim, privados do necessário para sobreviver, carente de pão, de carinho, de lazer... A carência material também pode ser o caminho para deficiências morais, pois um pai de família que vê um filho passar fome porque não consegue emprego muitas vezes opta pelo crime, não apenas motivado pela revolta, mas por falta de opção.

— Isso não serve para justificar o mal — objetou Nando com veemência. — Tem muita gente que não quer saber de trabalho no meio dessa história e a isto some-se o desinteresse cultural de um povo que só quer saber de futebol. Daí o quadro de miséria extrema de um lado, aliciada pela burguesia de outro... A verdade é que vivemos ainda na era do pão e circo da antiga Roma. Esta é que é a verdade!



Tanaka replicou com serenidade:

— Até certo ponto você tem razão, cunhado, mas não podemos esquecer que, entre essas pessoas, há muitos trabalhadores honestos, mulheres que apanham do marido, filhos que veem a mãe ser espancada e às vezes testemunham até assassinatos... Daí fica difícil quando o barraco está cheio de crianças com barriga vazia... A pessoa querer se informar, agir com honestidade e viver em paz representa nobres atitudes, mas como, se não percebe condições para isso? A esse fato, junte pessoas em melhores situações que se desinteressam completamente pelos desvalidos, preocupando-se apenas com o requinte dos pratos exibidos à mesa, as festas ostentosas adornando a casa bem construída, os trajes caros, de grifes, que contradizem a situação da maioria. O cidadão realizado e satisfeito vai ao shopping center e na saída ignora a criança necessitada que pede esmola para matar a fome, crescendo desnutrida, alimentando apenas a mágoa, ocasionada pelo descaso, e desperdiçando a infância. Provavelmente só guardará boas lembranças quando alguns homens de terno e gravata aparecerem no seu mundo de terror a oferecer a cesta básica... Essas crianças terão esses homens como referência de sucesso, através do mau exemplo fundamentado em interesses pessoais apenas em época de eleições.

— Pare com isso, por favor, Tanaka! Já estou ficando com vontade de chorar — pediu Silas, com lágrimas nos olhos.

— Você tem razão — concordou Nando. — Normalmente nos contentamos apenas com aquilo que se mostra em nossa visão estreita, sem nos preocuparmos com o aprofundamento das questões.

O casal visitante partiu, enquanto Nando chamou a atenção de Silas:

— Quantas vezes terei de lhe pedir para se controlar quando tivermos visitas?



— Ora, amor! Não vou deixar de ser quem sou só para fazer os outros pensarem o que não somos.

— Não estou preocupado com isso, Silas. É que você parece fazer de propósito desabrochar dessa maneira somente quando estamos acompanhados de alguém... Parece agir assim só para me provocar.

---

Oito horas de uma noite fria.

Florinda deixou a filha mais velha cuidando das menores e avisou-a de que sairia por alguns instantes. Adentrou às pressas no barraco vizinho:

— Pelo amor de Deus, Marlenilda, me ajude... Estou sentindo as contrações.

— Eu falei que ficar apertando a barriga desse jeito ia dar nisso. Vá para o banheiro, mulher! Não acha que seria melhor chamar uma ambulância?

— Se fizer isso, irei culpar você a vida inteira pelo que o Rubão fizer com a criança. Farei como combinamos — respondeu Florinda, contorcendo-se de dor.

— Então vá logo, mulher, e tente expelir a criança. Tome. Leve a tesoura para cortar o cordão do umbigo, enquanto distraio as crianças. Procure não gritar para não chamar a atenção dos vizinhos.

Após intenso esforço e muito sofrimento, Florinda deu à luz. Tombou exausta e bateu a cabeça na porta do banheiro.

O barulho da pancada foi ouvido por Marlenilda, que abriu a porta e assustou-se ao ver a grande poça de sangue, onde a criança recém-nascida permanecia imóvel ao lado da mãe.

— Acorde, mulher, acorde, pelo amor de Deus... — insistia Marlenilda batendo no rosto de Florinda.

Notando que Florinda não conseguia responder, Marlenilda teve o impulso instintivo de apanhar a tesoura ao lado, cortar o cordão umbilical com avidez, apanhar a criança envolta nos líquidos da placenta e lhe dar duas palmadas na nádega.

Salete fazia sua primeira manifestação sonora no retorno à Terra, ecoando o vagido que representava a glória para as diversas entidades invisíveis que ali diligenciavam esforços para a manutenção da vida orgânica de seu corpo frágil e restabelecimento de forças para Florinda.

No afã da improvisação, quando Florinda já havia se limpado, Marlenilda fez o mesmo com a criança, envolvendo-a com espesso pano, e orientou Florinda à porta do barraco:

— Tome este dinheiro e pegue um táxi. Decorou o endereço?

— Sim, até já passei em frente da casa noutro dia para ter certeza. Ficarei numa praça nas redondezas para não levantar suspeitas. Por favor, vá até meu barraco, veja se está tudo bem com meus bichinhos... Deverei retornar e Rubão ainda não terá chegado. Deus me ajude, mas, se acontecer de ele voltar antes, peça para minha filha mais velha dizer que levei um tombo feio e fui parar no pronto-socorro. O corte que abriu na minha cabeça quando bati na porta será minha desculpa.

— Vá logo, mulher. Não há tempo a perder. Terá que segurar embaixo também, de onde não para de sair sangue. Vá!

Para não chamar a atenção, Florinda carregou o bebê em uma sacola, desceu o morro com dificuldade e atingiu a via pública, onde fez sinal para um táxi, que parou. Orientou o motorista sobre o destino.

Durante o percurso, o motorista observou a expressão assustada da passageira e questionou:

— Está tudo bem com a senhora?

— Sim, senhor. Só estou com pressa de chegar porque preciso entregar esta encomenda para uma pessoa.

A criança começou a chorar. Florinda se desesperou para abafar a emissão do som produzido, embalando a bebê recém-nascida recostada junto ao peito. Lançava-lhe enternecido olhar, lamentando a atitude que tomava, e sussurrava com o rosto encostado ao dela:



— Calma, filhinha... Mamãe não ficará com você, mas saiba que a amo muito.

— Pronto, moça! O endereço é aqui — anunciou o taxista estacionando o carro.

A passageira pagou a corrida e desceu do automóvel, preocupada se o taxista notaria a grande mancha de sangue que ficou no estofamento, mas ele partiu sem suspeitar.

Caminhando por pequeno trecho antes de chegar ao destino, Florinda se recostou em uma árvore tentando se recuperar da exaustão, implorando:

— Ai, meu Deus, me ajude... Não estou aguentando andar de tanta fraqueza e tontura... Meu Deus, não me deixe desmaiar, senão estarei perdida.

Sem que pudesse entender, a visão lhe retornou e sentiu as forças restauradas.

Era sua mentora Núbia que interveio, promovendo energização através de magnetização.

Levantando-se rapidamente, Florinda alcançou seu destino, na esquina da rua da casa de Penélope.

Olhou de um lado e outro, certificando-se de que não era observada, levantou o pano que cobria o rosto da criança e despediu-se, num misto de carinho e sofrimento:

— Que Deus esteja sempre com você, filhinha... Que os anjos abençoem a sua vida, que certamente será mais feliz que a de seus irmãos...

Florinda caminhou, simulando tranquilidade para não levantar suspeitas, sorrateiramente deixou a criança dentro da sacola em frente à porta de Penélope e seguiu seu caminho de volta à favela.

---

— Bruna, preciso ainda lhe dizer a hora de dormir? Terá de acordar cedo, menina! Já são dez e meia — recomendava Penélope.

— Ah! Mãe... Preciso dizer que detesto acordar cedo, ainda mais no inverno? No próximo semestre quero estudar à tarde, daí dormirei feito urso...

Preparando-se para dormir, Bruna escovou os dentes, colocou o pijama e sentiu irresistível vontade:

— Mamãe, por favor, daria para fazer aquele mingau que me dava antes de dormir, quando era criança?

Simone ficou inconformada:

— Não acredito! Era só o que faltava... Vá lá e faça você mesma, menina folgada! Se quiser, posso colocar na mamadeira para você... O que acha, bebezona?

— Está com inveja! Tem que ser a mamãe. Ninguém faz um mingau como ela. Quanto à mamadeira, fique para você, obrigada, pois duvido que não vá querer comer o mingau quando estiver pronto!

— Vou querer, sim, mas sem o seu babador.

Penélope interferiu:

— Ei, vocês duas... Vão começar de novo, é? Se for preciso, darei uma chinelada nas duas, já que essa discussão envolve babadores e mamadeiras!

Enquanto Penélope preparava o mingau na cozinha, as jovens assistiam à televisão na sala.

Simone sentia-se incomodada com a inquietude da irmã:

— Bruna, dá para sentar e ficar quieta, por favor? Para que ficar andando de um lado para outro? Está com formigas no pijama?

— Pare de implicar comigo, Simone! Pare de me atormentar!

— Então sente-se aí e fique quieta.

— Quer saber? Fique sozinha!

— O que está fazendo? Vai abrir a porta com esse frio todo que está fazendo? Se quiser, fique do lado de fora, mas feche a porta!

Bruna foi intuída por Artêmio, seu mentor, a encontrar o bebê.



Ao abrir a porta, Bruna se defrontou com a sacola a seus pés, pensou por instantes o que poderia conter ali e imediatamente abriu para conferir.

Observando que era um bebê, embrulhou-o com naturalidade, tomou-o no colo e retornou para dentro com largo sorriso.

Simone olhou para a irmã com estranheza ao observá-la com brilho no olhar, revelando imensa satisfação ao segurar algo como se fosse um prêmio.

— Bruna, o que é isso que está carregando?

Ao observar que se tratava de um bebê, Simone deu um grito assustado, clamando pela mãe. Foi severamente repreendida por Bruna:

— Fique quieta! Olhe só o que você fez, acordou o bebezinho...

Penélope surgiu, comprovou o que estava acontecendo, sem compreender a reação de Bruna:

— Ai, meu Deus! Simone, diga para seu pai vir imediatamente.

Rapidamente Tanaka chegou à sala e observou duas entidades ao lado de Bruna. Eram Cícero e Artêmio. Sentindo as vibrações de amor, ele agiu com tranquilidade, enquanto Simone e Penélope estavam angustiadas, e Bruna demonstrava incontida felicidade.

Sem compreender o que se passava com a filha, Penélope imaginou que estivesse em choque e se ofereceu, aflita:

— Bruna, querida, me dê o bebê, eu seguro para você.

— Não, mamãe, deixa que eu seguro, eu que achei — respondeu com imperiosidade Bruna.

Preocupada com a reação da filha, Penélope disse ao marido:

— Tanaka, deve ser aquela mulher que a Florinda falou. Teve o bebê e o deixou na nossa porta... E agora? Por que Bruna parece hipnotizada?

Cícero e Artêmio sorriram para Tanaka, que respondeu à esposa, sorrindo:

— Vai ver que a Bruna está segurando alguém que quer bem, ou pensa que está brincando de boneca...

O casal decidia o que fazer naquele imprevisto momento, sem suspeitar de que se tratava do cumprimento de uma fase da missão da espiritualidade superior, a contemplar a Salete de ontem, nos braços de Patrícia, a Bruna do presente, acariciando-lhe a mãozinha.

# 26

O casal Tanaka e Penélope levou a recém-nascida ao pronto-socorro onde trabalhava um médico amigo de Tanaka.

Ao explicar os fatos ao doutor Satiro, ambos conversavam a respeito:

— Diante do exposto, o doutor recomenda buscar as vias normais para solicitar a adoção dessa criança?

— Isso mesmo, Tanaka. Não tenho condições de liberá-la da internação. A menina passa bem, não tem icterícia, mas precisa permanecer pelo menos mais dois dias internada. Ela apresenta todas as características de ser prematura, nascida há poucas horas, portanto não podemos correr riscos. Quanto à possibilidade de adoção, o Conselho Tutelar me complicaria perante o Conselho ao qual me reporto caso descobrissem que fui conivente com qualquer situação diferente da cabível nestes casos.

— Compreendo, amigo Satiro. Sei apenas que terei de enfrentar outro problema. Foi minha filha mais nova que pegou a criança na porta de casa. Apaixonou-se pelo bebê e não queria deixar trazê-la, argumentando que achado não é roubado, imagine você... Por isso demos entrada no pronto-socorro com o nome de Dara. Tivemos que ser incisivos para que ela entregasse a bebê à minha esposa e só concordou protestando, condicionando a lhe dar este nome.

Os amigos riram do fato e o médico sugeriu:

— Ela está querendo uma irmãzinha... Precisa providenciar uma para ela, amigo.

— Eu e Penélope fechamos a fábrica. Criar um filho hoje com a atenção e o cuidado necessários não é tarefa simples.

— Nem me fale... Se você é contador e pensa assim, imagine na minha profissão... Eu dou conta de um, apenas.

Após instantes de silêncio, doutor Satiro refletiu:

— Na circunstância que expôs, não acredito que seu cunhado consiga adotar essa criança. Para um casal heterossexual já é difícil superar a excessiva burocracia, imagine então para um casal homossexual. Além das barreiras impostas pelo governo, que até se justificam pelos cuidados que se deve ter, terão ainda os obstáculos de um preconceito descomunal.

— Sabemos disso e considero lamentável porque a sociedade se considera tão preocupada em relação a precauções, mas não consegue resolver os graves problemas sobre o tema.

— Já pensou em você mesmo adotar a criança e permitir que seu cunhado a crie?

— Sim, mas o grande problema é que não encontro sensatez em assumir uma responsabilidade agindo de boa-fé, correndo riscos de delegar o compromisso legítimo a outra pessoa. No entanto, confesso que até pensei em requerer a guarda dessa criança para mim e minha esposa.

— Você deu entrada com o nome da criança expondo a situação na recepção, mas no relatório não constam tais informações. O plantão de hoje será trocado daqui a uma hora. Meu próximo plantão será daqui a dois dias. Se quiser, posso colocar seu sobrenome no relatório de internação para evitar acionarmos o órgão responsável que irá direcionar a guarda da criança. Darei alta à criança no meu plantão, isto é, se ela estiver em condições de receber, daí poderá levá-la e terá tempo de resolver o que fará. O que acha?

— Sim, desejo que seja dessa forma, mas não pretendo prejudicá-lo.

— Não me prejudicará. Se algo der errado, dirão que você utilizou falsa ideologia. De minha parte apenas cumpri meu papel conduzindo-a para a pediatria, e até aí você é que será responsabilizado.

— Não terei como lhe pagar tal préstimo, Satiro. Por enquanto agradeço muito.

— A grande vantagem de uma pessoa ter a idoneidade irrepreensível e o caráter exemplar é esta. Confio em você, como também creio que sua resolução será correta, porém não esqueça que amanhã ou depois a mãe verdadeira dessa criança poderá bater à sua porta reivindicando o que lhe é de direito, portanto trate de conduzir as coisas como se deve.

Dois dias depois, a menina Dara foi levada para a nova residência, na casa de Nando e Silas, realizando o seu grande sonho.

Contagiada pela emoção dos anfitriões, Bruna fazia festa e prestava recomendações a Nando:

— Tio, estou tranquila de deixar Dara com vocês porque sei o quanto a desejam e amo muito você... Mas meu coração está despedaçado.



— Não seja por isso — respondeu solenemente Silas. — Você já é grandinha e, se seus pais deixarem, junte os pedaços do seu coraçãozinho e venha morar conosco.

Simone motejou:

— Que maravilha! Deixe, mamãe... Deixe, papai... Por favor!

Bruna revidou alegremente:

— Como você não consegue segurar seu despeito incontido, não é, irmãzinha? Pois saiba que só consigo compreender porque tenho convicção de que é ao seu lado que devo estar... Deve ser carma mesmo.

Noeli, que segurava o bebê junto a Dóris, perguntou à Penélope e ao marido:

— Como farão para contornar a situação se a mãe quiser o bebê de volta? Perante a lei vocês estão agindo clandestinamente e correm riscos.

— Não sabemos, mas amanhã mesmo eu e Tanaka estaremos no escritório do advogado para decidir o rumo a tomar nesta questão. A princípio, resolvemos assumir a guarda de Dara, pois sabemos que, para Nando e Silas, isso seria muito mais difícil.

Enquanto a maior parte da família estava no quarto dos anfitriões obtendo informações de Penélope a respeito dos cuidados com o bebê, Noeli, Dóris e Tanaka conversavam na sala:

— Na minha opinião, você não deve contar nada a Felipe, filha — opinou Noeli.

— Claro que não, mamãe, inclusive você, Tanaka. Oriente a Penélope e as meninas a tomarem cuidado para Felipe não saber, pois, do contrário, temo que ele possa nos denunciar e prejudicar o bom andamento dos trâmites.

— Sim, sogra. Farei isso, mas o senhor Felipe não se sentirá ofendido, caso descubra mais tarde?

— Felipe mudou muito... — ajuntou Dóris. — Depois que pediu para voltarmos, e eu aceitei, há pouco mais de um ano, não tivemos nenhuma discussão a respeito de Nando. Ele concordou em não falarmos mais sobre esse assunto, franqueando a minha relação com nosso filho, porém não sei se posso confidenciar para ele a existência de Dara, considerando que ele admitiria, mas não aceitaria. Não porei em risco um momento de felicidade como este. Se um dia Felipe descobrir, não terá motivos para ficar chateado, pois nem pergunta do filho...

---

Duas semanas se passaram depois do nascimento de Dara. Tanaka e Penélope resolveram esclarecer dúvidas e foram visitar a favela onde Florinda morava, atendendo a recomendações do advogado.

Chegando ao barraco, bateram palmas e uma moça abriu a fresta da janela:

— O que desejam?

— Bom dia, moça. A Florinda está? — perguntou Penélope observando se não tinha errado o barraco, pois não reconheceu a moça.

— Quem quer saber?

— Penélope, amiga dela, que de vez em quando faz trabalho comunitário em sua casa.

— A Florinda não mora mais aqui.

— Tanaka, a moça está dizendo que Florinda não mora mais aqui... Estranho...

— Peça para a moça sair para conversar. Assim poderemos investigar isso direito — sugeriu Tanaka.

Quando a esposa o fez, recebeu ríspida informação:

— Eu já disse que ela não mora mais aqui. Meu pai mandou eu não atender ninguém.

Penélope entrou novamente no carro.

— O que terá acontecido com Florinda? As crianças dela estariam correndo na cerca do barraco se estivesse aí.



— Faça o seguinte, Penélope: espere no carro que vou perguntar para a Marlenilda, vizinha da Florinda.

Tanaka bateu palmas chamando por Marlenilda, mas, antes que pudesse atender, um de seus filhos, que tinha ouvido Penélope bater na casa vizinha, saiu na frente da mãe, anunciando:

— A Florinda morreu.

Diante da situação, a mãe repreendeu severamente o menino com forte tapa nas nádegas:

— Já para dentro, moleque! Se sair, lhe arrebento! Oi, seu Tanaka. O que vem fazer aqui a essa hora em dia de semana?

— Viemos procurar Florinda, mas a moça que está no barraco que ela morava informou que ela se mudou, é verdade?

— Sim, é verdade, seu Tanaka. O Rubão, marido dela, vendeu o barraco e disse que se mudaria para São Paulo.

Penélope saiu do carro antes que Tanaka pudesse continuar:

— Marlenilda, ouvi seu filho dizer que Florinda morreu. Por favor, diga a verdade sobre o que realmente aconteceu.

— Não sei de nada, dona Penélope.

— Escute, Marlenilda. Não queremos prejudicá-la, mas precisamos saber — insistiu Penélope. — O que aconteceu a Florinda? Onde estão os filhos dela?

Receosa, Marlenilda respondeu:

— Semana retrasada o Rubão disse que a internou porque teve uma hemorragia interna. Na outra semana voltou contando que tinha morrido por causa de uma infecção que tomou todo o corpo dela. Como o Rubão não tinha com quem deixar os filhos, pediu ajuda a uma irmã casada para tomar conta deles, vendeu o barraco e se mudou para São Paulo, onde foi morar com essa irmã.

— Pobre Florinda... — lamentou Penélope. — Mas me conte, Marlenilda, por que essa hemorragia interna?

— Não sei o que ela teve, dona Penélope. Ninguém sabe.

— Com licença, querida — pediu Tanaka. — Marlenilda, quando estivemos aqui fazendo doações de roupas, Florinda disse à minha esposa que havia uma mulher que estava grávida e queria dar o bebê porque não tinha condições de sustentá-lo. Surgiu um bebê numa sacola em nossa porta há quinze dias e estamos suspeitando de que seja dessa moça, porque a Penélope deu nosso endereço para Florinda. Se souber de algo a respeito, precisamos saber para regularizar a situação, para o bem da criança, pois não é seguro ficar com ela sem saber de onde surgiu.

— Sinto muito, senhor Tanaka. Não sei de nada.

— Marlenilda, por favor, não minta para nós... Se souber de alguma coisa, conte-nos porque senão a situação para nós poderá se complicar no futuro — interveio Penélope.

— Já disse que não sei de nada! Se vocês se meteram em encrenca, o problema é de vocês. Eu não tenho nada com isso — retrucou rispidamente Marlenilda, adentrando no barraco.

Penélope quis insistir, chamando Marlenilda, mas Tanaka a impediu:

— Deixe, querida, não adianta insistir. Não podemos obrigá-la a dizer o que sabe, pois pode ser perigoso para ela.

— De jeito nenhum, Tanaka! Precisamos saber, senão poderemos nos complicar e comprometer meu irmão...

— Entre no carro. Conversaremos no caminho de casa.

Penélope assentiu, contrariada.

No carro a esposa ponderou:

— Querido, eu tenho certeza de que Marlenilda sabia mais!

— Também tenho certeza, Penélope, mas o que queria que fizesse, se ela não quer falar? Sabe-se lá o quanto estaria se arriscando se contasse o que sabe.

— Deixaremos como está? Não seria melhor procurar um jeito de forçá-la a dizer o que sabe através de um delegado? Precisamos consultar novamente o advogado.

— Não. Em minha opinião, melhor deixar como está.

— Deixar como está e ter a surpresa de uma mulher aparecendo do nada, assim como surgiu Darinha, arrancando-a de nós depois de todos terem se afeiçoado a ela? Isto não seria justo!



— Já lhe ocorreu que pode ter sido a própria Florinda quem deixou Darinha em nossa porta? Olhe só: Marlenilda relatou que em duas semanas tudo isso aconteceu... Infecção por todo o corpo. Não terá sido uma infecção generalizada por parto feito em condições precárias?

Sem conter a estupefação, Penélope perdeu o fôlego e exclamou:

— Meu Deus! É mesmo! Ela havia me falado que a suposta mulher daria a criança, porque o marido era violento, e se mudaria... Supunha até o sexo da criança porque a barriga da grávida era embicada... E a cor de pele que achava ser branca porque conhecia o suposto casal que teria a criança. Mas não faz muito tempo que estivemos com ela e eu suspeitaria dessas coisas... Como passou despercebida, pois se nem com barriga grande ela estava?

— Querida, precisa eu lhe dizer que criaturas sofridas como Florinda são capazes de amarrar o ventre para esconder a gravidez quando se sentem ameaçadas?

— Minha nossa! Tanaka... Coitada da Florinda... Se for isso mesmo o que aconteceu...

— Como não temos condições de saber, melhor ficar em silêncio para não preocupar mais ninguém com hipóteses. Vamos fazer a nossa parte, dando andamento lícito para a adoção de Darinha, e ter fé de que tudo será encaminhado da melhor maneira, como Deus quiser. Você não acha?

— Honestamente, não sei o que achar, querido... Confesso que não sei o que fazer, mas você tem razão quando diz que não devemos preocupar mais ninguém com conjecturas, pois não sabemos ao certo de onde surgiu Darinha.

— Justamente nessas horas é que devemos colocar nas mãos de Deus. Como não sabemos nem temos como saber, envolver mais pessoas cutucando investigações seria o mesmo que procurar problemas. Se um dia a mãe biológica de Darinha se manifestar, então prove que é sua mãe e rezemos para que isto aconteça daqui a muito tempo para Darinha ter autonomia nas decisões a tomar.

— E se um dia não aparecer a mãe de Dara, e sim o pai, reivindicando direitos sobre a criança?

— Isso é improvável, considerando que terá de explicar por que se desfez de Darinha. Querida, você reparou que estamos apenas pensando no que seria prejudicial para nós?

— Ué?! E para quem mais seria prejudicial, senão para nós e para Darinha? Desde que adentrou em nossa casa, sentimos tanto amor por essa criatura que parece ter saído de dentro de mim...

— E se o que sentimos por Darinha fizer parte dos planos para nos provar o desprendimento?

— Ah! Querido! Só você mesmo para pensar nisso numa hora dessas... Estou pensando no agora.

— Tudo bem. Então que agora confiemos nos desígnios maiores, submetendo-nos ao decorrer dos acontecimentos.

Assim, o casal manteve sigilo das suspeitas que tinham sobre a origem de Dara, combinando entre si de nada comentarem, a menos que surgisse oportunidade necessária.

# 27

Três anos passam depressa.

A felicidade do casal Nando e Silas só não poderia ser maior porque, apesar de Dara imitar os primeiros passinhos de dança de um programa televisivo, Silas encerrava os seus passos nesta existência...

Acometido pelo vírus HIV, desencarnou em deplorável situação orgânica, deixando a tão amada filha sob os cuidados de Nando, que obtinha todo o apoio da família, exceto do pai, Felipe, que até então desconhecia a existência da criança.

Dóris conversava com Noeli:

— Mãe, estou desesperada... Não sei o que pensar nem o que fazer...

— Não adianta ficar assim, Dóris. Sabendo que Nando também é soropositivo, não devemos apavorá-lo com nosso medo, mais do que ele mesmo já está atemorizado. Temos que apoiá-lo.

— Mamãe, meu filho pode morrer de uma hora para outra... Morrerei com ele se isso acontecer.

— Dóris, este não é o momento para se comportar dessa maneira. Esqueceu-se de Penélope, Bruna, Simone, Darinha e Tanaka? E de mim, que estou passando da hora neste mundo, esqueceu também? Ou acha que só você sofre com a possibilidade de perder uma pessoa amada?

— Meu Deus! Por que temos de passar por isso? O que faremos com Darinha? Essa criatura merece sofrer duas perdas de seres amados logo no início da vida?

— Ouvi Celeste fazer a mesma pergunta diversas vezes quando Salete se foi... Apesar de amar tanto o Nando, hoje entendo que a única coisa a fazer é amá-lo mais do que nunca, tentando lhe proporcionar tanta paz e esperança quanto possível, pois ele é quem mais deve estar sofrendo.

---

Alguns meses depois, Nando estava com a saúde debilitada.

Certificando-se de que Felipe estava sozinho em casa, resolveu visitar o pai.

Ao atender a campainha, Felipe se deparou com Nando à sua porta.

Apesar de se impressionar com o aspecto físico do filho, perguntou rispidamente:

— O que faz aqui? Sua mãe não está.

— Não vim falar com mamãe, quero falar com o senhor.

Felipe lutou contra si mesmo. Não conseguia negar o filho, mas o orgulho ferido travou embate feroz nas entranhas do ser e não sabia que atitude tomar.

Expectantes instantes se fizeram até que Nando tomou a iniciativa para revelar:

— Vamos, pai, deixe-me entrar... Fique tranquilo, aids não se passa assim...

Tentando esconder o choque recebido pela informação, Felipe simulou atender de mal grado a solicitação, convidou Nando a entrar e declarou:

— Eu sei que não pega. É preciso contato muito íntimo com quem está infectado para pegar. A gente sabe quem tem maior propensão a pegar essa doença. Entre.

Nando olhou em volta, reparou com saudade os móveis que ainda permaneciam no mesmo lugar desde o dia que saiu de casa.

Ainda de pé observou:

— O senhor tirou da parede a minha foto com Penélope no parque quando crianças.

Desconcertado, tentando conter a emoção que sentia, Felipe perguntou ofensivo:

— O que veio fazer aqui, Nando?

— Vim visitar o senhor, porque não sei quanto tempo ainda terei de vida e queria lhe dizer que o amo muito, apesar de tudo.

Felipe pôde observar que Nando tentou conter a lágrima que lhe correu pelo rosto, mas respondeu com os braços cruzados, na defensiva, lutando contra os próprios sentimentos:

— Agora entendo por que Dóris não para mais em casa e anda com cara de enterro... Aqui eu quero que aja como homem! Não quero saber de choro. Essa sua doença não tem cura, como ouvi falar, ou há algum jeito para se safar dessa?

Sem perder a emotividade, Nando respondeu com firmeza:

— Não tem cura, papai. Sim, eu vou para o beleléu... E não estou aqui para agir como homem ou mulher... Estou como filho! Isto para o senhor não basta?



— Não, não basta porque não foi assim que o criei.

— Está bem, papai. Não discutirei com o senhor, vim aqui também por outro motivo... O senhor sabe que tenho uma filha adotiva?

— Como assim? Gays podem adotar crianças?

— Gays são gente também, papai. Amo tanto Dara quanto o senhor me amou um dia — respondeu Nando contrariado.

— O quê? E ainda é uma menina? Este mundo está perdido mesmo!... É menina mesmo, ou menino como você?

— Sim, papai, é uma menina. Ela tem pouco menos de três anos, mas vou direto ao assunto. Vim para lhe fazer um pedido.

— É? E que pedido veio fazer? — indagou Felipe com desconfiança.

— Vim pedir ao senhor que a respeite quando eu morrer... Ela nem sabe o que está acontecendo, está triste porque meu companheiro faleceu recentemente e não tem nada a ver com nossas intrigas. Por favor, papai, não a discrimine também.

Felipe não conseguiu responder devido ao choque da informação.

Nando se virou, abriu a porta e disse chorando antes de sair:

— Ainda bem que guardo a imagem do senhor me comprando sorvete no empório da dona Doca.

Felipe permaneceu ali mais de uma hora sentado, tentando interpretar o turbilhão de sentimentos que se misturavam na alma, até que Dóris chegou e ele foi logo anunciando:

— Seu filho esteve aqui.

— Meu Deus! E o que aconteceu? — perguntou assustada.

— Ele me contou que a bicha dele escafedeu-se, mas antes de morrer deu à luz uma menina que agora tem pouco menos de três anos. Pelo menos descobri que o seu filho não era o passivo dessa relação homossexual.



— Meu Deus! Como pode ser tão insensível, Felipe? Você maltratou o Nando?

— Fique tranquila... Não dei o tiro de misericórdia, pois não tive coragem.

Dóris, decepcionada, baixou a cabeça e, dirigindo-se para o quarto, asseverou a Felipe:

— Que sorte a sua não estar sofrendo por nosso filho como estou, amor... E peço a Deus que lhe perdoe...

Embora Felipe tenha recebido a afirmativa sem demonstrar emoção, experimentava amargo sofrimento, tentava se sustentar no orgulho, pensando consigo mesmo:

"Todo mundo sabe que aids é doença de gays, e eu é que tenho de ser perdoado?"

Simone dialogava com Tanaka:

— Papai, estou preocupada com Bruna. Ela se absorveu tanto com Dara, que não sai mais da casa do tio Nando.

— É natural, filha. Ela está pressentindo que seu tio está para desencarnar e resolveu tirar a atenção de Darinha para não sofrer com os acontecimentos, agarrando-se à pequena para não sofrer também.

— Não creio que seja só isso. Acho que a Dara tem alguma relação pretérita com Bruna e deve ser de muito afeto.

— Ou de desafeto — retrucou Tanaka. — De qualquer forma, você já tem conhecimento de que nenhum de nós está aqui por acaso. Não sabemos a relação pretérita de qualquer um entre nós, temos apenas a certeza de que assumimos compromissos uns com os outros. Reencontramo-nos com algum propósito e, mesmo que a relação seja de afeto no passado, juntamo-nos para resolver os desafetos. O fato de duas pessoas demonstrarem excessivo afeto também pode significar terem sido inimigas no passado, terem se arrependido e decidido se reencontrar com a finalidade de redenção.

— Antigamente eu pensava que inimigos numa encarnação dificilmente quisessem se reencontrar, mas hoje sei que o senhor está certo, o raciocínio é lógico... Eu e Bruna não nos toleramos, mas pode ser que tenhamos sido amigas pregressas unidas pelo amor, atropelando uma a outra nesta vida, por termos abraçado juntas as melhores possibilidades de entendimento junto aos demais.



— A partir desse raciocínio, entendemos a utilidade do esquecimento quando reencarnamos... Já pensou se Bruna e Darinha tivessem lembranças de intrigas no passado? Seriam elas tão agarradas uma à outra? E se você tivesse me matado? Como será que me comportaria diante de você?

— Ai, papai... Que comparação horrível! Não tem outro exemplo, não? E o que dizer do tio Nando com o vovô Felipe?...

— Você já pensou se o seu avô desencarna, recobra toda a memória dos compromissos assumidos anteriormente e observa que falhou na prova, que pode ser o exercício da aceitação das diferenças sexuais e do preconceito? Vou mais longe. E se o seu avô descobrisse, logo ao desencarnar, os papéis invertidos entre Nando e ele, sendo ele o filho homossexual e Nando seu pai heterossexual?

— É mesmo, papai... Que doloroso deve ser retornar ao plano espiritual e vislumbrar o que deixamos de cumprir, ainda mais quando sabemos que poderíamos ser mais felizes se não déssemos importância a determinados problemas que não merecem nossa atenção...

— De fato, deve ser muito doloroso mesmo — finalizou Tanaka.

---

A sós com Nando, Dóris o consolava ao reparar que estava cabisbaixo:

— Filho, por que procurou seu pai?

— O que ele comentou com a senhora?

— Ele me falou o que você revelou sobre Silas e Darinha.



— Mamãe, me abrace — Nando se agarrou a Dóris para chorar.

— Querido, não fique triste com seu pai. Ele é ignorante demais para compreender seus sentimentos...

— Papai me ama, mamãe! Eu sei disso... Só não dá o braço a torcer, aquele velho turrão...

— Também sei disso, mas fazer o quê? Azar o dele, quando se conscientizar do tempo que está perdendo, eu sei que vai se arrepender e sofrer, mas ele mesmo procurou.

— Eu sou uma anta mesmo. Achei que ele ficaria contente ao saber de Darinha. Em vez disso ficou buscando pretexto para fazer chacota...

— Pare de chorar, Nando... Estou me esforçando para não ficar com raiva do seu pai, mas está cada vez mais difícil aturá-lo.

— Mamãe, não quero que fique com raiva do papai. Preciso lhe pedir uma coisa...

— O quê, filho?

— Não deixe o papai desprezar a Darinha porque é minha filha.

— Não diga bobagem, Nando... Seu pai pode ser ignorante para algumas coisas, mas adora crianças, jamais desprezaria Darinha.

— Mamãe... Darinha não será uma criança para sempre...

— Fique tranquilo, meu filho. Seu pai não seria tolo a ponto de comprar briga com todos à sua volta. Ele se manifesta contrário a determinadas opiniões e não respeita algumas, mas no fundo é uma pessoa boa, caso contrário eu não teria me apaixonado por ele.

— Sinto saudade do tempo que via vocês agarrados um ao outro... Por que as coisas tinham que ficar assim, mamãe?

— Não sei, Nando... Não sei...

Notando Dóris divagar em pensamentos, Nando questionou:

— Mamãe, por que às vezes sinto que existem coisas que você oculta?

— Escondo por não querer fazer ninguém pensar o que penso...

— Não queira me matar de curiosidade e trate de explicar o que acabou de dizer.

— Sabe, filho... Sei que posso confiar em você e vou lhe confidenciar uma coisa que só sua avó, minha mãe, sabe.

— Vamos logo, mamãe. Adoro segredos.

— Antes de começar a namorar seu pai, tive uma relação amorosa com uma amiga.

— Mamãe! Não acredito! Por que nunca me contou? Adoraria saber disso antes.

— Ora, Nando... Há coisas que a gente não gosta de comentar.

— Papai nunca soube? Quem foi essa mulher? Conheci?

— Não. Acho que seu pai nunca soube porque nada falou a respeito. Você conheceu a mãe dela. Era a filha da dona Celeste.

— Mamãe... Está de brincadeira comigo!... A amiga da vovó Noeli, que adorava a Bruna? Mas, mãe, a filha da dona Celeste foi aquela que morreu brutalmente assassinada?

— Sim, a Salete, que foi jogada do viaduto.

— Conte-me direito essa história, mamãe. Você sabe por que ela foi assassinada?

— Sei. Salete tentou separar seu pai de mim...

Depois de ouvir a história, Nando, abismado, comentou:

— Que história maluca é essa, mamãe? E eu pensava que você fosse tão centrada, tão certinha...

— Ah, é? E agora que sabe sobre Salete, sou o quê? Desequilibrada e erradinha?

— Claro que não, mãe. Não foi isso que quis dizer, mas é que...

— Pensou que só você tinha se apaixonado por alguém do mesmo sexo, não é?



— Conte-me mais... Você realmente era apaixonada por essa Salete?

— Claro, Nando! Você acha que me relacionei com ela por quê? Só para passar o tempo?

— Puxa vida, mãe! Você deveria ter me contado isso antes, pois tenho tantas dúvidas que poderia compartilhar com a senhora...

— Que tipo de dúvidas, Nando?

— Por que nos apaixonamos por pessoas do mesmo sexo? Qual é a sua resposta para isso? Quero saber!

— Não sei se podemos ter a mesma resposta para isso. No meu caso era um amor puro... Não que da parte de Salete não fosse amor puro, mas acho que ela sentia mais atração sexual por mulheres, enquanto de minha parte estava relacionado mais a sentimentos do que a sexo. Com o tempo percebi que temos mais compromissos com o destino do que com as pessoas.

— Pare de me enrolar, dona Dóris! Não entendi essa parte. Por favor, explique.

— É que senti muito amor e paixão por Salete, mas tive mais certeza em estar com seu pai. Enfim, percebi que não importaria o sexo da pessoa com quem praticasse o amor, importava mais o futuro que esse amor exerceria em minha alma. Não amei seu pai porque era do sexo masculino, amei seu pai porque era a alma do Felipe, mas não amei menos Salete, apesar de saber que não era com Salete que deveria ficar.

— Nossa! Mamãe... Estou em êxtase! De onde você tirou uma lição tão maravilhosa e tão profunda?

— Da alma de uma mãe que ama seu filho, não importando seu sexo, porque é a alma do meu Nando... Está aí algo que a alma de seu pai não entende. A alma de Felipe ama Nando e Dóris, mas é orgulhoso demais para demonstrar... Eu é que peço agora: abrace-me, meu amor...

Abraçados, mãe e filho ficaram longos instantes sorrindo e contemplando um ao outro, trocando vibrações de amor. Ao final, Nando beijou a face de Dóris, que repetiu o mesmo gesto, acariciando o rosto do filho.

— Mamãe, estou pensando. Que barra deve ter sido para a vovó e o vovô... Mesmo a vovó, desprezando a Salete no início, teve a grandeza de amar tanto a mãe dela a ponto de conseguir seu perdão...

— Por isso sua avó aceitou sua homossexualidade, senão o que seria? Por essa razão também não consigo sentir raiva do seu pai, pois eu sei que a vida mostrará a ele a mesma lição que teve dona Noeli: a de ensinar a amar o próximo, independentemente de opção sexual, raça, estirpe...

— Que os anjos digam amém!

# 28

Por conta do seu delicado estado de saúde, Nando foi obrigado a se mudar para a casa de sua avó, Noeli, pois já não conseguia mais agir com independência, nem cuidar de Dara.

Apesar da instabilidade, alternando entre ficar acamado e deambular, conseguia manter-se à base de medicação administrada com rigor. Encontrava em Dara motivação de perseverar pela vida, dentro de suas possibilidades.

Com cinco anos e meio de idade, a pequena Dara era uma flor falante, desabrochando o sorriso infantil e exalando o perfume do amor no ambiente doméstico.

Na presença de Dóris e Bruna, a pequena descobria o mundo com curiosidade:

— Vovó, o que a Bruna é sua?

— Bruna é minha neta, assim como você e Simone.

— Eu sou irmã da Bruna e da Simone?

— Não, Darinha. Você é prima delas.

— Mas eu não quero ser prima delas. Se elas são irmãs, também quero ser irmã delas.

— Está bem, Dara, que seja. Então você é irmãzinha da Bruna e da Simone.

Dara retomou a atenção aos brinquedos, depois voltou a interrogar Dóris:

— Vovó, quem é seu papai? Onde ele está que nunca vi?

— O meu papai se chama Fernando e é o seu bisavô. Ele está com o Papai do Céu.

— Eu sou filha do papai Nando e do papai Silas, que está com o Papai do Céu... Quando o papai Silas e o bisavô Fernando vão voltar?

— O dia que o Papai do Céu liberar o papai Silas e o biso Fernando do lindo jardim que estão cultivando no céu.

— Vovó, o papai do meu papai Nando também está no céu? O que ele é meu?

Dóris e Bruna se entreolharam. Dóris encontrou outra evasiva para contornar a inocente curiosidade da neta:

— O papai do seu papai Nando é seu vovô Felipe. Ele não está no céu, está em outro lugar, mas está viajando.

— Quando ele volta?

— O dia que ele tiver terminado o trabalho que foi fazer muuuito longe.

— Quando será? Hoje ou amanhã?

— Dara, a bisa Noeli deve estar fazendo o bolo de cenoura coberto de chocolate de que você tanto gosta. Por que não vai até lá para ver se já terminou?

— Está? Mas vovó, eu falei para a bisa Noeli que queria ajudar a fazer o bolo... — Dara correu para Noeli na cozinha, para alívio de Dóris, que já não encontrava mais argumentos enquanto Bruna sorria da situação, ponderando:



— Quero ver as desculpas que a senhora arrumará quando Dara for mais velha e passar a entender as coisas... Meu Deus, como essa menina é esperta... O que dirá a ela? A verdade sobre vovô repudiar o tio Nando?

— Quando esse toco de gente tiver maior capacidade de compreensão, contaremos a verdade de forma figurada até que consiga absorver a realidade dos fatos...

— Vovó, mesmo o vovô sabendo da existência dela, ele nunca a questionou? Não teve curiosidade de conhecê-la?

— Não, querida. Sei que não é frieza, pois sabemos como ele gosta de crianças. Acho que tem medo de curvar-se.

Lamento seu avô ser assim, pois desde a visita de Nando em nossa casa, seu avô não foi mais o mesmo, parece infeliz, não tem ânimo para sair como antes, nem conversamos mais, enfim, largou-se. Nem a barba ele faz, está parecendo um Papai Noel náufrago.

— Por que vovô tem um coração tão duro, vovó?

— Ele não tem, Bruna... Basta ver o carinho que tem por você e Simone. Não lhe contei a cena de ciúme dele quando Simone foi à nossa casa para apresentar o namorado? Felipe é assim, esbraveja na hora, mas não é capaz de manifestar arrependimento por não conseguir aceitar em si as atitudes movidas pela paixão.

— É mesmo... Também lembro quando vovô a machucou sem querer naquela discussão com o tio Nando porque você se colocou à frente... Vovô ficou transtornado por ter lhe atingido acidentalmente, mas não deu o braço a torcer, continuou a falar pelos cotovelos. Você foi muito corajosa, vovó.

— Corajosa nada! Foi instinto maternal, pois sempre detestei brigas. Seu avô é muito delicado, educado e carinhoso, até que não se sinta moralmente atingido em seus brios.

— Não tenho medo do vovô... Eu acho que esse tipo de reação é apenas porque não consegue administrar os sentimentos. Se eu namorasse uma pessoa assim, teria problemas, porque não sei ficar quieta e sinto prazer nos enfrentamentos quando sei que estou certa.



Dóris sorriu e concluiu:

— Pois, então, Bruna, não pode criticar seu avô porque é igualzinha a ele... Pare e pense.

— É mesmo, vovó... Como a bisa Noeli diz: dois bicudos não se beijam...

Dóris ignorava que essa conversa faria Bruna tomar uma decisão temerária.

— Vovó, se mamãe chegar antes de mim, por favor, diga que fui à casa de minha amiga Norminha. Levarei Darinha comigo para passear na orla do Leblon, que ela adora.

— Tudo bem, Bruna, mas volte antes das seis horas — concordou Dóris conferindo que o relógio marcava treze horas em ponto.

Muito feliz, Dara tomou o ônibus com Bruna, que seguiu destino diferente do relatado à avó, aportando em poucos instantes na casa de Felipe.

Quando Felipe atendeu, estranhou a companhia daquela menininha, que foi entrando sem cerimônia com Bruna.

— Olá, querida. Aconteceu algo? Trouxe uma amiguinha com você. Quem é? — quis saber Felipe.

— Esta é Dara, minha irmãzinha, filha do tio Nando. Vim buscar uma coisa que a vovó está precisando, com licença.

Bruna simulou naturalidade. Seguiu até a cozinha para apanhar um utensílio, deixando Dara a sós com Felipe. Este, por sua vez, ficou desconcertado, observando a menininha percorrer o ambiente com os olhos a vislumbrar novidades, apossando-se do enfeite sobre a estante:

— Olhe só que corujinha linda! Dá ela para mim, tio?

— Pode pegar — respondeu prontamente Felipe, vendo a menina correr para a cozinha atrás de Bruna, que voltou acompanhada dela logo em seguida com uma pá de bolo.

— Pronto, vovô. Já peguei o que precisava. Vou logo entregar para a vovó.



Bruna beijou o avô para se despedir. Dara repetiu o gesto e disse:

— Tchau, tio, obrigada pelo presente.

— Ele não é seu tio, Dara. É seu avô, papai do seu papai Nando — corrigiu propositadamente Bruna, que tomou sua mão para sair rapidamente, tentando evitar a continuidade de observações da pequena.

Quando as meninas estavam à porta, Felipe não resistiu:

— Bruna querida, espere. Foi sua avó mesmo quem lhe mandou vir aqui só para pegar a pá de bolo? Esta é mesmo a filha do seu tio Nando?

Bruna iria responder, mas Dara se soltou dela e tomou à frente para afirmar orgulhosa:

— Sim, sou filha do papai Nando, do papai Silas, que está com Papai do Céu, junto ao vovô Fernando. Sou irmãzinha da Simone, desta aqui também, que é a Bruna, bisneta da bisavó Noeli, neta da vovó Dóris e neta do vovô que está viajando porque foi fazer um trabalho muuuito longe... Ué, Bruna, você falou que esse tio aí é meu avô?... Não pode ser! A vovó Dóris disse que o vovô está viajando e foi fazer um trabalho muuuito longe.

A impetuosidade de Bruna foi substituída pelo arrependimento de estar ali, tentando encontrar uma saída para contornar a situação em que se enredou.

Notando a insegurança de Bruna e dominado pelo encantamento e pela imponência pueril de Dara, Felipe dobrou-se. Sorriu espontaneamente e se manifestou:

— Que memória boa tem essa menina para expor quem são seus parentes e saber onde estão! E se eu lhe disser que seu vovô acabou de chegar da viagem porque terminou o trabalho que foi fazer muuuito longe? Você acreditaria?

Bruna suspirou aliviada com o sucesso de suas intenções ao observar a continuidade dos fatos, com Dara de braços cruzados a perguntar em tom de desafio inocente:



— Como o senhor pode saber que meu vovô voltou de viagem se a vovó Dóris não me contou?

— Ora, menina... Você não prestou atenção no que sua irmãzinha Bruna lhe respondeu?! Eu sou seu vovô e vou lhe provar que isso é verdade. Acompanhe-me para lhe mostrar uma coisa bem legal. Quanto a você, Bruna, espere aqui e não se mexa, porque eu e Dara lhe traremos uma surpresa.

Decorridos alguns minutos, Dara voltou aos pulos na direção de Bruna, empunhando uma foto de Penélope e Nando ainda crianças:

— Olhe, Bruna... Ele disse que é marido da vovó Dóris... É ele mesmo, é meu vovô que voltou da viagem porque terminou o trabalho que foi fazer muuuito longe e vai poder ficar com a gente para sempre... Ele falou!

— É sim, Darinha... É ele mesmo que voltou de viagem... — confirmou Bruna rindo emocionada e abraçando Felipe num gesto de agradecimento, copiado por Dara, que não se continha de felicidade.

Convidando Dara a retornar para casa, Bruna se despediu do avô novamente, mas desta vez ele discordou:

— Espere, Bruna, fique mais um pouco... Estou vendo que começarei a munir a casa de balas e doces novamente, como fiz com você e Simone, mas gostaria de levar vocês para tomar sorvete. Vocês topam?

Depois de atenderem contentes ao pedido de Felipe, ele as levou de volta para a casa de Noeli, mas ficou do lado de fora, esperou as meninas entrarem e partiu.

Dara correu à frente de Bruna exibindo a corujinha para Dóris, Noeli e Nando, que conversavam.

Reconhecendo o enfeite de sua estante, Dóris ficou paralisada. Fixou o olhar em Bruna, mas não deu tempo de questionar, pois Dara prestou imediato relatório:

— Vovó, vovó! Papai, fui à casa do vovô Felipe. Já terminou o trabalho que foi fazer muuuito longe... Ele me deu essa linda corujinha e levou a gente para tomar sorvete num lugar que se chama dona Doca, em Ipanema! Ah! O vovô me mostrou também uma foto do papai Nando com mamãe Penélope quando eram pequenos e estão abraçadinhos...



A atenção do trio se voltou para Bruna, esperando explicações, e a adolescente não se furtou:

— É isso mesmo, vovó. Resolvi acabar com essa lenga-lenga do vovô e apresentei a Darinha para ele. Pronto, é isso aí! E não adianta me dar bronca, pois o vovô ficou todo babão com a Dara.

Diante da expressão atônita do trio, que digeria a novidade, Dara se juntou a Bruna para relatar mais surpresas:

— O vovô tem uma barba igual à do Papai Noel e me falou que, quando chegar o Natal, vai me chamar para eu ver que ele é o Papai Noel... Papai, falta muito para o Natal?

— Não, querida... O Natal está logo aí. É daqui a cinco meses... — respondeu Nando, ainda abismado pela ousadia da sobrinha, propiciando a felicidade de todos.

Paulinho, que contemplava a cena de família junto de Celeste e Isabel, expressou com alegria:

— Em pensar que vi essa mesma menina Bruna segurar Dara no colo, e agora levar Dara para o avô... Emociona...

Celeste, que admirava Dara acariciando o rosto de Dóris, concordou:

— Sim... Quanta felicidade! Salete não precisou reencarnar filha de Dóris para ter a oportunidade de conviver com sua amada. Olhem quanto carinho...

Isabel aproveitou para refletir:

— Interessante como as coisas mudam. Lembro como eu e Eurípedes ficávamos contrariados vendo você, Celeste, abraçada à menina Salete... Estávamos cegos com a mágoa e o desejo de vingança, invejando contemplar a felicidade dos outros, ainda mais sabendo que não podiam nos ouvir... Ainda bem que você foi mais espiritualizada e orava bastante; caso contrário, Sandro, principalmente, teria alcançado o objetivo de atormentá-la, mais do que importunou algumas vezes...



Daquele dia em diante, Dara passou a dividir o carinho e a atenção entre a casa de Felipe e Dóris, a casa da família de Tanaka e da própria casa na convivência com Noeli e Nando.

Os frequentes encontros de Dara com Felipe o fizeram mudar, resgatando o ânimo de viver.

Admirada com a transformação do marido, que voltou a sorrir, Dóris incentivava as oportunidades que ele saía orgulhoso a apresentar a neta para os amigos na orla de Ipanema.

Felipe decidiu se cuidar mais, porém o excesso desagradou Dara:

— Olá, vovô... Mas, vovô... Cadê a sua barba?

— Tirei a barba para ficar mais bonito para você. O que achou?

— Não gostei, vovô! O senhor está horrível!

— Eu lhe falei que sua nova paixão não ia gostar... — observou Dóris sorrindo com a espontaneidade da pequena.

Sorrindo também, Felipe pediu explicações:

— Não entendi, minha linda... Não acha que a cara do vovô ficou mais limpa sem aquele monte de pelos pinicando seu rostinho cada vez que a beijo?

— Não! — respondeu Dara contrariada, agarrando-se chorosa ao urso de pelúcia. — Eu dizia para todo mundo que o senhor era meu Papai Noel... E agora, o que vou dizer?

— Puxa vida, meu anjo... Como poderia saber que não ia gostar?

— Devia ter me perguntado antes — retrucou veemente a pequena.

— Joguei a barba fora, o que quer que eu faça? Vou deixar crescer novamente, está bem?

Imperiosa, Dara apontou a rua, arrancando risos estridentes dos avós ao ordenar:

— Quero que o senhor vá buscar a barba onde jogou e coloque de volta na sua cara agora mesmo!

Esforçando-se para conter o riso, Felipe tentava encontrar saída diante da pequena furiosa e emburrada:

— Xi, filha... O lixeiro já levou... Antes que me mande ir buscar no lixão, deixarei a barba crescer novamente e a deixarei maior que a de antes, está bem? Você concorda?

— Vai crescer antes do Natal? Senão como vai entregar os presentes com a cara feia desse jeito?

— Ah... Vou dar um jeito, você vai ver. Eu sei como deixar a barba chegar até o umbigo no dia de Natal. Você nem vai acreditar no que verá.

Na véspera de Natal, Felipe aguardava ansioso pela neta, pois havia alugado o traje de Papai Noel para fazer surpresa. Montou verdadeiro teatro, combinou com Simone e Bruna, e ficou marcado para o horário do almoço.

Como já passava das quinze horas e ninguém aparecia, nem Dóris, que havia saído de manhã para buscar Dara, Felipe, desanimado, tirou a barba postiça e prostrou-se no sofá. Entretanto, logo teve de atender a campainha e se decepcionou ainda mais, pois era Tanaka, e estava só:

— Entre, Tanaka. O que houve? Onde estão as crianças?

O genro relatou cabisbaixo:

— Vim para lhe avisar que não dá para trazer Dara para almoçar em sua casa.

— Já sei... Nando ficou com ciúmes e não deixou Dara vir, não é?

— Não tire conclusões precipitadas, senhor Felipe. Pelo contrário, Nando insistiu que déssemos continuidade na surpresa para fazer a felicidade de Dara, porém ela não quis vir.

— Mas nós combinamos que eu estaria com a família na véspera e não me importaria de ficar o dia de Natal sozinho... Foi o que combinamos, não foi? Tanaka, conte esta história direito.



— Sim, senhor Felipe, foi esse o combinado, mas o clima na casa de dona Noeli está péssimo... O Nando teve uma grave crise respiratória e passa muito mal. Darinha está chorando muito ao ver o sofrimento dele e disse que ia pedir para o Papai Noel ir até lá dar de presente a cura do seu papai.

Felipe se deixou cair vencido no sofá:

— Puxa vida... Que droga! E por que então não o levaram para o hospital se está tão ruim?

— Insistimos muito para fazer isso, mas Nando não quer ir para o hospital.

— Ora essa, Tanaka! Quer dizer que, se eu estiver babando e morrendo na sua frente, terei direito de escolha?

— Desculpe, senhor Felipe. Talvez não esteja atinando para o fato de que Nando é um paciente terminal... Eu sei que sua esposa não lhe contou pelo trato que fez com ela em nada comentar a respeito de Nando, mas a realidade é que Nando disse que prefere morrer em casa, e os médicos condescenderam por enquanto.

— Como assim? Por enquanto?

— É que, se ele começar a eliminar secreções, daí não haverá outro jeito, teremos de interná-lo para não colocar a família em risco de contaminação.

— Meu Deus do céu... Nando chegou a esse ponto?

— Vim aqui só para avisar e lhe dar a oportunidade de ver seu filho, pois, se pretende fazê-lo ainda em vida, terá de ser logo...

Felipe fechou o semblante e relatou cabisbaixo:

— Desde que Nando e Penélope eram crianças, eu me vestia de Papai Noel para eles nas festas de Natal... Depois eles cresceram e quantas vezes fizemos isso... eu e você, para Simone e Bruna. Está lembrado, Tanaka?

— Lembro sim, senhor Felipe...

— Agora que tem essa menininha, acontece isso... Coitadinha...

— Pois é, senhor Felipe, não me leve a mal. Eu tenho que ir, pois podem precisar de mim. Preferi vir para não lhe dar uma notícia dessas por telefone.

— Eu sei... Até iria telefonar para saber o motivo do atraso, mas fiquei receoso de o Nando atender...

— Desculpe dizer, senhor Felipe, mas a hora não é para o orgulho. Até logo.

— Tudo bem, Tanaka, vá. Vá depressa...

Felipe permaneceu onde estava, recordando os tempos em que as preocupações se restringiam apenas à superação de dificuldades financeiras, esforçando-se para presentear os filhos no Natal e nas festas comemorativas.

Passou a lamentar consigo mesmo em voz alta:

— É, Nando, meu filho... Que pena não podermos curtir juntos como fazíamos antes... Que pena tudo ter que acabar assim... Morrer... Eu nunca acreditei que esse moleque fosse morrer antes de mim... Meu Deus! O que é que eu faço?

# 29

Felipe decidiu que não era o momento para contabilizar querelas diante do estado crítico em que o filho se encontrava.

Para ele custava mais aceitar a perda do filho do que acreditar que isso pudesse acontecer.

Não se permitiu a questionamentos íntimos, pois Tanaka foi incisivo e não teria motivos para exagerar sobre uma coisa tão séria.

Vencendo as fronteiras do orgulho, trocou de roupa e seguiu para a casa de Noeli, ao encontro de Nando.

Chegando lá, foi atendido por Simone, que estava com os olhos vermelhos, denunciando que as coisas não iam bem. Surpreendida com a visita do avô, convidou-o a entrar.

Quando Dara avistou o avô, pulou em seus braços:

— Vovô, precisamos encontrar o Papai Noel bem depressa, pois eles levaram o meu papai...

O pesar dominava a atmosfera do ambiente onde estavam Simone, Bruna e Noeli, contendo o pranto para preservar Dara.

Felipe respondeu à pequena:

— Espere um pouco, minha querida, deixe-me conversar com a bisa Noeli primeiro. Onde está Nando?

Noeli deu a resposta fazendo sinal para as netas distraírem Dara:

— Alguns homens num carro de sirene levaram Nando para tomar uma injeção... Precisamos fazer algo para chamar o Papai Noel, mas precisamos planejar secretamente... Dara, fique aqui com suas irmãs que discutirei com seu avô a melhor forma de chamar o Papai Noel para buscar seu pai.

Dara permaneceu ali protestando, junto de Simone e Bruna, enquanto Noeli se abraçou a Felipe logo que entrou no quarto, liberando o pranto represado:

— Felipe, nosso Nando partirá... Estou pressentindo que desta vez ele não volta para casa...

— Calma... Não fique desse jeito, senão poderá se prejudicar.

— Estou me sentindo destruída... Nem sei como consigo conter o desespero diante de Dara... Deixe-me chorar...

— Está bem, chore...

Passados alguns minutos, Noeli soltou Felipe, esforçando-se para se recompor e relatar:

— Nando está internado. Tanaka, Dóris e Penélope estão no hospital com ele. Se pretende se reconciliar com seu filho, vá depressa, Felipe. Ele não resistirá muito tempo.

— Vou, mas antes preciso fazer uma coisa. Por favor, anote o endereço do hospital enquanto distraio Darinha.



Felipe saiu rapidamente, buscou no carro uma maleta que continha os trajes de Papai Noel, entrou no banheiro e logo saiu vestido, para o delírio de Dara e emoção do trio de mulheres, que ficaram observando a pequena se agarrar confortada ao objeto de desejo: o Papai Noel.

Felipe continuou mudando a voz:

— Hou, hou, hou... Seu avô saiu correndo para me dizer que havia aqui uma linda menina chamada Dara, que está me procurando.

— Estou, sim, Papai Noel. Eu quero que traga de presente o meu papai de volta. Ele foi tomar uma injeção no hospital... Está doente.

Felipe abraçou Dara para esconder as lágrimas e dominou a emoção para responder:

— Vou agora mesmo ver o que posso fazer. Fique aqui esperando eu voltar para lhe contar sobre a conversa que terei com o Papai do Céu.

— Vá, Papai Noel, corra e diga para o Papai do Céu que não pode querer ficar com todo mundo porque isso é muito feio. Você sabia que o Papai do Céu já está com o meu papai Silas?

Felipe se retirou e Bruna cochichou chorando para ele no portão:

— O senhor vai vestido desse jeito para o hospital, vovô?

— Sim, querida, vou. Seu tio me reconhecerá dessa forma, pois é a forma que ele mais gostava de me ver.

Chegando ao hospital, o segurança o impediu de entrar, mas Tanaka, que estava aguardando na recepção, veio ao seu encontro prestando esclarecimento à portaria e logo em seguida a Felipe:

— O estado de Nando é grave. Dóris e Penélope estão com ele porque só permitem dois acompanhantes. Diante da gravidade da situação, exporei os fatos ao médico responsável para saber se admitirá sua entrada também, ou se Penélope descerá para o senhor ficar junto de seu filho e sua esposa.



Em breves instantes, Felipe obteve autorização para seguir até o andar onde Nando estava. Adentrando ao quarto, avistou o leito onde Nando estava, com Penélope e Dóris a chorarem abraçadas. Felipe estacou na entrada.

Nando se esforçou para reconhecer o pai vestindo trajes de Papai Noel e esboçou um sorriso, dizendo com dificuldade:

— Ainda bem que o Papai Noel resolveu me visitar...

Compreendendo a necessidade de deixarem pai e filho mais próximos naqueles que poderiam ser os últimos momentos, Penélope e Dóris se afastaram do leito em silêncio, permanecendo abraçadas, e Felipe se aproximou lentamente:

— É que uma menina pediu para o Papai Noel levar o pai dela de volta.

— Oh, papai... Chegue mais perto...

Felipe atendeu e segurou a mão gélida do filho. Não resistiu mais e prorrompeu em pranto, que o impedia de falar.

Nando tentou consolá-lo:

— Não chore, papai... Estou feliz por ter vindo. Além disso, a Darinha terá o Papai Noel com ela durante muito tempo ainda...

Dominado pelo impulso da emoção, Felipe tentou abraçar Nando, mas foi impedido por ele:

— Não, papai, não chegue muito perto senão pode se contaminar.

Felipe não teve outra forma de externar, a não ser dizer, soluçando, aos gritos, para vencer o pranto:

— Tive muito tempo para abraçá-lo e não fiz quando pude... Meu filho, desculpe... Eu não consegui aceitar suas opções... Cobrei tanto de você ser homem, mas não consegui ser homem para admitir o quanto o amo... Cada palavra maldita que saiu da minha boca machucou a mim mesmo pela saudade de abraçá-lo como quando era menino... Se você não tivesse chegado a este ponto em que está, eu jamais teria coragem para superar meus preconceitos... Eu nunca consegui admitir que você pudesse me deixar e não imaginava que pudesse partir antes de mim... Eu sei que sou um fraco, um covarde, por ter renegado você... Mas não consigo aceitar...

Penélope e Dóris abraçaram Felipe impetuosamente, solidarizando-se no pranto.

Embora as lágrimas corressem copiosamente na face de Nando também, ele encontrou forças para falar, mesmo combalido:

— Fique tranquilo, meu velho... Eu sei do seu amor e sou capaz de compreender porque também o amo muito.

Não estou mais magoado com você, pelo contrário, eu senti seu amor por intermédio de Darinha... Era como se, cada vez que ela estivesse com você, eu pudesse sentir o seu carinho, o seu abraço, o seu cheiro... Igual a quando eu era menino...

— No dia em que a Bruna me apresentou Dara, sabe aonde fui com elas, Nando? — perguntou Felipe.

— Sei, papai... Foi tomar sorvete no empório da dona Doca, que se foi há muito tempo, mas ficou na nossa lembrança, não é, papai? Papai, eu sei que não preciso pedir, mas cuide de Darinha para mim, pois sei que, em cada abraço que der na minha linda criança, estarei sentindo...

Nando começou a convulsionar, obrigando os presentes a recorrerem à enfermeira, que recomendou que saíssem para administrar os cuidados necessários.

O trio se encontrou com Tanaka na recepção. Penélope lhe transmitiu a última informação sobre o estado de Nando e deplorou:

— Lamento tanto Nando ficar neste estado justo na véspera de Natal... Estou mais preocupada por causa de Dara. O que faremos agora?

— Pelas previsões do médico, não poderemos mais ver o Nando hoje — respondeu Tanaka. — Ficar aqui de nada adiantará. Voltemos para casa e aguardemos o decorrer dos fatos. Nando quer que fiquemos com Dara... Melhor atender.



Felipe sugeriu:

— É isso mesmo. Vocês fariam a ceia na casa de Nando. Pois então, façam.

— Ora, papai... Não teremos clima para ceia de Natal numa hora dessas... Quem conseguiria sentir alegria nestas condições? Eu mesma penso que jamais superarei o que vi meu irmão passar.

— Dara — respondeu prontamente Felipe.

Tanaka complementou:

— Seu pai tem razão, Penélope. Melhor contribuirmos para firmar uma lembrança positiva do Natal, pois o ambiente de tristeza numa data de tamanha importância poderá repercutir negativamente para a vida toda. Concorda, senhora Dóris?

— Terei que fazer das tripas coração, mas é verdade... — assentiu Dóris. — O Nando diversas vezes pediu para não contagiar Dara com nossa tristeza... Façamos então a ceia.

Assim, a ceia de Natal foi feita mesmo no momento de angustiosa expectativa.

---

Era a primeira vez desde que Dara nasceu que Felipe participava de tal evento. Para a alegria da menina, imaginou ter a presença do Papai Noel, pois Felipe permaneceu com o traje o tempo todo, inclusive com a barba postiça, que o incomodava bastante devido ao calor que fazia.

Em estado de desdobramento do sono físico, Nando foi trazido por seu mentor Albano para observar a movimentação:

— Olhe só para o papai... Ele é o que mais se desdobra para persuadir Darinha junto ao Tanaka e à Bruna... Por que minha visão parece sumir e distorce tanto?

— Você ainda está ligado à matéria, Nando... Seu corpo físico está debilitado e isto reflete nos efeitos que contempla. Logo se desligará e sua visão se ampliará.



— Desculpe usar essa expressão, mas você fala com uma facilidade, como se morrer fosse mais simples que desligar uma tomada. Não queria morrer agora, não queria deixar Dara tão novinha desse jeito...

— Por enquanto você ainda consegue se apoiar nos eflúvios que sua mãe e sua irmã despendem sem saber, propiciando-lhe vitalidade, mas logo não haverá condições de se manter por mais tempo na Terra, daí poderá criar a ilusão de estar supostamente vivo no corpo, pois você é que comanda seu pensamento. Viver assim é o que basta para você?

— É... Você tem razão... Eu sinto mesmo que minha hora está chegando... Posso lhe pedir uma coisa?

— Sim, pode, mas lembre-se de que, ao despertar no leito, não se recordará do que pediu.

— Quero lhe pedir apenas para não morrer no dia de Natal, pois não queria que Dara se lembrasse dessa data com tristeza.

— Não somos nós que determinamos datas como se fosse compromisso agendado, querido Nando...

— Bem, se eu estou me mantendo vivo à custa dos fluidos que mamãe está emitindo, acho que consigo ao menos passar do dia de Natal, não é?

Nando não conseguiu ultrapassar o dia vinte e cinco de dezembro como pretendia. O óbito foi anunciado às dezesseis horas, mobilizando a família.

Por decisão unânime da família, Dara não participou do velório, nem do sepultamento. Passou a viver na casa de Tanaka e Penélope, mantendo a chama da alegria, apesar de Penélope se colocar nas trevas de uma depressão que durou meses.

Por conta dos cuidados de que Penélope necessitou Dara passou a conviver mais na casa dos avós que na casa em que morava.

Noeli, que havia sido o suporte da família na doença de Nando, agora direcionava sua atenção para Penélope.

Pela idade avançada, Noeli somava algumas limitações, sendo um motivo adicional para acréscimo de atenção e carinho, dispensados a ela pela caçula da família.

Noeli conversava com Bruna:

— Darinha está muito quietinha... Quanto quer apostar que está novamente a bisbilhotar meu baú?

Indo para seu quarto, seguida de Bruna, a bisavó surpreendeu a menina fazendo a arte que supôs:

— Ah, menininha!... Quantas vezes preciso dizer que é feio xeretar nas coisas dos outros? Da próxima vez contarei para Penélope lhe pôr de castigo. Agora feche esse baú e vá brincar com seus brinquedos.

Sorrateiramente, Dara saiu após fechar a grande caixa, mas Noeli percebeu que a pequena escondia grande volume sob a camiseta:

— Darinha... Devolva-me isso já!

Contrariada, Dara devolveu um livro que Noeli folheou saudosa, dizendo à Bruna, que sorria com a atitude da irmã:

— O diário de Salete... Ela foi uma amiga de sua avó quando jovem. Você a conhece de ouvir falar, era a filha de Celeste. Quando Celeste morreu, fiquei com este diário... Você lembra como Celeste adorava você, Bruna?

— Claro que lembro, vovó, pois eu também a amava muito... E conheço bem a história de Salete, vovó.

— Como assim, Bruna? Celeste lhe contou algo do que se passou? — inquiriu Noeli preocupada.

— Relaxe, bisa. A mesma curiosidade que Dara tem eu já tive, com a diferença de que eu já sabia ler. Eu sei a história de vovó com ela, sei do aborto que a vovó fez, eu li tudo umas três vezes.

— Minha Nossa! Por que nunca falou nada?

— Para que falaria, bisa? Achei interessante quando Salete escreveu sobre a tristeza e a raiva que sentiu da senhora quando a expulsou de casa ao flagrá-la forçando a vovó a fazer sexo com ela.



— Meu Deus... Eu deveria ter dado fim neste livro há mais tempo... Bruna, jamais conte estas coisas a ninguém, você entendeu?

— Eu sei, bisa. Fique tranquila. Nunca comentei que sabia essas coisas, nem com mamãe, mas que essa Salete era arteira, isso era... Achei bárbara a trama que ela armou para separar a vovó Dóris e o vovô Felipe. O que mais me impressionou foi a forma como a dona Celeste me falou que ela morreu, tão nova...

— Nossa, Bruninha, foi uma tragédia. Inclusive para Patrícia, a moça que delatou o assassino de Salete e acabou morta por ele também. A pobre Patrícia ficou entre nós somente durante dois meses e alguns dias...

— Realmente, vovó... Ao mesmo tempo que Salete era romântica, era também tinhosa, apaixonada pela vovó... Salete tentou tirar vovó Dóris da cabeça namorando essa moça, a Patrícia, mas de nada adiantou.

— Está bem, Bruninha... Eu confesso que logo que este diário chegou às minhas mãos, após o falecimento de Celeste, não resisti e li. Confesso também que isso me foi útil demais para compreender as opções de seu tio Nando, pois não imaginava que o homossexualismo pudesse acontecer com pessoas normais. Eu era como seu avô Felipe, pensava que era uma doença.

— Eu entendo, bisa... É que as pessoas da geração antiga, ou nem tão antiga assim, encaram a homossexualidade não só como doença, mas como doença contagiosa, ainda por cima. Este foi o seu caso com Salete e o caso do vovô Felipe com tio Nando.

— Como nem todo mundo pode encarar com essa sua naturalidade, vou me desfazer desse diário. Afinal, a dona dele já se foi há muito tempo.

— Bisa, onde estarão a dona Celeste, as assassinadas Salete e Patrícia?... Será que elas estão bem?



— Por onde andam, não sei, mas também tenho curiosidade de saber. Já pedi para o Tanaka colocar o nome delas nas orações que fazem no centro espírita, e eu já coloquei na igreja. Sempre rezo para que, principalmente Salete e Patrícia, estejam bem e tenham sido socorridas pelos santos anjos do Senhor.

— Do jeito que a Simone fala, é capaz de terem até reencarnado, não é, bisa?

— Sei lá, talvez... Tenho medo de pensar que podemos estar um dia falando com quem possa ter reencarnado, se esse negócio de reencarnação for verdade mesmo.

Naquele instante, Dara entrou de mansinho e pediu carinhosamente a Noeli:

— Bisa, dá esse cadernão para mim... Ele é meu... Dá, vai...

— Claro que não, menina! Isso não é brinquedo! E pare de mexer nas minhas coisas!

Bruna ficou pensativa...

— O que está pensando, filha?

— Bisa, depois que comecei a estudar o Espiritismo, fico pensando se a falecida Salete gostaria que ficássemos lendo as coisas que ela viveu...

— Cruz-credo! Olhe, até me arrepiei, olhe — Noeli mostrou o braço. — Hoje mesmo descartarei este livro, pois é bem capaz de a morta ficar rodeando esta casa.

Dara ouvia a conversa e objetou:

— Bisa, eu quero este cadernão para mim. Ele é meu!

— Que nada, menina! Olhe, prometo que comprarei um caderninho bem bonito e novo em folha para você, está bem?

— Eu não quero! Quero esse aí que tem a capa dura dessa cor.



— Já disse que não e deixe de ser teimosa. Vou arrumar um com a mesma capa dura para você, está bem?

— Tem que ser dessa cor, está bem, bisa?

— Está bem, Dara, está bem...

Depois que Dara se distraiu, Bruna pediu:

— Bisa, eu sei que está com medo de se desfazer desse diário. Deixe que eu faça isso para a senhora. Dê para mim.

— Tome — Noeli passou depressa o diário às mãos da bisneta. — Prometa-me que não dirá nada sobre ele a ninguém. Não quero carregar para o túmulo a raiva do espírito da Salete.

— Fique tranquila, bisa. Tomarei cuidado. Com muito respeito, eu o jogarei nas águas da praia do Arpoador, onde ela narrou tantas vezes o amor da brisa morna tocando o rosto dela enquanto contemplava o rosto da vovó Dóris e...

Sem que as duas percebessem, Dara passou correndo, arrancou o diário das mãos de Bruna e se fechou no banheiro. Bruna foi atrás e bateu à porta:

— Darinha, abra a porta.

— Não. O cadernão é meu.

— Querida... Se você me devolver esse cadernão, eu prometo que a levo hoje mesmo para caminhar na orla do Arpoador.

— Eu quero passear no Arpoador, mas quero o cadernão também. Por que bisa Noeli deu para você e não para mim?

Bruna pensou e encontrou uma saída:

— Bisa Noeli deu a mim para levá-lo a uma igreja porque nesse cadernão mora um fantasma.

Dara saiu depressa com o diário e passou-o para as mãos de Bruna.

# 30

Dara, dezenove anos, e Bruna, agora com trinta e três, estavam de braços dados diante do jazigo da família, enquanto Tanaka acertava detalhes junto à administração do cemitério.

— É mesmo necessário fazer exumação de cadáver? — perguntou Dara para Bruna.

— Sim, querida. Como faz tempo que enterramos bisa Noeli, a administração do cemitério recomenda fazer a exumação para abrir espaço, caso tenhamos mais algum parente para ocupar o jazigo. Eles tiram os restos mortais e colocam numa caixinha que fica em uma das gavetas, mas, quando encher todas as gavetas, as caixinhas com os restos mortais ficarão num ossário, quando o jazigo estiver lotado.

— Ai que saudade da bisa... Você e Simone levaram grande vantagem, curtiram mais a bisa. Nunca me esqueço, mesmo tão pequena, fui perdendo todos que amava...

— Vou lhe contar um segredo, Dara. Eu sofri mais por você do que por mim quando o Silas e o tio Nando se foram. Difícil esquecer que fazíamos de tudo para lhe distrair, daí quando estava longe de você, eu, Simone, mamãe, vovó Dóris e bisa Noeli chorávamos como loucas.

— Pensa você que mesmo sendo criança não percebia? Mas vocês vinham sempre com a velha desculpa do cisco no olho e Papai do Céu. Com o Silas, não me lembro de muita coisa porque era muito pequena, mas, com Nando, cometeram um erro não me deixando participar do enterro dele.

— Dara, você sempre repete isso, mas a intenção foi boa, não queríamos que sofresse. Hoje entendemos que é preciso deixar uma criança participar e vivenciar o luto, porém na época não tínhamos essa informação.

— Eu sei... Não fiquei magoada por isso. É que por muito tempo não aceitei que o Nando havia partido porque não vi o corpo e não participei do velório. Isso ficou muito tempo vagando na minha cabeça porque não participei do evento com vocês. Entendeu?

— Fico imaginando como seria se tivesse participado, pois já não tínhamos mais desculpas e estávamos com um caminhão de areia nos olhos. Hoje a gente ri da situação, mas na época queria ter sua idade para ser consolada. Imagine, se você fez aquele escândalo no enterro da bisa quando tinha onze anos, o que faria no do tio Nando quando tinha quase sete? Quando perdemos entes queridos, a pouca idade tem suas vantagens.

— Quase fiquei com raiva do Papai do Céu, pois no meu entendimento estava mais parecendo um ceifador de pessoas queridas. Era uma atrás da outra, mas a dor maior foi, sem dúvida, com a morte da bisa Noeli, porque convivi mais com ela, e mamãe ficou naquela depressão durante anos por causa da morte do Nando.



— Que coisa... Tudo que ia fazer era bisa Noeli no pensamento, mas a melhor de todas foi naquela vez que você chegou para mim esquecendo que ela tinha morrido havia dois dias, pedindo para chamar a bisa Noeli para fazer rabanadas. Você atinou para a mancada, Simone olhou para mim, eu para você, e todas nós nos abraçamos, debulhando-nos em lágrimas. Lembra?

— Impossível esquecer! Estava tão acostumada com ela e esqueci o pequeno detalhe de que tinha morrido havia dois dias. Olhe só para você, Bruna. Está com cisco no olho só de lembrar.

— E você, pentelha? Está com um caminhão de areia nos olhos?

As irmãs se abraçaram solidarizando a saudade, quando Dara observou com mais atenção uma das fotos da sepultura:

— Parece uma coisa incrível. Das poucas vezes que viemos aqui, a que mais me chama atenção é essa dona Celeste, mesmo não sendo de nossa família... Ela tem um olhar tão meigo. Olho para ela e sinto tanto carinho, mesmo não tendo conhecido.

— Para mim era a vovó Celeste, mais que da família, Darinha. Quando ela se foi, eu era meninota, como você quando perdeu o tio Nando. Devido às desgraças que aconteceram com ela quando a filha Salete foi assassinada e depois a tal Patrícia que foi morar com ela, eu vivia mais na casa dela do que na nossa. Nossos pais e bisa Noeli até gostavam que eu ficasse com vovó Celeste que, por causa das perdas, era mais agarrada a mim do que você à bisa Noeli. Deve imaginar como sofri, pois ela não sabia o que fazer para mim e não havia história de Papai do Céu que me consolasse... Bisa Noeli e mamãe cortaram um doze comigo.



— Estranho como, olhando para o rostinho dela, sinto vontade de acariciar, beijar... Ela devia ser mesmo um doce de pessoa.

— Era um pote de mel. Mas falando assim está me deixando com vontade de chorar novamente.

— Bruna, por que a filha assassinada não foi colocada aqui neste jazigo?

— Tanto Salete quanto Patrícia estão em outro cemitério porque, na época que foram assassinadas, a vovó Celeste ainda tinha assistência da família, mas depois se ausentaram. Lembro que bisa Noeli ficou indignada, por isso prestou todo o apoio até na hora da morte e cedeu lugar para o corpo dela nesta campa. Darinha, vamos parar de falar nessas coisas porque estou com vontade de chorar novamente.

— Vamos mesmo. Olhe o papai vindo com os coveiros.

Tanaka se aproximou enquanto os trabalhadores iniciaram o trabalho de abertura do mortuário:

— Darinha, tem certeza de que quer ver a exumação? Se mudar de ideia, é só falar. Não quero que fique impressionada para depois não conseguir dormir.

— Não arredarei o pé daqui, papai. Como falei para o senhor, porque vocês não me deixaram vir no enterro dos meus pais Silas e Nando, até hoje tenho a impressão de nunca terem partido. De bisa Noeli, quero participar de tudo, até da exumação.

— Então é melhor mesmo tirar essa impressão, só espero que não fique mais impressionada.

— Papai está preocupado porque Simone teve um piripaque quando veio ver a exumação do vovô Fernando. Ela é como papai, que vê espíritos. A mamãe não vê, mas morre de medo de vir ao cemitério — revelou Bruna a Dara, reservadamente.

— Nossa! Que medo! Ainda bem que falou, assim, se vir algum fantasma, ficarei agarrada a você.

— Agarre-se ao papai, tonta! Se fizer escândalo, sairei correndo três dias sem olhar para trás.



Quando um dos funcionários do cemitério abriu o esquife onde estava o corpo de Noeli para retirar os restos mortais, Dara se apartou de Bruna e pediu:

— Moço, por favor, espere um pouco.

Observando Bruna se agachar na cabeceira do caixão aberto, Tanaka ficou preocupado:

— O que foi, Dara? Sente-se bem?

— Tudo bem, papai... Deixe-me contemplar um pouco a bisa.

Os funcionários olharam para Tanaka, que retirou do bolso uma nota em espécie e entregou para um deles:

— Estou adiantando um cafezinho para darem um tempinho para minha filha olhar os restos mortais da bisavó.

— Obrigado — agradeceu o funcionário que pegou o dinheiro. — Vamos ali em cima olhar aquele túmulo e voltaremos daqui a pouco.

Bruna tremia de medo agarrada a Tanaka. Ele a tranquilizou:

— Tudo bem, filha. Espere um pouco. Darinha está só filosofando.

Ajoelhada diante dos restos de Noeli, Dara passou a mão sobre a cabeleira que envolvia o crânio da bisavó:

— Oh! Bisa... Como gostava de acariciar esses cabelos, quando você penteava os meus...

As lágrimas brotaram fáceis da face de Dara.

Contagiado pela emoção ao observar a presença dos espíritos Noeli e Celeste, apoiando-se uma na outra e comungando o pranto de saudade, Tanaka se conteve, mas Bruna em prantos se juntou a Dara de joelhos emendando:

— Olhe, Darinha. Lembra-se desse lencinho que está todo esgarçado? A bisa adorava usar no pescoço e você queria igual.



— Claro que lembro... Queríamos tudo o que era da bisa, e a coitada da Simone sempre tinha de ceder porque era a mais velha de nós, mas eu sempre vencia vocês duas porque a bisa sempre fazia tudo o que eu queria.

Tanaka se aproximou para compartilhar da celebração de carinho:

— Apenas para lembrar vocês, aí está o que restou do corpo físico da querida bisavó Noeli, pois com certeza ela está em pensamento conosco, rindo e chorando como vocês.

— Papai, é possível bisa Noeli estar aqui conosco, observando nós duas babando no que restou dela? — perguntou Dara.

— Sim, e com certeza está! A Bruna sabe disso, não é, filha? Ainda mais com tantas vibrações de afeto e ternura que estão emitindo...

— O senhor está vendo ela, papai? — inquiriu Bruna.

Tanaka desconversou:

— Não da maneira como imaginam. Está em pensamento... Quando estamos em dimensão que não é a material, os pensamentos determinam formas, sentimentos, desejos. Entendem?

— Papai, a Bruna perguntou se a bisa está aqui. Está?

— Está.

— Onde, mostre onde está porque quero abraçá-la! — disse Dara.

— Você é terrível mesmo, não é, Dara? Não entendeu o que expliquei?

— Então diga o que fazer para ver e abraçá-la. Por favor, diga, papai. Faço qualquer coisa. Fique tranquilo, não terei medo.

— Venham aqui perto de mim vocês duas e fiquem ao meu lado.

As irmãs prontamente se postaram ladeadas a Tanaka e Bruna perguntou:

— Pronto, papai. Podemos ver vovó agora? Onde ela está?

— Fechem os olhos e concentrem-se. Não tenham medo. Pensem em sua bisavó Noeli acompanhada de uma amiga espiritual... Não abram os olhos, permaneçam concentradas. Agora, pensem nas duas chegando perto de vocês, abraçando-as.

Ambas caíram em convulsivo pranto, quando foram realmente abraçadas. Dara expôs o que sentia:

— Que gostoso! Dona Celeste! Eu não a conheci, mas sinto um...

Dara titubeou, demandando esforço de Tanaka para segurar:

— O que foi, menina? Vamos, abra os olhos!

Retornando do transe, Dara respondeu:

— Nossa, papai! Não sei o que me deu... Uma vertigem esquisita... Parece que pude sentir o abraço dessa amiga espiritual que o senhor anunciou. Era dona Celeste. Pude ver seu rosto colado ao meu. Vieram cenas estranhas à minha cabeça, como se pudesse ver o que ela pensava... Ela comigo pequena, eu tinha uma aparência diferente. Logo em seguida vi a bisa Noeli consolando-a no leito de morte, eu chorando ao lado dela... O que foi isso?

— Pode ter acontecido uma sobreposição mental. O espírito que esteve com você sentiu o carinho despendido e lhe transmitiu informações de quando esteve em vida. E você, Bruna, sentiu alguma coisa?

— Senti bisa Noeli me abraçando carinhosamente, mas olhava para você, papai, com um sentimento esquisito, não sei explicar... Parecia triste e pude sentir que era por alguma coisa que você teria feito para mamãe... Não entendi.

— A mesma coisa que ocorreu com Dara — respondeu Tanaka. — Uma sobreposição mental. Pode ter recebido informações até de encarnações passadas, mas não é uma coisa com que devam se preocupar, pois ficar fazendo suposições pode incorrer em mistificações. Não temos condições de saber tudo que se passa na íntegra, pois nosso cérebro de carne muitas vezes não tem condições de decodificar o que se passa noutro plano, o espiritual.



Um dos funcionários do cemitério se achegou a Tanaka:

— Pronto, patrão? Podemos continuar?

— Sim, obrigado por esperarem, podem continuar.

E os homens concluíram a exumação dos restos mortais de Noeli, sob os atentos olhares de Dara e Bruna, coladas uma à outra.

— Bruna sentiu minhas impressões a respeito do que está acontecendo com o genro de minha filha — disse Noeli para Celeste.

— E Darinha, a minha Salete, também obteve minhas impressões. Espero que não sirva para bagunçar a cabecinha dela — emendou Celeste.

— Fique tranquila, Celeste. Isso é comum acontecer quando a pessoa se abre para a mediunidade. Como se trata de uma coisa boa, o resultado é o conforto para a alma, mas estou intrigada...

— Tire isso da cabeça, Noeli. Não podemos nos envolver com o que acontece entre os seres amados que estão percorrendo o caminho na Terra.

— Eu sei disso muito bem, mas também compreendo como é difícil aceitar ver Tanaka, que é tão centrado, traindo Penélope... Justo ela que tanto o incentivou a ser o homem que é.

— Acalme-se, Noeli. Deixe a vida seguir seu curso.

---

Naquele dia Dara escreveu em seu diário:

*Não pensei que fosse ter essa reação junto ao túmulo de minha bisavó Noeli. Senti como se minha vida não estivesse começando, eu me senti uma velha de duzentos anos. Esquisito.*

*Deve ser este o propósito da vida: viver e morrer... Mas não morrer de verdade. Acho que é como estou aprendendo no centro espírita e meu pai sempre falou: a vida continua em outra dimensão e aqueles que amamos sobrevivem em nós através da memória, do pensamento, até chegar o grande dia de a gente se abraçar, mas reencarnar... Não sei se acredito nisso.*

*Existem tantas coisas que me fazem pensar...*

*Será que existe algum propósito de ter vindo para esta vida da maneira como vim?*

*Olhe para mim. Uma menina adotada em circunstâncias tão diferentes, no início da vida, filha de pais homossexuais, na continuidade pais heterossexuais... Os primeiros pais que morreram de aids, logo em seguida a bisavó morre de velhice... E quantas pessoas conheceram a bisavó nessa vida? Eu sou uma espécie em extinção, olhe só!*

*Minha mãe, meu pai e vovó Dóris dizem para eu não contar que meus pais eram homossexuais por causa do preconceito dos outros, mas não acho que deva esconder. Acho gozado esse povo. Como esconder suas origens? Por que dar importância para o que os outros pensam? Cada um tem o direito de fazer suas opções, e quem não gostar que fique longe, não é mesmo?*

*O meu avô Felipe evita falar e nunca recomendou nada, mas tenho desconfiança de que ele não aceitava muito o fato de os meus primeiros pais serem homossexuais, e vovó Dóris diz para eu evitar falar no assunto. Um dia saberei por quê.*

*De meu pai Silas, não me lembro quase nada; mas do meu pai Nando, que partiu dessa vida quando eu tinha seis anos, deste eu recordo como se fosse hoje. Ele não me amava menos que meus avós, nem meus pais. Então por que ficar escondendo? Eu não ocultarei que...*

---



Bruna entrou de repente. Dara, assustada, fechou o diário.

— O que estava escrevendo que não posso saber?

— Estava escrevendo no meu diário, sua xereta.

— Ora, ora... Você não largou essa mania?

— Tem algo de errado escrever diário?

— Não, claro que não. É que Salete, a filha da dona Celeste, também tinha essa mania.

— Como você sabe se disse que não conheceu a filha da dona Celeste?

— É que a bisa Noeli me contava.

— Com quem ficou o diário dela depois que foi assassinada?

— A bisa Noeli disse que a dona Celeste deu fim no diário — mentiu Bruna.

— Ainda bem. Deve ser horrível alguém ficar sabendo de suas particularidades depois de morrer.

— Sei lá.

— Você me ama, Bruna?

— Não, eu a odeio porque às vezes vem com umas perguntas bobas! O que você acha?

— Bruna, prometa que nunca lerá meu diário e, se eu morrer, dará um fim nele.

— Que coisa mais tétrica, Darinha! Deu para falar bobagens hoje, hein, minha filha!

— Bruna, depois da exumação que vimos hoje da bisa Noeli, percebi que é verdade o que dizem. Para morrer, basta estar vivo. Preciso que prometa, por favor.

— Nossa! Está me assustando, Dara... Se você morrer antes de mim, não sei o que faremos. Está me assustando de verdade. Pare de falar essas besteiras, senão atrai.

— Bruna, pedirei novamente. Prometa, por favor. Preciso ficar tranquila.

— Prometa que não vai morrer antes de mim, então.

— Estou ficando irritada com você, Bruna! Morrer, a gente não sabe quando é nossa hora, mas prometer que não lerá meu diário e se desfará dele se eu morrer primeiro, você pode.

— Deus me livre, Darinha! Não conhecia esse seu lado profético cruel. Está bem, está bem! Prometo, mas pare de me olhar desse jeito como quem está me acuando, porque não estou gostando nada disso.

Dara guardou o diário na gaveta e abraçou a irmã:

— Assim está bem, Bruna. Amo muito você e sei que posso confiar. Obrigada.

# 31

Dóris se preparava para se reunir com as amigas para ir ao baile da terceira idade:

— Felipe, deixei a carne na panela, que ainda está quente, e o arroz e o feijão, esquente no micro-ondas. Está bem, querido?

— Deixou salada?

— Sim, querido. Está na geladeira. É só temperar.

— Comprou bisnaga?

— Ora, Felipe! Não comprei pão hoje. Quer que dê na sua boca também?

— Estou brincando, vou comer no shopping. Não sei por que se preocupa, pois sabe que, quando vou ao shopping, como um lanche por lá.

— É que nesta época você vai tanto ao shopping que esqueço. Quer me acompanhar no próximo baile de fim de ano?

— Sabe que detesto esses encontros de velhos! Só tem conversa de velhos, velhos de chapeuzinho com fitinhas, velhas maquiadas que mais parecem bonecas quebradas...

— Ainda bem que jovens barbados não se misturam com velhos, não é? O negócio dos jovens é brincar de Papai Noel no fim de ano e jogar carteado na orla todo santo dia, não é, Felipe?...

— Não consigo entender que graça pode ter se a gente mal consegue dar um passo de dança direito. E não se atreva a me trair com nenhum velhote, senão mato você.

— Tudo bem, se você não morrer antes, tropeçando nessa barba...

— Fique tranquila. Simone e o noivo me darão carona ao shopping, mas não aceite bombom de nenhum velho babão.

Entre os gracejos carinhosos do idoso casal, Dóris se aproximou do esposo, acariciando sua imensa barba:

— Quem diria, Felipe... Nunca mais tirou essa barba desde que virou Papai Noel particular de Darinha... Querido, é sério. Pare de fazer esses bicos na época de Natal. É muito cansativo, preserve-se. Você não precisa disso.

— E quem lhe disse que não preciso? Nada me dá mais prazer do que a fantasia da criançada. Depois que Dara cresceu, percebi que não fico mais sem crianças... Essa juventude de hoje só casa quando tem idade para serem avós! Pelo jeito não chegarei a conhecer nenhum bisneto.

— Eles estão certos, Felipe. Para que casar tão cedo? Isso é coisa do nosso tempo que, depois dos vinte e cinco anos, para a mulher, significava ficar para titia... Vou indo, querido, senão vou deixar meus súditos velhotes esperando e não posso deixar os bombons derreterem nas mãos deles, não é? Tchau, amor. 

— Tchau, querida, mas não se preocupe, querida esposa, as mãos de quase defuntos são geladas. Chegará lá e os bombons ainda estarão intactos nas mãos decrépitas lhe esperando, isto é, se ainda não tiverem virado esqueletos.

Logo que Dóris saiu, Simone chegou com o noivo:

— Oi, vovô. Está pronto para mais uma noite de terror?

— Além de enrolarem para se casar, ainda não gostam de crianças — respondeu chistoso Felipe, seguido do comentário de Igor, noivo de Simone:

— Não olhe para mim, senhor Felipe. Antes eram os homens que enrolavam as mulheres, hoje em dia os papéis estão invertidos, pois estamos noivos há anos e sua neta é que não quer se casar comigo.

— Isso é verdade, Simone? Se for mesmo, terei uma conversa séria com Tanaka e Penélope.

— Pode ter, vovô. Mamãe e papai sabem que estou testando Igor até o último minuto para ver se ele serve para o papel de marido e estou pensando em colocá-lo para estagiar numa creche para descobrir se está apto a trocar fraldas e cuidar dos capetinhas.

— Não queria admitir isso, mas vejo cada criança hoje em dia que dá até medo — rematou Felipe.

Chegando ao shopping, onde Felipe faria a jornada de cinco horas fantasiado de Papai Noel, ele se despediu de Simone e Igor:

— Pronto. Estou no céu.

— Vovô, passaremos por aqui ao final para pegar o senhor.

— Divirta-se, senhor Felipe Noel — disse Igor.

Felipe substituiu o Papai Noel do turno da tarde, sentou-se no trono e começou a receber as crianças que estavam na fila organizada pelas moças auxiliares.

Extasiadas, as crianças se achegavam ao Papai Noel e ficavam de pé, orgulhosas, ao lado dele. As crianças menores se sentavam no seu joelho, pousando para as fotos que os pais tiravam, e encomendavam pedidos de presentes para o dia de Natal. Vivenciavam o sonho infantil, embalado por músicas natalinas, e recebiam, felizes e esperançosas, um pirulito no final.



Pequena movimentação chamou a atenção de Felipe que, disfarçadamente, passou a observar na fila de espera.

Era um pai que acompanhava o filho e o repreendia:

— Já lhe falei para se comportar como homem! Pare de se comportar como mulherzinha!

Durante o percurso até chegar perto de Felipe, o menino ficou emburrado.

Uma jovem com a filha, que estava na frente do pai zangado, sentou a menina no colo de Felipe, sussurrando, indignada:

— Graças a Deus chegou nossa vez, Papai Noel! Já não aguentava mais ouvir esse pai ignorante gritando com o coitado desse menino desde lá de trás.

Depois de Felipe atender a menina, que saiu feliz com a mãe, chegou a vez do menino. Este foi colocado ao lado do Papai Noel pelo pai, que se afastou para posicionar adequadamente a máquina fotográfica e ordenou:

— Vamos, Ginho! Desfaça-se dessa cara feia e sorria, senão eu não o trarei mais para ver o Papai Noel!

Habituado a lidar com crianças, Felipe contribuiu com atenção direcionada a proporcionar a alegria do menino:

— Hou, hou, hou... Você tem sido um menino obediente durante todo o ano?

— Eu sempre sou obediente! — respondeu o pequeno de braços cruzados no colo de Felipe.

O pai, que estava agachado para captar o melhor ângulo para as fotos, ergueu-se dizendo em alto tom de voz, com as mãos na cintura:

— Ginho, não enfrentei essa fila toda para você me fazer passar vergonha! Estou mandando você sorrir, senão depois a gente acerta!



Embora a vontade patente no rosto de Felipe fosse a de se levantar para socar aquele pai, deu continuidade no que considerou um desafio: fazer a felicidade do menino.

Bem próximo ao ouvido da criança, Felipe cochichou sorrindo:

— Não ligue para seu pai. Ele deve estar de mau humor... Mas não é por isso que você vai soltar um pum na minha perna, não é, Ginho?

O menino deu uma gostosa gargalhada, correspondida por Felipe, e o pequeno respondeu:

— Claro que não, Papai Noel!

— Então fale baixinho para ninguém ouvir o que vou lhe perguntar: quantos anos você tem?

— Seis anos, Papai Noel. Faço sete no mês que vem, depois do Natal.

— Nossa! Você é um menino muito bonito e forte para a sua idade! Acho que vou lhe pedir para me ajudar a entregar presentes no dia de Natal...

— Eu quero! O senhor me deixa ajudar?

— Farei o seguinte: quando chegar a noite de Natal, entrarei no seu sonho e apanharei você com o meu trenó para me ajudar a entregar presentes. O único problema é que não sei se posso lhe pedir uma coisa e não sei se irá concordar com uma condição...

— Pode pedir o que quiser, Papai Noel! Eu disse: o que quiser! Peça!

— Não conte para ninguém, só para sua mãe, e terá de concordar que, quando acordar, não lembrará que entregou os presentes comigo. Este será nosso segredo. Agora peça o que quer de presente.

— Não posso contar para minha mãe, porque fiz um trato com meu pai, que pediu para o senhor, Papai Noel, trazer minha mãe de volta. O senhor esqueceu?



Felipe deduziu que a mãe do menino fosse separada de seu pai.

Prosseguiu na pergunta:

— Claro que não esqueci; afinal, trato é trato! Peça então seu presente. O que quer ganhar de Natal?

— Eu quero uma boneca, mas meu pai diz que é brinquedo de menina.

Felipe estremeceu sem saber o que responder, mas não alterou o semblante feliz e improvisou uma resposta rápida:

— Faremos o seguinte: confia em mim? Acredita mesmo que amo você?

— Claro, acredito, Papai Noel.

— Como será meu ajudante, pode deixar que eu mesmo escolherei o seu presente, mas este também será nosso segredo. Concorda com a surpresa? Acredite em mim porque é melhor assim.

O menino olhou para o pai, que ignorava a conversa, e tornou:

— Concordo, mas queria pedir outra coisa para o senhor.

— Está muito exigente, Ginho, mas diga lá, o que é?

— Quero que o senhor troque meu pai por outro pai porque ele só briga comigo e faz coisas de que não gosto.

— Vou pensar nisso com carinho, mas acho que vai se arrepender se trocar seu pai, pois ele pode ser chato, mas ama você. Agora vá lá e abrace seu pai porque senão as outras crianças ficarão impacientes e com ciúmes. Descanse bastante porque precisarei de você na noite de Natal, está bem?

O menino saiu contente com o pirulito oferecido e, quando estava próximo ao pai, Felipe o chamou:

— Lembre-se: é nosso segredo — fez sinal de pedido de silêncio que o menino correspondeu positivamente sorrindo.

Felipe retornou para casa de carona com Igor e Simone. A neta estranhou o silêncio do avô e perguntou antes de se despedir:



— Está tudo bem, vovô?

— Está.

— Por que está tão quietinho nessa roupa vermelha?

— Estou só um pouco cansado.

---

Antes de dormir, Dóris também notou a quietude do marido:

— Você nem perguntou se paquerei muitos decrépitos e companhia, Felipe... Aconteceu alguma coisa?

— Aconteceu.

— Venha mais para perto e me conte.

Abraçado a Dóris no leito, Felipe disfarçou:

— Estou pensando mais na vida, no que passou.

— Xiii... Isso é coisa de velho! — riu Dóris. — O que está pensando, querido?

— Lembrando-me de Salete. Fico imaginando por que umas pessoas vivem menos que as outras... Dona Celeste amargou a morte prematura da filha e, recordando-me do Nando, você também se ressentiu com a morte dele...

— Amor, você também sofreu com a morte de nosso filho. Eu sei...

— Eu acho que não.

— Por que diz isso? Vi o que você sentiu no hospital quando não pôde abraçar Nando antes de ele partir. Ainda se culpa, querido?

— Não é isso... Acho que fiquei muito tempo longe de Nando e sinto como se ele não tivesse morrido. Não tem explicação. A gente cria um filho, e parece que alguma coisa em nós diz que sem ele existe um buraco aqui dentro.

— Eu sei o que está falando... Dá um vazio tão grande como se faltasse um pedaço, não é?



— Não sei direito se é isso... Parece que o intervalo de tempo que ficamos separados ficou vazio, então não é um pedaço da gente como você falou, é a sensação de tempo perdido. Se Nando tivesse viajado durante o tempo em que ficamos separados, mas estivéssemos de bem, talvez eu não tivesse essa sensação.

— Acho mesmo bom acreditar no que o Tanaka e a Penélope sempre dizem: estaremos juntos de nosso filho um dia.

— E daí? Será diferente? E se Nando ainda for homossexual, será que conseguirei aceitar assim?

— Não sei, querido. Pare de pensar e descanse. Amanhã será outro dia, mas, respondendo à pergunta que hoje você não fez, não paquerei nenhum decrépito porque amo o Papai Noel mortal, você sabe.

— Acho melhor começar a pensar em outra evasiva. Estou desconfiado porque a senhora coloca muita maquiagem para ir a esses bailes. Está querendo parecer mais bonita para quem?

— Deixe de ser bobo e durma, que você ganha mais. Não me faça bater em Papai Noel, aliás, você não lavou sua barba direito novamente. Está cheirando a mofo. Boa noite, amor.

— Boa noite, querida.

Felipe se revirava na cama, mas não conseguia dormir. O menino Ginho, com seu pai no shopping, não lhe saía da cabeça. Traçava paralelos com recordações de Nando criança:

— "Está novamente assistindo a esse programa de meninas, Nando?"

— "A Penélope também assiste e o senhor não fala nada. Eu gosto."

— "Filho, coisa de menino é de menino, de menina é de menina, você entendeu?"

Certa vez na casa de um amiguinho, Felipe surpreendeu Nando brincando com as meninas:

— "Nando, venha cá."

— "Espere um pouco, papai... Vamos, Penélope, agora é minha vez."

— "Nando, mandei você vir para cá. Obedeça."

— "Pronto, papai. O que foi?"

— "O que pensa que está fazendo junto das meninas enquanto seus amigos jogam bolinha de gude?"

— "Estou brincando de cozinhar, papai. A Penélope é a mulher, eu sou o marido e a Ritinha é a filha."

— "Cozinhar uma ova! Pode ser que seja o marido, mas é brincadeira de casinha! Brincadeira de casinha é para meninas. Vá agora mesmo brincar com seus amigos, senão terá que se ver comigo!"

Atraído pelos fortes sentimentos emanados por Felipe, Nando se aproximou, acompanhado de Fernando, Noeli e Alice:

— Lamento apenas pelas lembranças causarem dor ao meu pai.

— Não lamente por nada, filho — disse Noeli. — Seu pai ainda sofre mais porque não se conforma com o tempo que perdeu por não aceitar suas escolhas afetivas.

— Não é isso, vovó. Meu pai sofre até hoje por causa do menino que eu não fui, mas ele queria que eu fosse...

— Desculpem-me os dois, mas meu genro não sofre, tortura-se. O evento de hoje com aquele menino o fez sentir-se impotente diante do preconceito que ele reconhece não conseguir superar. Felipe, mesmo vestido de Papai Noel, mostrou-se condoído pela situação do menino Ginho, mas sabe que, se fosse o pai, mesmo com os fatos que vivenciou, não conseguiria agir diferente. Faria o mesmo papelão publicamente.

Alice pediu esclarecimento:

— Senti a verdade de sua colocação, mas não consigo compreender por que a insistência de meu filho nos mesmos pensamentos. Não terá superado a dor de consciência da forma como se dedicou a Darinha?

— Não, dona Alice. Tentarei lhe explicar o que eu mesmo passei. Fui egoísta, acreditei que Nando pudesse ser diferente, da maneira que eu quisesse que fosse, por isso também me torturei, mesmo tendo convivido pouco tempo com Nando enquanto estive na Terra. Não compreendia que cada um tem o direito de fazer escolhas. Queremos moldar personalidades e comportamentos de acordo com nossa vontade, como se aqueles que dependem de nós fossem brinquedos ou objetos úteis de uso pessoal.

— Que absurdo, vovó! Então era isso que a senhora pensava de mim?

— No começo, Nandinho... Eu também — emendou lamentosa Noeli. — Confesso que só passei a compreender melhor essas questões quando convivi com Celeste, e depois que li o diário de Salete, logo que Celeste partiu da Terra. Mas não pense que isso serve apenas para o assunto homossexualidade. Serve para qualquer assunto com relação aos que nascem depois de nós. Se não for da forma com que estamos acostumados ou fomos condicionados a pensar, achamos que não serve. Isto responde aos conflitos de gerações, quando as opiniões divergem.

# 32

Saindo do cinema com Igor, Simone pediu:

— Estou a fim de caminhar. Topa ir ao Jardim Botânico? Estou com saudade do tempo em que papai nos levava para passear no corredor das palmeiras e brincava de esconde-esconde...

— Que disposição, hein, querida?... É um pouquinho longe, mas vamos, sim. Estou com tempo de sobra porque meus pais só voltam à noite, mas quero chegar mais cedo em casa para brincar de encontra-encontra com você.

— Igor, ultimamente você só pensa nisso. Como diz meu avô, a meninada de hoje não quer casar porque está tudo fácil.

— Só porque estamos aproveitando o momento, não significa que estejamos acomodados.

Quando chegaram ao destino, caminharam de mãos dadas apreciando o ar puro, e Simone questionou:

— Não acha que já aproveitamos demais?

— O que quer dizer?

— Já fez as contas de quanto tempo estamos noivos? Já tenho trinta e oito anos, e estou cansada de mentir que sou eu quem não quer se casar, só para fugir da perseguição feroz dos que sugerem que você está me enrolando... Estou cansada da vida de solteira.

— Está falando de casamento outra vez!

— Você não pensa? Para que estamos noivos?

— Penso que quem casa quer casa. Estou no banco há bastante tempo, mas ainda não sou gerente.

— Estou com considerável número de clientes no consultório dentário e, juntando nossas economias, podemos dar entrada num apartamento.

— Boa ideia! Vamos morar no apartamento, fazemos fogueira dentro dele para fazer comida, armamos rede para dormir... E o que vai dentro do apartamento? E a lua de mel no exterior? E a empregada? Você nem sabe cozinhar!...

— Como pode saber que não sei cozinhar se nunca morou comigo?

— A única vez que me recordo de você pilotando o fogão foi quando a Bruna disse que o nome daquela receita era gororoba de goroba e pedimos uma pizza.

— Igor, estou cansada! Cada vez que falo em nos casarmos, você arruma um monte de desculpas para... Pare!... Fique parado.

— O que foi, Simone? Está vendo algum fantasma?

— Não sei se preferia ter visto um. Olhe ali — Simone apontou um casal abraçado a certa distância.

— Sim, um casal se abraçando. Muito romântico, e daí? Posso abraçar você também, se quiser...

— E daí que aquele é o meu pai...

— Imagine só, o senhor Noburo Tanaka-san. Você só pode estar louca, Simone. No dia em que seu pai trair sua mãe, todos os centros espíritas fecharão, e o universo entrará em... Minha Nossa! Eles se soltaram e... É o senhor Tanaka mesmo...

— Está rindo de quê, Igor? Isso é uma tragédia!

— Estou rindo para não chorar... Inacreditável! Quem é a desconhecida filial que está com ele?

— Não é desconhecida. É filha do senhor Modesto, dirigente do centro espírita. Vou tirar isso a limpo agora mesmo! — Simone partiu em direção do casal, mas o noivo a segurou:

— Não pode fazer isso, Simone. Acalme-se e fique aqui comigo.

— Não admitirei um desaforo desses. Solte-me.

Diante de Tanaka e da mulher, Simone, indignada, colocou as mãos na cintura:

— Pode me explicar o que significa isso, papai? O que está fazendo com Lidiane, abraçadinhos aqui no parque, enquanto mamãe o espera em casa? E você, Lidiane, o que faz aqui com meu pai enquanto seu marido deve estar enfiado no centro espírita fazendo palestras sobre perdão e caridade?

Visivelmente transtornado com o flagrante, Tanaka tentou explicar:

— Filha, sei que você deve estar decepcionada, mas precisamos conversar...

— Conversar para quê, senhor Tanaka? Vai me dizer que não é nada disso que eu estou pensando? Está por acaso fazendo caridade para Lidiane fora do centro espírita?

— Simone, você está nervosa. Quando chegarmos em casa, conversaremos.



— Ah! Sim. Desculpe se estou atrapalhando, senhor meu pai, mas isto não ficará assim! O senhor pode ter certeza! — Simone saiu ofegante a passos largos, seguida por Igor que tentava acalmá-la:

— Ei, Simone. Eu estou aqui ainda, viu? Tenha calma. Para onde estamos indo? O que pretende fazer?

— Para onde acha que estou indo? Contar para mamãe, é claro!

— Não tem o direito de interferir na vida de seus pais, Simone. Não faça isso para não se arrepender depois.

— Ficarei arrependida se for omissa, ou conivente, que para mim é a mesma coisa! E não tente me impedir, senão vai sobrar para você.

— Simone do céu... Não é assim que se resolvem as coisas.

Simone estancou o passo e encarou Igor:

— Quer me ensinar como é que se resolvem as coisas? Está defendendo meu pai de uma safadeza dessas? Quer saber? Não há nada que deva fazer, por isso vamos para o "meu" carro que o deixarei na sua casa, senão volte para casa sem mim e espere para ver!

Simone continuou a caminhar e novamente Igor tentou segurar seu braço; contudo, ela se virou com violência, quase o atacou fisicamente e começou a gritar:

— Já disse para me soltar! Deixe-me em paz! Farei o que minha consciência mandar! E não tente me impedir!...

Igor sentiu-se ofendido:

— Está bem! Se é assim que quer, assim será. Pode ir sozinha que não preciso ir no "seu" carro, mas depois não diga que não avisei.

Igor deixou que Simone seguisse sozinha para casa e foi para a dele de táxi.

— Mãe, aconteceu uma desgraça!

Bruna e Dara, que estavam sentadas na sala junto de Penélope, levantaram-se assustadas e Penélope interrogou:

— O que foi, Simone? Aconteceu algo com Igor? Onde ele está? 

— Preciso falar a sós com a senhora, venha para o quarto.

Bruna lançou a provocação dizendo para Dara:

— E eis que brigou com o namorado de novo...

— Vá para o inferno, Bruna! — retrucou Simone.

Quando mãe e filha seguiram para o quarto, Bruna fez Dara rir, ironizando a postura de Simone:

— "Preciso falar a sós com a senhora, venha para o quarto". Não estou pedindo, por favor, estou "ordenando" que a senhora venha porque sou mimada da breca... É que eu, "doutora Tiradentes", finalmente descobri que meu namorado está me enrolando faz anos e fiquei decepcionada... Oh!... Acho que vou me matar de desgosto porque fui burra...

Sem conseguir conter o riso, Dara recomendou:

— Pare com isso, Bruna. Simone está transtornada, coitada... Não podemos tripudiar a desgraça dela. Aliás, nem sabemos se é por isso que está assim.

— Que outro motivo ela teria para chegar sozinha e ficar com essa cara de assustada? Só pode ter descoberto que esse tal de Igor não passa de um folgado, isso sim. Já tinha falado para ela que já era para o cara tomar uma decisão, além disso, estão formados, os dois trabalham e ganham dinheiro. Já vi muitos casos de caras folgados como ele... Sim, porque para mim existe diferença entre acomodado e folgado. Acomodado é admissível só depois de casado e fica com calombo no abdome, mas folgado é quando nem se dá ao trabalho de pensar em casamento e foge dele como o diabo foge da cruz.

— Não queria admitir, mas acho que tem razão... É só surgir assunto de casamento e o Igor parece que fica com alergia. Já percebi... E a coitada da Simone sempre puxa a responsabilidade para si mesma, pensando que nos engana.

No quarto, depois de Simone relatar os fatos a Penélope, esta se sentou na cama a ruminar:



— Tanaka teve mesmo coragem de fazer isso comigo?... Não consigo acreditar... Ele disse que iria à favela atender uma pessoa que precisava de mantimentos e ainda por cima que poderia demorar porque passaria na casa de seu avô Felipe para combinar sobre a ceia de Natal...

As observações da mãe deram vazão ao pranto de Simone, que se juntou a ela para desabafar:

— Mãe, não consigo sentir raiva de papai, mas estou tão decepcionada... Devia ter agarrado Lidiane pelos cabelos, aquela sem-vergonha...

— Você não tem que ficar com raiva de seu pai, pois este é um assunto que diz respeito a nós dois. Apenas garanto que não está mais decepcionada do que eu.

Dara bateu à porta com o telefone sem fio na mão:

— Com licença. Posso entrar?

— Entre, filha, o que quer?

— Estou com Igor na linha. Ele está perguntando se você chegou bem, Simone.

— Dê-me o telefone. Igor, cheguei bem, mas não posso falar com você agora. Tchau — Simone desligou o telefone e o devolveu para Dara: — Tome, Darinha, obrigada. Depois nos falamos.

— Sim, claro — Dara se retirou, mas ficou com o ouvido colado à porta na companhia de Bruna, ouvindo a conversa.

— Mamãe, o que fará? — perguntou Simone.

— Vou conversar com seu pai primeiro, para saber toda a verdade sobre essa novidade escabrosa.

— Você considera que este assunto diz respeito apenas a vocês, mas não concordo, mamãe. Afeta toda a família, pois o fato de papai trair você com outra mulher fere a todos nós. Não podemos comentar nada por enquanto, principalmente com a bocuda da Bruna, senão irá correndo contar para o vovô e para a vovó.

Bruna quis entrar para responder ao que ouviu, porém Dara a segurou:

— Fique quieta, Bruna. Quero saber do resto.

Bruna retrocedeu a custo, encostando novamente o ouvido à porta, atenta à conversa:

— Vai querer saber de toda a verdade para quê, mamãe? Só para se torturar?

— É que não me conformo, Simone. Quer que eu acredite que seu pai fez isso, justo com a Lidiane? Preciso ouvir dele mesmo, mas...

— Mas o quê, mamãe? Termine a frase. Detesto suspense.

— Não acredito que consiga continuar casada com seu pai depois de saber de uma traição.

— Puxa vida, mamãe... Estava tudo tão bom para ser verdade... Parecíamos uma família de comercial de margarina...

— Pois é, Simone, essa vida nos reserva surpresas... Voltemos para a sala. E, por favor, não conte nada para Bruna e Dara por enquanto, não quero que elas saibam para não sofrerem...

Simone sentiu estranha vibração com a menção das irmãs. Fez sinal para que Penélope permanecesse em silêncio, levantou-se devagar, aproximou-se da porta, segurou a maçaneta e observou calmamente:

— Não é preciso se preocupar com Darinha e Bruna, mamãe... Sabe por quê? — abriu a porta com impetuosidade e surpreendeu as irmãs. — Porque essas duas metidas xeretas estão ouvindo nossa conversa atrás da porta!

Bruna ficou ofegante e, sem conseguir se conter, gritou:

— Simone, sua bruxa! Quase nos mata de susto!

Simone repreendeu:

— Vocês duas sabiam que é feio ouvir conversa dos outros atrás da porta? O que têm a dizer?

— Que não aguentamos de curiosidade — respondeu Dara.

— Mamãe, não é para dar na cara dessas duas? — questionou Simone.

Penélope pediu para ambas se aproximarem e interrogou:



— Está bem, Bruna e Dara, o que vocês ouviram?

— Nada, mamãe — respondeu Bruna.

— Não posso acreditar que vocês duas são minhas irmãs! Como se atrevem a fazer uma coisa dessas? Ouvir atrás da porta... Onde já se viu? — advertiu Simone irritada.

Penélope acalmou os ânimos:

— Deixe-as, Simone. Não vão começar a brigar. Olhe, meninas, agora que sabem, vamos combinar uma coisa: vocês ficam fora da discussão que terei com seu pai e não contem nada para vovô Felipe e vovó Dóris. Podemos confiar em vocês?

— Lógico que não! — exclamou Bruna. — Aqui somos uma por todas e todas por uma. Acha mesmo que ficaremos quietas, mamãe? Não deixaremos por isso mesmo e não admitiremos ver você ser passada para trás porque não merece isso.

Contrariada, Simone inquiriu:

— Vamos! Conte-me, super-heroína Bruna. O que vai fazer? Não se meta onde não é chamada! O casal é de dois! O máximo que pode fazer é sentar e chorar, se quiser.

— Simone, precisamos fazer algo com a Lidiane. Também não aguentarei ficar sentada esperando — acrescentou Dara.

Penélope novamente interveio com firmeza:

— Escutem aqui, todas vocês. Eu estou mandando ficarem quietas e não se meterem na conversa que terei com o pai de vocês. Quanto a Lidiane, não acredito que ela tenha assediado seu pai, pois, quando um não quer, dois não brigam. Por favor, se não têm como ajudar, não atrapalhem! Entenderam? Seu pai é meu marido, não de vocês. Se quiserem tomar minhas dores, irão se machucar à toa, pois não deixarão de amar seu pai, nem ele a vocês.

— Você tem razão, mamãe — aquiesceu Dara, cabisbaixa, seguida de Bruna:

— Tem mesmo, mas está doendo em mim porque não esperava isso do papai. Justo ele, tão honesto, tão trabalhador, tão carinhoso conosco e tão família...



Simone se juntou às irmãs para rematar:

— Infelizmente esta é uma barra que teremos de enfrentar. Nenhuma de nós esperava, mas fazer o quê? O melhor é deixar mamãe resolver o que for necessário. Precisamos ser fortes e nos apoiar umas às outras. Conte conosco, mamãe. Faremos o que a senhora pedir.

# 33

Já prevendo o que enfrentaria, Tanaka chegou mais tarde do que de costume.

— Penélope, onde estão as meninas?

— Boa noite, Tanaka — respondeu a esposa com postura ofensiva.

— Pelo visto Simone já chegou.

— Sim, chegou e está com as irmãs na casa dos avós.

— Está tudo bem com você, Penélope?

— Claro que sim... — ironizou ela. — Estou melhor do que nunca, apesar da dor na testa, de um calombo, mas deve ser uma espinha interna que aflorou só agora.

Com muito desconforto, Tanaka sentou-se e convidou a esposa para fazer o mesmo:

— Por favor, Penélope, sente-se. Precisamos conversar.

— Pronto, meu marido. Estou sentada. O que tem para me dizer?

— Não sei se é impressão, mas parece que está contente em observar meu constrangimento.

— Sei lá! Não estará você com a consciência pesada de saber sobre meu desapontamento?

— Penélope, olhando nos seus olhos, posso confessar que me arrependi.

— Ah! Sim... Quando se arrependeu?

— Faz dois meses. Como não é mais novidade, preciso lhe contar desde o começo.

— O quê? Essa canalhice que fez comigo inclui intimidades que precisa me contar? Qual é a posição que ela gosta? Ela beija de olhos abertos ou fechados? "Detalhes tão pequenos de nós dois"...

— Conduzir a conversa dessa maneira só vai...

— Só vai fazer com que você assuma definitivamente que não passa de um canalha, como a maioria dos homens que sujeita a mulher ao despautério de ser traída depois de anos e anos de dedicação. E o que é pior: depois de velho? Ou será que velha é a sua relação extraconjugal?...

— Penélope... A situação não é fácil para mim tamb...

— Lógico! Não deve ser mesmo fácil admitir que não passe de um espírita hipócrita, que prega moral para os outros enquanto trai sua esposa com a filha do dirigente do centro!...

Observando que Penélope aumentava cada vez mais a entonação de voz, enveredando para discussão inflamada, Tanaka tentou acalmá-la:

— Penélope, não está me deixando falar que...

— Que você é um marido muito civilizado, senhor de seus atos, um verdadeiro cristão... — Penélope estava rubra de raiva e se levantou: — "Não cobiçarás a mulher do próximo"... "Não quereis fazer aos outros aquilo que não gostaria que fizessem a vós mesmos"...

— Este comportamento não levará você a nada, Penélope...

— E a sua atitude nos levará para onde, senhor dirigente passista de meia-tigela?

— Ofender e desafiar não resultará em uma conversa produtiva...

— Está querendo exibir o seu equilíbrio oriental para cima de mim, Tanaka? Queria ver se fosse eu a traí-lo. Seria tão ponderado?

Percebendo que aquele não era o momento para conversar, Tanaka se levantou:

— Quando estiver disposta a dialogar, me avise.

— Depois de tantos anos de dedicação, dá as costas para mim, Tanaka? Acha que mereço tanta perfídia? Por que fez isso comigo, Tanaka? — Penélope puxou impetuosamente o marido, fazendo-o voltar-se para ela.

— Penélope, nós dois sabemos a origem dos fatos que derruíram nossa relação. Estou querendo conversar com você, mas está tentando transferir toda a responsabilidade para mim sem sequer me ouvir.

— Então você acha que a culpa é minha! Foi você que pulou a cerca, não eu! O que fiz para merecer isso? Responda! — Penélope chacoalhou os ombros do marido.

— Falemos do que deixou de fazer, Penélope...

— Quer dizer que à menor dificuldade, é com traição que você responde? Esse é o amor que você prega para todos? Não, isso é uma praga!

— Dificuldades podem ser resolvidas quando discutidas. Caminhos são planejados para descobrir saídas. Você se prestou a me ouvir quando quis conversar, ou apenas se contentou em acomodar-se às circunstâncias acreditando que o fato de eu me esforçar para ser fiel resultaria em prova de amor?



— Você pode ser muito bom nos argumentos, mas todos sabem que não há desculpa para o que fez. Isso é nojento para um homem que adota uma postura como a sua, Tanaka! Definitivamente, nada justifica tais atitudes baixas!

— O que justificaria para você?

— Repito: nada! Faria qualquer coisa para sublimar os problemas se fosse com você e não imaginava que era tão fraco, tão mesquinho, tão...

— Tão imperfeito!... — interrompeu Tanaka — Sim, Penélope, sou imperfeito mesmo e sei que errei. Deveria ter desistido de você antes de me envolver com outra pessoa.

— E por que não desistiu então? Teria sido menos doloroso para mim — Penélope começou a chorar.

— Teria? Como pode saber? Não desisti porque amo minha família, apesar de agora você dizer que meu amor é falso, mas não acredito que seja mais ou menos dolorosa uma separação, independentemente das circunstâncias.

— Desculpe, Tanaka. Eu não conseguirei lhe perdoar por isso...

— Sugere que façamos o quê, Penélope?

— Você continua com aquela sirigaita que arrumou, tão hipócrita como você. Quanto a mim, seguirei meu caminho.

— É isso mesmo que quer?

— Não há outra maneira para me sentir melhor. Desta vez sou eu que deixarei a falsa cristandade de lado e digo que não perdoo.

— Você faz bem em admitir os sentimentos, Penélope... Só espero que sejam sinceros, pois estou sentindo que está se vingando, mais que me condenando.

— Estou farta de suas filosofias hipócritas!

Penélope telefonou para a casa de Dóris e Felipe, avisando que a conversa com Tanaka havia terminado e pediu às filhas que voltassem.



---

— Que feliz ideia essa de vocês terem vindo nos visitar. Estou desconfiado de estarem escondendo alguma coisa — comentou Felipe com as netas.

— Ora, vovô, milagres acontecem, e olhe que ficamos mais de duas horas sem que nenhuma arrancasse os cabelos da outra — Dara respondeu.

— Simone largar por algumas horas o noivo para nos visitar, trazendo Bruna e Dara... Realmente, Felipe... Acho que estamos sonhando! — motejou Dóris.

— Como pode dizer uma coisa dessa, vovó? Não saio de sua casa. Até parece... — objetou Bruna.

— Sim, mas espero que essas visitas de vocês juntas se repitam mais vezes, se bem que não sei quanto tempo dura essa paz entre vocês, mas não custa desejar... — finalizou Dóris despedindo-se das netas.

---

Quando chegaram em casa, Bruna entrou sorrateira, dizendo à Penélope, que ainda estava acordada:

— E aí, mãe? Deu uma surra no tarado do meu pai?

— Cale a boca, Bruna! Não vê que a mamãe está arrasada? — censurou Simone, seguida de Dara:

— Vocês duas, dão licença? Mamãe, você está bem? Como foi a conversa com papai?

— Não quero falar nisso agora, mas preciso adiantar que não pretendo continuar casada com o pai de vocês.

— Ai, mamãe... Está falando sério? Como viveremos sem o papai?

— Bruna, não suporto quando resolve assumir ares pseudodramáticos. Dá para ficar quieta e ouvir o que a mamãe tem a dizer?



— Acho que você é que não se suporta, Simone! Fica dando uma de durona, mas quero ver quando o papai não estiver mais sob o mesmo teto que nós — retrucou Bruna.

— Meninas, acho que fui bastante clara com vocês sobre o fato de este assunto dizer respeito apenas a mim e a seu pai. Espero que, além dos problemas que enfrentarei, não precise me preocupar com vocês, que já não são mais crianças.

Dara perguntou chorosa:

— O que podemos fazer para ajudar em alguma coisa... Por favor, mamãe... Ninguém esperava que uma coisa assim fosse acontecer.

— Não é só para você, Darinha. Para vocês duas também. Seu pai não deixou de ser pai da mesma forma que eu não deixei de ser mãe. Nada de tratar seu pai com hostilidade, nada de julgar o que não sabem. Finalmente, já é hora de pensar que têm suas vidas para se preocupar, apesar de sermos uma família, mas não deixaremos de ser, pois, graças a Deus, somos civilizados e temos consciência da importância da união entre nós como necessidade vital.

Simone suspirou:

— Sabe, mamãe, você tem razão. Sou tão apegada ao papai que, se fosse para tomar partido, sofreria demais... Fique tranquila, tentaremos agir como adultas, que não somos.

— Fale por você, Simone! — objetou Bruna. — Agiremos como adultas para não agirmos como adúlteras, como Lidiane. Todo mundo sabe que você sempre foi a mais puxa-saco do papai. Eu tenho o direito de sentir o que quiser e tratar papai como quiser também.

— Oh! Sim, senhora *persona passione*, desculpe, mas posso saber como Vossa Excelência pretende tratar seu pai?

Bruna silenciou diante da questão de Simone e Dara cobrou:

— Vamos, Bruna, responda. Também quero saber.

— Chega! Parem de me pressionar... É que estou perdida... Não sei...



— Entendi. Estou com sono. Boa noite — concluiu Simone, beijando o rosto das presentes, e seguiu para seu quarto.

---

No dia seguinte, Penélope se aproveitou da ausência de Tanaka e das filhas, e chamou Dóris em sua casa para conversar.

— Quem diria... Senhor Noburo Tanaka...

— Pode dizer, mamãe: "Faça o que eu falo, mas não faça o que eu faço". Este é o lema dos hipócritas metidos a cristãos!

— Estou pensando em minha mãe. Ela achava que o Felipe era um tarado, e no final soubemos que uma amiga nossa, a doce Carina, apaixonou-se por ele, ficou nua se insinuando na ausência de minha sogra, dona Alice, e ele não quis saber de nada com ela. Quer dizer, não sei se foi verdade, mas pelo menos estávamos separados porque havíamos brigado.

— Mamãe, tinha que acontecer logo comigo?

— Por que diz isso? Em todas as épocas da humanidade, pode acontecer com qualquer um. Todo mundo está sujeito a uma situação dessas. Pois você acha que, por ser muito correta, estava imune à traição? Além do mais, não podemos exigir que Tanaka seja um homem perfeito, mas somos unânimes em dizer que, se não fosse por este fato, seria difícil identificar uma imperfeição, e sabemos que perfeito nenhum de nós é.

— Qualquer coisa que vagamente signifique uma justificativa para defendê-lo me deixa nervosa.

— Ninguém está querendo acobertar nada, minha filha. Pela experiência que tenho de ver casos alheios, estou vendo que você está muito despeitada, e isso é natural. Precisamos saber onde está sua culpa no cartório.



— Mãe, o que está dizendo? Sou culpada agora? Acho que a senhora não entendeu. Não traí Tanaka; ele que me traiu.

— Sim, Penélope. Eu sei, e o que eu não sei? Como posso julgar se o ocorrido foi com vocês?

— Estou sentindo uma insinuação no ar... Mamãe, preciso de sua ajuda, não de seus julgamentos!

— Essa é boa... Desculpe a risada, filha, mas não acabei de dizer que não posso julgar se o que aconteceu foi entre vocês? Precisa tomar cuidado com o que está sentindo para não se enganar. Não existe separação de um só, existe entre duas pessoas e, se é assim, a culpa, por assim dizer, nunca é de um apenas.

— De jeito nenhum! Não fiz nada para merecer isso. Não tive culpa de nada.

— Filha, o que você fez para não merecer?

— Sempre fui boa esposa, boa mãe, boa dona de casa e tudo, sem contar que fui além: sou profissional idônea e nunca devi nada para ninguém.

— Estou com uma vontade tremenda de dar uma paulada na cabeça do seu agora ex-marido, porque traiu e está fazendo minha filha sofrer, mas, ouvindo você, lembro-me de uma parábola que me deixa intrigada...

— Eu é que estou ficando preocupada com cristãos, embora eu seja uma, mas qual é a parábola, dona Dóris?

— "Todo aquele que se exaltar será humilhado e todo aquele que se humilhar será exaltado".

— Que lindo!... E daí, o que a parábola tem a ver comigo? Serei exaltada, é isso?

— Isso depende... Até agora você se sentiu humilhada, mas de sua boca só ouvi exaltação: "Eu sempre fui isso, sempre fui aquilo...". Penélope, é difícil, para mim, perguntar isso porque me sinto incomodada, mas... vocês se davam bem na cama?

— Mamãe... Estou indignada! Como pode pensar numa coisa dessas num momento como esse?



— Penélope, está me assustando com esse excesso de pejo! Não estou perguntando se o seu marido era um atleta sexual, nem se você é atriz performática. Estou querendo saber se existia harmonia, carícias, beijo na boca, uma fantasia de vez em quando... Amarrar na cama... Ou você é daquelas anteriores à sua avó Noeli que pensavam em sexo como algo pecaminoso?

— É que, apesar de a senhora sempre ter conversas abertas comigo, fico meio constrangida de falar nessas intimidades.

— Penélope, você é minha filha e a conheço muito bem. É hora de dizer a verdade. Só de senti-la toda melindrada, percebi onde está o problema. Você achou que ficaria escondida só porque seu agora ex-marido é discreto e não sai contando para todos o que deve ser o problema. Vamos, assuma logo e me fale, qual é o seu problema?

Penélope baixou a cabeça, tomou um copo de água e ficou diante de Dóris, que permaneceu calada.

Alguns instantes se passaram em absoluto silêncio, até que Penélope olhou para a mãe, dizendo, antes de cair em prantos:

— Eu tenho vaginismo.

Dóris se dirigiu à Penélope. Abraçou a filha alguns instantes esperando que parasse de chorar e perguntou:

— Há quanto tempo?

— Desde que Nando se foi...

— Caramba, Penélope! Faz tempo... Já ouvi falar nisso. É um desconforto vaginal, não é?

— Sim, mamãe.

— Deixe sua mãe adivinhar. Desde que começou o problema, não se tratou porque ficou com vergonha. Achou que era coisa normal, que sexo não era problema quando existe amor. Sentiu-se segura porque o marido é espírita fervoroso praticante, trabalha bonitinho fazendo caridade, mas se esqueceu de ser caridosa para consigo mesma, de lembrar que seu marido é homem, que sente desejo, e agora chora o leite derramado dizendo que ele é um sem-vergonha... Não é, filha?



— Mamãe, pare de me ridicularizar! Agora sei a quem Bruna puxou e não foi a mim.

— Realmente, ninguém é digno de pena mesmo, querida. Ainda bem que está sua mãe aqui para você não duvidar do quanto a amo, mas se permite lhe dar um conselho, se quer mesmo se separar de Tanaka, todos respeitarão, mas não odeie seu ex-marido nem fique querendo fazer os outros pensarem que só ele tem culpa da separação de vocês.

— Até a senhora está protegendo esse hipócrita... Por mais problemas que alguém tenha, quando existe amor, sabemos que tudo pode ser superado.

— Isso depende de quanto você se esforçou para superar. Procurou tratamento?

— Tentamos várias formas de contornar a situação. Pensei que ele estava satisfeito, mas também não me falou que... Quer saber? Isso não justifica! Não estive em falta com ele, se quer mesmo saber!

— É que, pelo que andei lendo nessas revistinhas femininas, quando o sujeito não sente que dá prazer para a mulher, é como se ficasse um vazio... Mas mudemos de assunto, filha. Pense se está satisfeita com sua decisão e, se vier mesmo a se separar, procure tratamento ginecológico e seja feliz com outra pessoa. Não perca seu tempo esperando justiça e achando que Tanaka pagará pelo que fez.

— É isso mesmo que farei, mas primeiro preciso solucionar uma coisa para "me resolver".

# 34

No dia seguinte, Penélope se dirigiu ao centro espírita. Lidiane estava junto às mulheres que faziam triagem de mantimentos doados para cestas básicas.

Entrou sem alarde, aproximou-se de Lidiane e disse antes de lhe agarrar os cabelos:

— Isto é para você aprender a deixar de ser sem-vergonha, sua...

As demais mulheres ficaram estupefatas com os fatos que se sucederam. Penélope narrava o ocorrido, entre palavrões e tapas a esmo sobre Lidiane, que sofria a violenta ação da inesperada oponente enfurecida, até que resolveram conter Penélope. Esta, mesmo segura, esperneava tentando se livrar e continuar ao que veio.

Foram muitos os esforços para quatro mulheres segurarem Penélope, tentando convencê-las a cessar o desvario, até que Lidiane foi retirada por outras duas mulheres, e a agressora, cansada de continuar as investidas, cessou:

— Essa safada e hipócrita é amante do meu marido. Isso mesmo! Enquanto o marido dela sobe na tribuna para dar lição de procedimentos cristãos, essa sirigaita procura o marido das outras para perversões!

Senhor Modesto, pai de Lidiane, estava no centro e interferiu:

— Senhora Penélope, estou abismado com o que aconteceu. Por favor, será que podemos conversar reservadamente?

— Não tenho nada para conversar com o pai dessa devassa que não respeita o lar alheio! E não venha o senhor me dar lição de moral porque senão eu também vou começar, e o que não me falta é argumento para o senhor também, seu hipócrita!

— Senhora Penélope, não pretendo lhe dar lição alguma, pois o que está acontecendo é também uma surpresa para mim. Peço apenas que evitemos escândalos em nossa casa, onde seu marido também trabalha. Vamos conversar.

— Não tenho nada para conversar. Para mim, chega!

Penélope foi para a casa de Dóris:

— Nossa! Penélope, minha filha, que cara de louca é essa?

— Ai, mamãe... Acho que fiz uma besteira e agora estou envergonhada...

Depois de narrar o histórico dos infaustos acontecimentos, Dóris exclamou:

— Puxa vida, filha! Então era isso que você disse que tinha de fazer? Se soubesse, não teria deixado. Não conhecia esse seu lado sombrio...

— Que sombrio nada! Ai de mim se continuasse engasgada com isso. Sinto-me arrependida e, ao mesmo tempo, estou em êxtase. É como se tivesse tirado um espinho enorme da garganta.

— Difícil julgar o que fez. Não está certo escandalizar; no entanto, extravasou o que sentia para não explodir. Somos seres imprevisíveis mesmo...

— Imprevisível foi Tanaka e essa sem-vergonha que traíram os cônjuges!

Tanaka arrumava as malas e separava objetos, quando Simone entrou para conversar:

— Oi, filha.

— Oi, papai. Vim conversar com o senhor.

— Importa-se de eu continuar enquanto conversamos?

— Claro que não, papai, mas não consigo ajudá-lo porque é triste demais.

— Não se aflija, Simone. Estou apenas mudando de casa. Nós nos veremos constantemente porque vou morar num apartamento neste bairro.

— Sabe, papai, o senhor sempre me ensinou a não julgar. Agora compreendi melhor por que não devemos fazer isso.

— Que bom! Conte-me por que chegou a essa conclusão.

— Porque, julgando o senhor, eu me senti muito mal... Descobri que quem ama não julga, e também não preciso lhe perdoar, porque não me senti ofendida. Fiquei condoída pela mamãe, mas não posso tomar as dores dela...

— Parabéns, Simone. Não pode mesmo, pois sua mãe precisa de você, mas eu também preciso porque a amo.

— Por que o senhor fez isso, papai? Mamãe não lhe foi suficiente?

— Filha, se fosse explicar motivos, seria necessário expor nossa intimidade e sabemos que este é um assunto que diz respeito a mim e à sua mãe, portanto não fique se questionando. Compreenda que cada um tem seus motivos e o móvel de nossas ações são inexplicáveis quando não podemos penetrar o íntimo da alma das pessoas. Podemos responder apenas por nossos atos. É perda de tempo conjecturar o que leva uma pessoa a fazer isso ou aquilo, pois já fazemos tremendo esforço para nos conhecer a nós mesmos, imagine quem está fora conhecer o conjunto de motivos que nos leva a ser e fazer coisas.

— Papai, eu não conseguiria ficar calada... Precisava contar para a mamãe, pois não ficaria em paz com minha consciência.

— Sei, filha... Você fez bem. Não estou questionando, pois, se você não fizesse, eu mesmo faria. Era isso que queria lhe dizer no Jardim Botânico.

— Não entendi... Quer dizer que, se eu não contasse que flagrei o senhor com Lidiane, o senhor mesmo contaria? Por que não fez isso antes, então?

— Deixa para lá, Simone. Melhor não prolongarmos mais este assunto. O importante é saber que, mesmo não morando na mesma casa, somos uma família e nos amamos.

— Papai, quero estar quite com meus conceitos. O senhor não ama a mamãe. Se a amasse, não a teria traído. Estou certa?

— Não tenha a visão estreita, filha. Foi por amor e não por comodismo que fiquei com sua mãe. Claro que cometi um desvio moral, mas eu sou um ser humano como outro qualquer e também passível de errar. Quero que sua mãe seja feliz, pois sei que, caso contrário, vocês, minhas filhas, sofrerão.

Penélope atendeu senhor Modesto à porta:

— Desculpe, mas não tenho nada para falar com o senhor. Com licença, vou entrar.

— Vim falar com o seu marido. O Tanaka está?

— Está arrumando a malinha dele porque estou abrindo caminho para ele e sua filha serem felizes. Espere, vou chamá-lo, mas peço a gentileza de conversarem aí fora, se quiserem, pois esta já não é mais a casa do seu passista de araque.

Tanaka saiu, colocou suas coisas no carro e pediu para Modesto aguardar alguns instantes. Orientou-o a segui-lo depois com seu carro para conversarem no novo apartamento onde iria morar.

Fez três viagens entrando e saindo com as malas. Retornou para a sala onde as filhas ficaram em absoluto silêncio. Beijou-as se despedindo e disse adeus a Penélope, que se dispôs:

— Se lembrar de alguma coisa, é só pedir que as meninas levam para você.

— Sim, obrigado.

Assim que Tanaka fechou a porta, Dara e Bruna se olharam estagnadas por instantes e caíram em pranto convulsivo, contagiando Penélope, que também começou a chorar.

Ambas se levantaram e abraçaram Penélope aos olhares atentos de Simone. Esta não aguentou por muito tempo e se juntou a elas, compartilhando as lágrimas.

No apartamento onde se instalou, Tanaka educadamente convidou Modesto a entrar e se sentar. Depois de ouvir o relato do primeiro, Modesto expôs sua decepção:

— É, meu amigo Tanaka... Quem diria... Jamais poderia imaginar que você e minha filha pudessem fazer uma coisa assim numa casa de caridade...

— Nós nada fizemos no centro, Modesto. Conforme relatei, houve uma aproximação quando passávamos por um momento de carência e nos apoiamos mutuamente nos últimos quatro anos.

— Com que frequência se encontravam?

— Uma ou duas vezes por mês.

— Por isso o meu genro não percebeu.



— Lamento se as atitudes de Penélope abalaram o casamento de sua filha.

— Fique tranquilo, meu genro não soube de nada. As mulheres presentes souberam abafar o caso quando as convenci a guardarem sigilo. Depois tive uma longa conversa com Lidiane. Muito azar o de vocês, serem vistos justo no dia em que encerravam o relacionamento... Difícil de acreditar.

— Se minha filha Simone não tivesse nos visto aquele dia, mesmo assim contaria para Penélope, pois o único motivo para suceder o que aconteceu foi porque eu e minha esposa não tínhamos mais intimidades.

— Ora, Tanaka... Não venha me dizer uma coisa dessas. Não o estou julgando, homem! Quando eu era mais jovem, também dei os meus pulos, e a gente sabe que todo mundo faz isso porque enjoa da mesma mulher.

— Não estou inventando, Modesto, mas isso não vem ao caso. O importante é que fico mais tranquilo de saber que Lidiane não saiu prejudicada no casamento, e espero que se acerte com o marido.

— Lidiane não, mas você perdeu sua família.

— Não perdi minha família. Continuarei a ver minhas filhas e amando-as do mesmo jeito, e procurarei ser amigo de Penélope.

— Bem, Tanaka, então é isso. Vou embora e quero que saiba que não guardo mágoas, mas você compreende que seria comprometedor você e sua família continuarem frequentando os trabalhos do centro espírita, não é?

— Modesto, não estou entendendo... Por que deixaria de fazer os trabalhos? Não tem nada a ver com o que aconteceu — argumentou Tanaka contrariado.

— Como não? Pois não foi nos trabalhos que combinava de sair com Lidiane?

— Lógico que não! Além disso, por acaso você e sua família deixarão de frequentar os trabalhos por causa do ocorrido?

— Não fique contrariado, amigo. Sabe como é... Meu pai foi um dos fundadores da nossa casa de caridade... Penélope agrediu fisicamente Lidiane... Não fica bem para a reputação do centro você e sua família continuarem frequentando os trabalhos, considerando que poderão ser hostilizados. Além do mais, não haverá clima entre suas filhas se encontrarem com minha filha, e sabemos que isso seria inevitável, caso continuassem frequentando.

— Mas você não disse que convenceu as mulheres que testemunharam a atitude de Penélope a guardarem sigilo?

— Não seja ingênuo, amigo... Sabe tanto quanto eu que, apesar de ter pedido discrição, o único que provavelmente não saberá o que ocorreu será meu genro, e o zum-zum-zum é inevitável.

Apesar de profundamente irritado com as colocações do interlocutor, Tanaka teve discernimento para dizer:

— Você tem razão, Modesto. Acredito que não tenhamos mais ambiente no "seu" centro espírita, que é muito tradicional.

Modesto se dirigiu à porta e, antes de sair, cumprimentou Tanaka com um tapinha nas costas e um aperto de mão:

— Sábia decisão, amigo. Centros espíritas existem aos montes. Com certeza, ficaremos sentidos de não dispor mais de um trabalhador como você. Obrigado por tudo e desculpe alguma coisa. Fique na paz de Jesus.

Quando Tanaka fechou a porta, rebateu:

— Amém! Que Jesus permita nunca mais cruzar seu caminho...

Tanaka se sentou para refletir:

"Não dá para entender o propósito de um cara como esse no meu caminho".

"Em tudo há um propósito, Tanaka, mas cuidado com julgamentos, pois julgamentos acarretam a possibilidade de sermos julgados", esclareceu mentalmente seu mentor Orlando.

---



No consultório dentário, Simone atendia um paciente que levava o filho às pressas:

— Doutora, sou Ismael, muito prazer. Desculpe meu nervosismo, mas meu filho Dirceuzinho tropeçou no tapete, e olhe o que aconteceu.

Simone acalmou a criança que chorava, assustada com o desespero do pai:

— Calma, pai!... Dirceuzinho é um homenzinho valente, vai parar de chorar para a tia olhar essa boquinha, não vai? Isso... Sente-se nesta cadeira e olhe aquele brinquedinho de montar. Assim que eu terminar de verificar o que aconteceu, poderá brincar com ele, combinado?

O menino se acalmou. Simone examinou o pequeno corte no lábio, manipulando higienização sob a angustiosa observação do pai.

Ao terminar, Simone relatou:

— Pronto. Problema resolvido! Foi só um cortezinho no lábio superior e o dentinho que caiu é de leite. Fique tranquilo, Dirceuzinho, no momento certo nascerá outro.

— A senhora não pode colocar outro dente para eu não ficar sem? Sem este dente minha namorada não vai gostar — observou o menino.

— Veja só!... Que menino preocupado! Qual é o nome de sua namorada e quantos anos ela tem?

— O nome dela é Andreza e tem a mesma idade que eu, cinco anos.

— Então fique tranquilo. Se precisar, direi a Andreza que os dentinhos dela também logo cairão. Isso acontece com todo mundo. Agora quer montar aqueles quadradinhos coloridos?

— Quero.

Enquanto o filho brincava, o pai comentou:

— Obrigado, doutora. Pensei que fosse precisar levar pontos porque sangrou muito.

— É que não foi só do dente. A região do lábio é muito vascularizada, por isso sangrou bastante, mas logo vai desinchar. Felizmente, observei através do raio X que não houve dano na estrutura interna da arcada dentária.



Simone sentiu-se incomodada com algo que lhe chamou a atenção naquele jovem pai, mas não sabia explicar o quê.

A postura de responsabilidade, o semblante calmo e o sorriso amistoso a cativaram enquanto ouvia seu lamento:

— Dirceuzinho mora com a mãe, de quem me separei faz quatro meses. Logo quando fico com ele, acontece uma coisa dessas...

— Fique tranquilo. Com crianças, é coisa normal de acontecer. Volte daqui a uma semana para ver como está a cicatrização. Evite alimentos ácidos nos próximos dois dias.

— Muito obrigado por nos atender com urgência, fique com meu cartão. Trabalho como advogado nesta empresa. Conte comigo se precisar. Vamos, filho, a doutora Simone precisa atender outros pacientes.

Apesar de resistir, a criança atendeu ao pedido do pai, despediu-se de Simone com um beijo e disse:

— Papai, por que você não se casa com ela? Olha que olhos puxadinhos bonitos ela tem, iguais aos da minha professora Valéria.

Ambos riram da espontaneidade do menino, e Ismael respondeu:

— Realmente a doutora é uma mulher muito bonita. Na próxima vez que viermos, combinamos o casamento, não é, doutora? — o pai piscou para Simone, que concordou:

— Claro que sim. Você e Andreza levarão as alianças ao altar.

# 35

Ao chegar a sua casa, Simone cumprimentou o noivo, que a esperava ansioso:

— Você não falou que chegaria às dezoito horas, amor!

— Falei, querido, mas tive de atender algumas consultas que não haviam sido agendadas, por isso demorei.

— Novamente atrasaremos o encontro com o pessoal do banco! Combinamos de ir a um barzinho na Barra da Tijuca para comemorar o aniversário da Mayara e depois para a balada em Copacabana, mas agora só dará tempo para a balada. É você tomar banho e sairmos.

— Olha, Igor... Estou com uma tremenda dor de cabeça. Tive um dia exaustivo. Querido, estava a fim de ficar no nosso cantinho, quietinhos. Balada virando a noite para mim não vai rolar...

— Simone, você está precisando consultar um geriatra porque não é possível. Sexta-feira passada foi a mesma história... Prometo que, quando voltarmos, vamos para aquele motelzinho de que você gostou e deixo você dormir.

— Desculpe, amor... Preciso dar uma força aqui em casa porque você sabe das coisas que estão acontecendo. E daqui a três semanas já é Natal...

— Por que as coisas têm que ser do jeito que você quer?

— Querido, só porque não estou a fim de fazer uma coisa, não significa que é só do jeito que quero. Tenho cedido mais que você indo a baladas todos os fins de semana e até no meio da semana. Você quer abraçar o mundo com as pernas, só diversão... Vamos parar um pouquinho para a gente se curtir.

— Tudo bem, mas você não ficará chateada se eu for sozinho, não é, amor? É que ficará chato se não for, porque combinei de dividir despesas com o Romeu. E esta é minha vez de bancar.

— Está bem, Igor... Fazer o quê? Pode ir.

Quando Igor saiu, Bruna passou por ela:

— O jantar ainda está quente. Quer que sirva para você?

— Não, obrigada, Bruna. Almocei tarde e estou sem fome.

— O folgado do Igor já foi e deixou você chupando o dedo?

— Bruna, não venha me irritar novamente! Já falei para se meter na sua vida.

— Deixa de ser tonta, doutora! Esse cara está enrolando! Dê um pontapé no traseiro dele e arrume logo um cunhado que se mexa do lugar!

— Bruna, vai para a cozinha. Saia agora! — interveio Dara, empurrando a irmã dali.



— Dara, ainda vou dar na cara dessa menina intrometida!

— Calma, Simone... A Bruna não mede palavras, não ligue. Ela não se conforma de as coisas não serem do jeito dela.

— Sim, sou uma inconformada voraz! Detesto ver minha irmã ser tratada como acessório sexual! Para não dizer namorida não assumida — Bruna gritou da cozinha.

Simone se enfureceu e fez menção de atacar, mas foi segura por Dara, que gritou:

— Cale a boca pelo amor de Deus, Bruna! — suplicou Dara se interpondo à Simone, prevendo o pior.

— Bruna, quem avisa amigo é! Pare de se meter! — advertiu Simone.

— Não é comigo que tem de brigar! Brigue com seu animalzinho de estimação. Vai se aposentar na carreira de folgado e você na carreira de acomodada!

— Essa covarde está na cozinha porque sabe que vou arrebentá-la! Solte-me, Dara. Vou dar na cara dessa menina!

— Não, Simone. Se ela disser mais uma palavra, deixe que eu mesma darei um jeito na Bruna.

— Não ficarei aqui para passar nervoso! Vou para a casa de vovó. Por favor, Darinha, avise mamãe quando ela descer do banho.

Simone foi para a casa de Dóris:

— Chegou em boa hora, querida! Já jantou?

— Não estou com fome, almocei tarde.

— Então venha fazer uma massagem nas costas desta velha estragada.

— Venho procurar colo e a senhora me dá serviço, vovó?

— Pegue esse creme. É bem aqui que está doendo, depois lhe dou colo.

Enquanto massageava as costas de Dóris, Simone perguntou:

— O vovô foi ao shopping sozinho ou conseguiu carona?

— Foi sozinho. Já falei para ele que não tem mais reflexo e está com a carta vencida, mas a teimosia é maior que a vontade de viver.

— Fique tranquila, vovó. Nada vai acontecer. Teimosia deve ser coisa de família, não é?

— É nada! É próprio do ser humano contrariar quando se sente contrariado. Todo mundo é assim.

— Estou contrariada, vovó. Estou pensando em acabar com o Igor.

— Nossa! Não seja tão radical, filha... Não precisa acabar com ele, é só desmanchar o namoro e pronto. Ele tem família.

— Até a senhora já está gozando da minha situação, não é, vovó? Estou enjoada de tudo. Preciso parar de ser teimosa também. Bruna tem razão. Estou sendo enrolada.

— Ai que mãos abençoadas de médium de cura... Está bom, filha, chega. Já estou me sentindo menos pior. Mas você não é teimosa...

— Claro que sou! Pois não fico insistindo com o mesmo cara? Desmanchamos e voltamos umas cinco vezes e sempre dou uma chance.

— Então está confundindo as coisas. Você não está sendo teimosa, está sendo acomodada, isto é, se reconhece que insiste em algo sem futuro.

— Nossa, vovó! Ajudou muito! Adoro esse seu jeito de matar charadas como ninguém. Por acaso tem uma corda por aqui para eu me pendurar pelo pescoço?

— Olhe, não precisa de nada disso. Falamos brincando, mas vou lhe contar um segredo. Está vendo estes punhos? Olhe direito.

— Parece um corte...

— É, sim. Profundo, aliás. Tão profundo quanto a lição que tirei da história dessas cicatrizes. A pele enrugada agora esconde, mas, quando eu era jovem, sentia vergonha e andava com mangas compridas para esconder. Tentei me suicidar.

— Imagine, vovó! Não acredito! Por que fez isso? — perguntou Simone aterrorizada.



— É que tinha um namorado que também só enrolava. Meus hormônios gritavam dentro de mim e eu fiquei num estado emocional deplorável.

— E aí, vovó? Como você saiu dessa?

— Levantei a cabeça, acreditei que Deus havia reservado alguém bom para mim e que superaria.

— Aí veio o seu príncipe encantado, Vovô Noel Felipe, e salvou você do aproveitador!

— O seu avô só apareceu depois de outro caso de amor que não pretendo contar em detalhes para você. Mas você está fazendo tempestade num copo de água, filha, apesar de parecer um drama insolúvel. Se achar que já deu muitas chances para Igor, comece a pensar em dar uma chance para você mesma e para o destino, mas pense bem antes de tomar qualquer decisão.

— Não sei, vovó... Eu e Igor somos uma energia, uma força estranha... Quando estamos juntos, parece que entramos em curto-circuito. Fico pensando que em outras vidas devemos realmente ter criado um vínculo muito forte, por isso não conseguimos ficar um longe do outro, apesar de tudo.

— Eu e Juninho também éramos assim...

— Vovó, acabei sabendo o nome do seu ex-namorado. Você falou: Juninho!

— Grande coisa! Escapou, mas também entendo o que quer dizer com toda essa energia bombástica, orgasmos espetaculosos como fogos de virada de ano, intensos como bomba atômica, mas, só para fazer breve alusão, bombas atômicas não são nada boas.

— Vamos, vovó, se começou, termine. O que mais?

— Olhe, filha, sei que você vai guardar segredo de tudo que estou lhe revelando, por isso lá vai: todo mundo achava seu avô um charme, o lindo do pedaço, e era mesmo um jovem muito bonito, mas o que me atraiu mais foi um conjunto de coisas, não foi só o sexo, ou o curto-circuito quando nos encontrávamos...



— Foi o quê, vovó? A seriedade? O caráter? Diga!

— Talvez o mesmo que aconteceu comigo esteja acontecendo com você. A explosão, o curto-circuito, a tal força estranha a que se referiu está direcionada na vontade de constituir família, ser mãe... Mas este pode não ser o momento de Igor, ou seja, vocês podem estar em momentos diferentes para coisas distintas. Igor não é mau rapaz. Dá para perceber que é bonzinho, porém esse assunto de compromissos de outras vidas pode ser apenas um pretexto do seu inconsciente para justificar o comodismo e a falta de atitude.

Boquiaberta, Simone ficou pensativa por longo período. Dóris quebrou o silêncio:

— Netinha querida mais velha... Terra chamando... Está pensando como vai ser? Corda, faca ou gilete? Peguei pesado?

— Muito engraçadinha a senhora... — suspirou Simone. — Agora estou entendendo por que hoje certa pessoa me chamou atenção... Pareceu amor à primeira vista...

— Ah! Sim! Estou entendendo... Então tem outro na parada?

— Não, vovó! Estou refletindo porque mexeu comigo o que você falou sobre formar família, ter filhos...

— Sim, e netos... Quem sabe, bisnetos, se tiver a sorte de viver tanto quanto minha mãe Noeli... Faz parte da vida, querida. Enquanto somos jovens, queremos abraçar o mundo com as mãos, mas chega o momento em que precisamos de um mundo nosso para nos sentir melhor para o mundo que queremos abraçar e compreendemos quanto nos iludimos pensando que é só do jeito que a gente conhece. Ficamos pensando que a vida nos conduz, mas somos nós que dirigimos a vida quando nos prestamos a levantar o pescoço para ver o que há além do que conhecemos.

---



Quando Simone chegou a sua casa, Bruna, Dara e Penélope conversavam.

Bruna, cabisbaixa, dirigiu-se a Simone:

— Simone, quero pedir desculpas pelo jeito que falei com você. Você me perdoa? Sei que não tenho direito de tripudiar... a sua... os seus problemas.

Simone jogou a bolsa no sofá simulando raiva:

— Você não consegue deixar de ser autêntica, não é, Bruna? Diga logo o que pensa. Quis dizer que não tem o direito de tripudiar a minha desgraça, não é? Foi isso que pensou!

— Poxa, Simone... É que eu gosto de você, que é minha irmã, não é ciúme, não... É que...

— Agora é você que está me enrolando! Você é terrível e não presta. Todo mundo sabe disso. Qualquer dia desses vou colocá-la na minha cadeira de dentista e vou costurar sua boca! Ouviu, bocuda?

— Caramba, Simone... Bruna está lhe pedindo desculpas... — interveio Dara.

Simone se aproximou de Bruna e falou:

— Pois bem, levante-se e diga olhando nos meus olhos.

— Está bem — Bruna se levantou e olhou para Simone: — Se isso a satisfaz... Desculpe-me. Estou pedindo...

Simone não suportou segurar a risada, referindo-se à Bruna, que ficou estática:

— Definitivamente, Bruna, essa cara de coitada não combina com você!

Dara e Penélope suspiraram aliviadas, e Bruna ficou muda, depois continuou, sorrindo:

— Aproveitou quanto pôde o meu momento de flexão de mentirinha, não é, Simone? Pensei que iria levar uma cacetada e você ri. Você me paga, viu?

— Para encerrar, faça alguma coisa para eu comer, que agora estou com fome. Se negar, vou dizer que perdi a fome por sua causa.

— Está bem, aproveite mesmo essa oportunidade única de flexão e venha ver o que quer.

— Não se engane, Simone! — exclamou Dara com sagacidade. — Cuidado para Bruna não confundir sua refeição com o veneno de ratos embaixo da pia.

— Fique tranquila, Darinha. Estou de olho! Com Bruna sei que precisamos ficar alertas — correspondeu chistosa Simone.

Sorrindo da situação, Penélope refletiu com Dara:

— Como duas irmãs podem ser tão diferentes? Simone é tão ponderada que persiste num noivado de anos, enquanto Bruna troca de namorado como troca de roupa. Aliás, você precisa tomar cuidado, senhorita Dara, pois está indo no mesmo caminho de Bruna.

— Pode ser porque vemos Simone nessa lenga-lenga e não queremos saber de encrenca — riu Dara.

— Somos tão felizes... Nós nos amamos, não importa o que aconteça.

— A senhora está triste, não está, mamãe? Mesmo com o que aconteceu, ama o papai e está inconformada até agora.

— Não imaginava como seria vazia a vida sem o seu pai... A gente fica buscando o porquê das coisas e se atormenta sem chegar à conclusão alguma.

— Por que diz isso? Está confusa, mamãe?

— Não. Fiz o que achei que deveria fazer, mas... Sei lá.

— Sei lá o quê? Está arrependida por não ter perdoado o papai?

— Não queira tirar palavras de minha boca, Darinha! Não são só a saudade e a ausência dele que estão me incomodando. Deve ser normal no começo, mas a gente acostuma, afinal, a vida segue em frente. Vocês continuarão visitando seu pai, e quase nada mudou.

— Estará tentando se convencer de que quis se separar do papai para dar uma lição nele? Vingar-se de alguma forma?

— Vingança não seria o termo, mas me sentiria uma besta se admitisse perdão para ele. Eu é que não me perdoaria.



— Mamãe... Se eu lhe perguntar uma coisa, não ficará brava comigo?

— Depende. Se não vier com perguntas à la vovó Dóris, ou à la Bruna, pode ser que não fique.

— Será à la Dara. Esse incômodo que está sentindo tem a ver com alguma falta que a senhora não está admitindo em si mesma?

— Darinha, não sabia que era tão direta, mas não estou entendendo por que todos resolveram procurar defeitos em minhas atitudes! Deve ser porque Tanaka se vestiu de carneiro tanto tempo que ninguém se acostuma com a pele de lobo.

— Desculpe, mamãe, não foi minha intenção machucá-la. A última coisa que quero é ver a senhora sofrer, não por atitudes que o papai tenha tomado, mas por atitudes que a senhora tenha deixado de tomar. Outro dia ouvi a vovó Dóris dizer que tem coisas que não admitimos em nós mesmas e espero que a senhora admita tudo que precisa para ser feliz.

— Já sou muito feliz por ter filhas como vocês — finalizou Penélope abraçando Dara.

Dara não sabia, mas promoveu reflexões que atingiram sua mãe em cheio no orgulho ferido, fazendo manifestar o pranto no recôndito do amplo leito, outrora de casal.

---

Na semana seguinte, Ismael levou o filho Dirceuzinho para ser examinado por Simone, conforme marcado.

Ismael não conteve a observação atenta à Simone enquanto ela examinava o menino. Simone percebeu.

— Está vendo? É um homenzinho e já se recuperou. Está perfeito.

— Tia, posso montar o brinquedo novamente? Pedi para meu pai comprar um igual, mas ele falou que é só aqui que terei o brinquedo para ele poder ver a senhora.

Ambos riram e, enquanto Dirceuzinho estava distraído com o brinquedo, Ismael disse:

— Ainda bem que temos escudeiros fiéis para dizer coisas que não temos coragem...

— Não queira me enganar, doutor Ismael. Não existem advogados tímidos.

— Mas advogados são versados na arte da persuasão, não da sedução.

— O doutor não reparou semana passada porque uso luvas, mas havia uma aliança na mão direita... De noivado.

Ismael não escondeu a decepção. Simone continuou:

— Nesta semana não estou mais de aliança... Desmanchei o noivado.

— Podemos ser amigos, doutora?

— Está tentando me seduzir, doutor?

— Quero ter o direito de conquistá-la primeiro.

— Então tenha paciência. Pensarei no seu caso e pedirei a opinião do júri, depois lhe informarei.

— Posso lhe telefonar?

— Não. Se me der vontade, eu mesma procuro seu cartão, que não sei onde deixei.

— Pronto! — Ismael passou todos os cartões de visita que possuía no bolso às mãos de Simone, provocando risos:

— Isso é para eu fazer uma fogueira? Ando desiludida com o sexo masculino, ainda mais com o perigo de ser um advogado.

— Posso desistir e virar pipoqueiro se quiser! Profissão muito digna e Dirceuzinho vai adorar. Estou encantado com você.

Em casa, Simone contava a novidade para Penélope:

— Mãe, ele é lindo... Meu coração parecia que ia sair pela boca, mas tive que dar uma de difícil para não voar no pescoço dele!



— Devagar com o andor que o santo é de barro, filha... Agora que acabou de sair de uma encrenca, avalie melhor a segunda para saber se não é pior que a primeira.

— Ele é tão atencioso, tão carinhoso no falar, tão pai!

— Deus do céu! Cuidado mesmo, Simone... Desculpe ter de admitir, mas estou quase mandando a Bruna vigiá-la.

— Ai, mãe... Em duas vezes que nos vimos me sinto tão atraída que, se me amarrassem numa ilha com ele, ficaria feliz.

# 36

O Natal chegou.

Tanaka, Penélope e as filhas combinaram amigavelmente que na véspera elas passariam com o pai, enquanto Penélope ficaria com Dóris e Felipe. No dia de Natal, o almoço seria na casa dos avós maternos, e à tarde as filhas ficariam com Tanaka.

No almoço de Natal, apesar da ausência de Tanaka, depois de anos consecutivos com a sua presença, os envolvidos se esforçaram para cada um contribuir com a harmonia na casa de Dóris e Felipe.

Dara, nesse dia, tinha especial atenção do avô, devido às lembranças que o remetiam à época do falecimento de Nando.

— Darinha, minha filha... mais um Natal juntos.

— Sim, vovô, e teremos muitos mais.

— Espero. Preciso lhe pedir uma coisa e espero que concorde.

— Papai Noel só dá, não pede, mas pode tentar.

— Desde que conheci você, escravizou-me com esta barba e nunca mais tirei. Posso tirar?

— Está louco, vovô! Claro que não! ...Estou brincando... Mas de escravidão o senhor não pode reclamar, pois, se não fosse por esse adereço, não ganharia o emprego de Natal todos esses anos.

— O emprego não é o importante, Darinha. Confesso que fui muito feliz com esta barba, pois resgatei com você a felicidade de reviver o espírito de Natal através de uma criança. Daí você foi crescendo e multipliquei o atendimento às crianças, alimentando a ilusão saudável de levar carinho de Papai Noel para elas.

— Já pensou quantas crianças cresceram com a imagem de Papai Noel através do senhor? Todas que cresceram devem ter fotos que guardarão pelo resto de suas vidas, assim como todos nós.

— Pois é, filha, mas agora quero pendurar as botas de Papai Noel porque a idade está pesando...

— Faz bem, vovô. Já é hora mesmo de parar. Fique tranquilo. Antes quero celebrar meus últimos momentos de Dara, a mulher que teve um Papai Noel particular por mais tempo na Terra. Posso fazer o que o senhor me deixava fazer quando era criança, e a Bruna ficava com ciúme?

— Você é terrível, Dara! Pode. Faça.

Dara encheu as mãos com a barba do avô, puxou-a sem forçar, dizendo:

— Barbinha gostosinha, minha barbinha do meu Papaizinho Noel.



— Ei! Está acontecendo alguma coisa em particular que eu não possa saber? — achegou-se Bruna.

— Venha, Bruna — convidou Dara. — Aproveite os últimos instantes de vida desta barbona gostosa.

— Terminou? Agora é minha vez, com licença — Bruna satisfez o desejo. — Barbinha deliciosa do meu vovô que é de Dara, mas minha também...

— Bruna! Não puxe com tanta força, senão vai machucar o vovô! — reclamou Dara.

— Tire suas mãos daí porque eu vou arrancar essa barba para mim — retrucou Bruna.

Enquanto as meninas faziam a alegria de Felipe, Dóris comentava com Penélope e Simone:

— Essa vida é maravilhosa mesmo... Pensar que Dara perdeu Silas e Nando, e poucos anos depois a minha querida mãe Noeli... Que saudade dos Natais com meu pai, Fernando, meus avós, dona Celeste, que passava com a gente depois da morte de minha querida Salete e de Patrícia... A vida está passando muito rápido, gente.

— Vovó, passou um pensamento tenebroso pela minha cabeça.

— Qual, Simone?

— O que faremos quando a senhora e vovô se forem?

— Estranho você perguntar uma coisa tão óbvia, Simone! Principalmente os mais velhos promovem a união dos que ficaram em celebração aos que se foram. Você, sendo espírita, ainda mais discípula de Tanaka, não sabe?

— Difícil tarefa, não é, vovó? Mas está coberta de razão. A senhora é muito espiritualizada para dizer isso, pois devemos celebrar os mortos com alegria, com uma saudade saudável, pois que alegria pode haver para os que estão no plano espiritual vendo os que ficaram por aqui tristes, não é mesmo?

— Falar é fácil, mas fazer é difícil, mamãe — acrescentou Penélope. — Se quer saber, até hoje não superei a partida de vovô Fernando, do Nando e de vovó Noeli. Eu não senti tanto por Silas porque, apesar de ter carinho por ele, não era como por Nando, que fomos criados juntos.



Dóris ponderou para responder, compreendendo a suscetibilidade da filha:

— Eu sei, Penélope... E também sei que sua resistência para aceitar a morte de pessoas amadas lhe produziu sequelas emocionais difíceis de superar. Lembro quanto tempo você ficou em depressão por causa dessas perdas. O que espera para começar a refletir como isso contribuiu para os que estão ao seu lado? É justo você não respeitar a vontade de Deus, que tudo sabe para nosso melhor, mobilizando os que a amam e sofrem com seu sofrimento?

— É muito difícil, mamãe. Por mais que a gente saiba que nascer e morrer faz parte da vida imortal, ainda somos muito pequenos para aceitar a realidade de que revivemos tantas vidas.

— Discordo, filha! É fácil dizer que é difícil. Para superar qualquer coisa na vida, é preciso enfrentar, esforçando-se para vencer essa falta de fé que nos torna pequenos quando poderíamos crescer. Equivaleria a ficar doente e não se cuidar, acreditando que sofrimento faz bem para a alma. Podemos crer que, se Deus nos reserva o melhor, aí está onde Ele prova nossa fé. E digo mais. Você que se atreva a promover tristeza onde pode haver alegria quando eu não estiver mais por aqui. Apareço de noite para lhe dar chineladas, igual fazia com você quando era pequena e me desobedecia.

Aquelas palavras novamente tocaram fundo Penélope, que associou o assunto a fatos que ocasionaram sua distância em relação a Tanaka.

Penélope remoía em silêncio os ensinamentos que sorvia dolorosamente, quando observaram a movimentação produzida pela disputa de Dara e Bruna sobre Felipe.

Aproximando-se do alvo da disputa, Dóris inquiriu:

— Estão disputando pedaços do meu velho?



— Não, vovó. O vovô deixou a gente cortar a barba dele, mas só tem uma tesoura — respondeu Dara.

— Maravilha! — exclamou Dóris. — Finalmente estarei livre dessa barba ensebada! Esperem um pouco que resolverei essa questão.

Simone lamentou:

— Justo agora que vou trazer Dirceuzinho para conhecer o vovô no Ano-Novo vocês o esquartejarão?

— Sinto muito, querida irmã — disse Bruna. — O Dirceuzinho que diga para o seu novo namorado deixar a barba de Matusalém crescer, pois a barba do vovô "do pó veio, ao pó retornará". De agora em diante, a barba do vovô só será vista em fotos!

Dóris retornou com outra tesoura, indicando:

— Pronto! Deliciem-se para a felicidade da sua avó e podem deixar que faço questão de varrer com prazer.

Quando Bruna e Dara terminaram, provocaram o riso dos demais com a expressão de decepção de ambas:

— Puxa vida, vovô... Tive a mesma sensação de quando vi o senhor sem barba aquela vez — lamentou Dara, seguida de Bruna:

— Xi, vovô... Estou arrependida... Importa-se de colocarmos um aplique para ter sua barba de volta? O senhor não é meu avô... Ficou mais bonito, mas ao mesmo tempo estranho.

Os espíritos familiares e amigos compartilhavam dos risos, contemplando a harmonia vivenciada pelo espírito de Natal.

---

Nando e Silas contemplavam Dara. Nando enalteceu:

— Nossa querida Dara... Um tesouro nascido do nosso amor para embelezar nossas almas.

— Como eu queria que ela pudesse nos ver para nos abraçar... — completou Silas embevecido.

Em outra extremidade, Paulinho e Isabel conjecturavam:

— Está chegando sua hora de renascer. Em que circunstâncias Dara lhe conceberá, Paulinho?

— Não sei. Os conselheiros, meu mentor e Cícero, de Dara, nossa amada Salete, disseram apenas para confiarmos na soberana sabedoria do Pai Eterno... Mas confesso que estou preocupado.

— Também estou. Minha mentora Alba falou que nossa preocupação é prejudicial para nós, que somos merecedores das bênçãos seguras da reencarnação. Acrescentou que temos de confiar, mas, como afirmou a dona Dóris, é mesmo nessas horas que Deus prova nossa fé. O que ela não sabe é que até a nossa fé é provada também deste lado da vida.

O assunto em outra extremidade do ambiente não era diferente para Celeste, Noeli e Fernando:

— Estou tentando me controlar para não me desequilibrar, mas está chegando a hora de os caminhos da minha Salete cruzarem com o de Eurípedes, que se desvirtuou totalmente dos propósitos a que veio — desabafou Celeste, angustiada.

Ela foi prontamente tranquilizada por Fernando:

— Seu desequilíbrio em nada contribuirá para os propósitos de Deus e poderá se instalar em situação penosa, Celeste. Caso não consiga se controlar, será melhor permanecer na colônia que está e esperar a sucessão dos fatos até que tudo se resolva, pois assim evitará prejudicar-se.

— Impossível esperar para ver... Prefiro arriscar, pelo menos assim saberei o quanto estou preparada. Diógenes, meu mentor, já informou que poderá pedir meu afastamento ao conselho se virem minha possibilidade de falir, mas por enquanto consigo ser útil com minhas vibrações desejando bom destino.

— Pois é, querida Celeste... — emendou Noeli. — Para os que pensam que nossas preocupações se encerram no túmulo, aqui estamos nós que vivíamos achando que éramos poderosas mães em defesa dos filhos. Cada vez mais me certifico de que nossa preocupação maior está em saber que o decorrer dos fatos terá repercussão fundamental em nossa realidade de vidas futuras.



Jacilda, que estava ao lado de Florinda, expunha suas impressões:

— Essa expectativa que vivem os entes mais próximos de Salete é angustiante. Eu, que fui esposa do pai biológico dela na encarnação anterior, estou assim, imagine os diretamente ligados a ela.

— Não se iluda, Jacilda — recomendou Florinda. — Não compreendeu ainda que, na realidade, estamos todos diretamente ligados? Olhe você mesma a quantidade de entidades que obtiveram concessão de estarem aqui com longínquo parentesco de épocas que se perdem na memória, observando os fatos porque de alguma maneira tiveram algum relacionamento com um ou com outro encarnado.

— É verdade... Tem gente aqui que nem faço ideia do que representou algum dia para todos os envolvidos encarnados dessa família...

— Não faz ideia porque não se lembra. Tem gente aqui que pode ter passado pela nossa vida com importante grau de parentesco, ou fez parte da vida de relação e nem sabemos porque não lembramos.

— Impressionante a verdade de suas reflexões, Florinda... Mesmo deste lado nos preocupamos com fatos pontuais, enquanto o tronco genealógico dos destinos se perde no infinito...

— Só não se perde para Deus, que sabe de tudo. Isso serve para ter uma vaga noção do que é um ser presciente, onipotente, onipresente e soberanamente bom e justo... Os nossos irmãos, que vemos aí se preocupando com o porvir, demonstram coletivamente o quanto nos falta compreensão sobre o que é Deus e o destino...

— Esta sua exposição me inspirou calma, sabia? Devo muito a Salete, que me libertou justamente do egoísmo que me prendia ao antigo lar. Ela não merece que eu fique perturbando-a com meus pensamentos de preocupação. Se você, Florinda, que foi mãe dela e nem chegou a conhecê-la na Terra, despende-lhe essa energia boa, não vou mais contribuir negativamente. Terei fé verdadeira de que Deus fará o melhor por ela e pelos que estão no seu caminho.

— Estamos todos, de alguma forma, no caminho uns dos outros. Você falou bem. Fui mãe de Dara e, por não ter convivido com ela na Terra desta última vez, não estou sofrendo por antecipação como Celeste. Isto serviu para eu me sentir útil de ter sido um instrumento, mas Celeste, mesmo tendo evoluído bastante, ainda não compreendeu integralmente que ninguém é de ninguém. Confia em Deus, mas não o suficiente para estar em plenitude com o próprio destino, por isso depende do que acontece com os que lhe são caros para se sentir feliz. Algo me diz que até nisso pode haver utilidade.

— Realmente... Celeste foi mãe de Salete, convivendo com ela durante alguns anos. Você nem conviveu com Dara na Terra. O que dirá seu mentor Cícero que a acompanha há milênios nas esteiras das encarnações? Já imaginou o cabedal que deve ter um mentor para ter uma responsabilidade tão grande?

— Já percebi que entidades como Cícero, a minha mentora Núbia, sua mentora Irene e tantos outros não caminham conosco... Conduzem-nos, mas não se trata apenas de responsabilidade. Para eles, esta é uma tarefa delegada por uma espécie de ética divina, pois exercem capacidades além de nossa compreensão para nos conduzir cada vez mais próximos da felicidade suprema que só conheceremos quando nos libertarmos das paixões que nos chumbam a matéria densa.

— É isso mesmo. O mentor de Dara deve saber exatamente o que acontecerá, mas sabe também que, se revelar para alguns do que anseiam o futuro na Terra, poderão colocar a perder os planos maiores.



— Prazer em revê-la, Jacilda. Vou visitar outros amados que deixei na Terra.

— O prazer foi meu, Florinda. Também vou para meu último lar abençoar os outros meus. Beijo, a gente se vê.

---

Dois dias antes do novo ano, Dara escrevia em seu diário:

*Estou escrevendo aqui fora sentindo o sol queimar a minha pele.*

*Que gostoso sentir que faço parte de um mundo como se fosse meu!*

*Sinto uma vibração gostosa no ar, como se estivesse sendo abraçada por anjos que me preparam para algo bom que vai acontecer no próximo ano.*

*Estou um pouco triste por ver minha mãe triste separada de meu pai, mas deve ser necessária essa distância entre eles. Para tudo deve haver uma explicação, como também motivos para não compreendermos por que algumas coisas acontecem.*

*Que felicidade ver Simone tão esperançosa, ansiosa para trazer o filho do novo namorado para a gente conhecer... Tenho a sensação de que esse menino deve ter uma história parecida com a minha quando surgi na vida dos meus pais. Ele aparece pequeno e crescerá no nosso coração, fará parte de nossas vidas, exercendo importante papel em nossos destinos.*

*Ah! O destino... O que me reserva o destino para o alvorecer do novo ano? Será que encontrarei o amor da minha vida que tanto espero?*

*O Miguel, o Rômulo e os outros que não passaram de ficantes, não senti acender aquela luz vermelha piscando que nem a minha mãe e a Simone falam, mas estou com uma sensação boa que ano que vem conhecerei aquele que, só de olhar, acenderá todos os faróis de minha existência, sinalizando que é com ele que viverei o resto desta vida maravilhosa.*



*Obrigada, papai Nando, papai Silas, bisa Noeli, biso Fernando, todos os antecessores, amigos... Dona Celeste... Não sei por quê, desde a última vez que vi a foto dela no túmulo, estou pensando muito nela até hoje. Existem pessoas que a gente nem conheceu enquanto viveu e por quem sente tanto carinho. Por que será? Vai ver que é a carinha de bondosa que ela tinha.*

*Invada então esse sol que me faz parte... Obrigada, Deus...*

# 37

Apesar de não frequentarem mais o mesmo centro espírita e estarem separados, Tanaka e Penélope não deixaram de participar dos trabalhos assistenciais junto aos voluntários, amigos de muito tempo, visitando a mesma favela onde se tornaram conhecidos, porém o faziam intercalando o dia para não se encontrarem, acompanhados das filhas que estivessem disponíveis com vontade de participar.

Na véspera do Ano-Novo era a vez de Penélope, que foi acompanhada de Dara e Simone. Bruna preferiu ficar na casa dos avós.

Era grande a movimentação no plano espiritual em relação a Dara, prevendo que naquele dia estava programado cruzar o caminho de Eurípedes, do passado, com quem tinha traçado planos que poderiam se efetivar ou não.

Celeste, ladeada por seu mentor Diógenes, não cabia de apreensão:

— Estou torcendo para que passe logo. Não consigo imaginar conversão na alma de Eurípedes.

— Somos responsáveis apenas por assistir junto aos protegidos — orientou o mentor. — Intervir insuflando pensamentos sim, interferir mudando o destino que decidirem tomar, não. O livre-arbítrio é uma propriedade inamovível para todas as criaturas, e o destino, uma consequência em decorrência das decisões.

— Eurípedes se tornou uma pessoa perigosa... Não existe um meio de desviar Dara do caminho dele?

— Com certeza, Cícero, o mentor de Dara, utilizará todos os recursos possíveis para demover a protegida de ações que a prejudiquem, assim como Suzana, mentora de Eurípedes, também, mas farão o que for possível dentro das prerrogativas que lhes dizem respeito.

— Estou angustiada e não vejo a hora de esse encontro passar.

— Está aqui porque seu pedido foi atendido, mas podemos voltar para a colônia, se quiser.

— E ficar na expectativa dos acontecimentos? Não, eu quero ficar. Tenho fé de que o melhor acontecerá e quero testemunhar para crescer na fé.

Quando os grupos foram reunidos para a distribuição de mantimentos e roupas, antes de subirem o morro nas ruas da favela, Simone recebeu alerta de sua mentora Anália e chamou Dara:

— Dara, eu sei que você sabe, mas vale lembrar: só em grupos de no mínimo três pessoas podemos nos aproximar dos barracos. Está no grupo da mamãe, mas eu não estarei neste grupo para vigiá-la. Não se esqueça, pois é uma questão de segurança que não pode ser esquecida, está bem?

— Fique despreocupada, Simone. Nunca transgredi as regras. Estou sempre junto de mamãe e Cláudio, que não larga do nosso pé.

E assim foi iniciado o trabalho.

Depois de Dara, Penélope e Cláudio atenderem quatro famílias, no quinto atendimento, um homem atendeu à porta, e Penélope fez as apresentações:

— Olá, amigo. O senhor deve ser novo aqui. Permita-me apresentar: sou Penélope, esta é minha filha Dara e este nosso companheiro Cláudio. Por gentileza, qual é o seu nome?

— Benedito da Silva, a seu dispor.

— Somos de uma instituição com fins sociais que distribui roupas e mantimentos. Se quiser, podemos cadastrá-lo para ser beneficiário e receber uma cota...

Enquanto Penélope prosseguia na apresentação, arrecadando e anotando na ficha os dados do morador, Dara trocava olhares com ele.

No plano invisível, Celeste tremeu ao observar Sandro se aproximar com olhar ferino, acompanhado de quatro entidades, insuflando pensamentos em Benedito, outrora Eurípedes.

— Quanto tempo, não é, Aléssia?... Quer dizer, Celeste... É este o seu último nome, não é? Acompanhada do seu leão de chácara a lhe proteger como sempre...

Temerosa, Celeste respondeu:

— Quanto tempo passará para sermos dignas do seu perdão?

— Não é o tempo que determina o perdão, pois existem coisas que a gente não esquece, Aléssia... A pergunta seria: o que precisará acontecer para pagarem o que nos fizeram passar?

— Não sei... Salete se propôs solenemente a ser esposa de Eurípedes oferecendo a dedicação de uma vida inteira, mas ele criou barreiras intransponíveis para receber ajuda. Não compreendo por que tanto ódio se isso nos faz tanto mal. Eurípedes ingressou nesta encarnação com propósitos elevados, mas você, em vez de respeitar e torcer para que ele fosse feliz, obsedou-o a ponto de ele se desvirtuar completamente e penetrar em um desequilíbrio sem precedentes.

— Pois você acredita que uma simples ajuda de um instante na eternidade repararia os prejuízos e as agruras que nos causaram?

— Sirva este nosso encontro para definir então o que falta para acabar com essa onda de ódio e rancor. Diga o que falta, Sandro.

— Falta ver vocês sofrerem o mesmo mal que me causaram. Dependendo da intensidade do sofrimento, se for pequeno, esperarei a próxima oportunidade até me satisfazer por completo. O ideal seria exterminar vocês duas, mas sei que isso é impossível.

Enquanto Penélope e Cláudio entregavam um fardo de mantimentos e algumas peças de roupas para Benedito, intrigada, Dara perguntou para ele:

— Benedito, conhecemo-nos de algum lugar?

— Talvez. Você também me parece familiar, mas não estou conseguindo me lembrar de onde.

— Na ficha, revelou que é só você e seu filho de seis anos. Onde está a mãe do menino?

— A mãe morreu de aneurisma cerebral.

— Lamento. Um dia desses convidaremos seu filho para passear, isto é, se não se importar.

— Claro que não, ele vai adorar.

Durante o rápido diálogo, Sandro e as outras entidades instigavam Benedito, promovendo lembranças pretéritas que o perturbavam demasiadamente, a ponto de quase entrar em estado de hipnose, mas se controlou, sem deixar transparecer a vontade de puxar Dara para dentro.

— Até um dia — despediu-se Dara, seguida de Penélope e Cláudio, que dobraram a esquina para atender o morador próximo que estava à porta.



— Deus seja louvado! — exclamou Celeste. — Graças por este momento ter passado.

Benedito fez sinal de longe com o indicador para Dara retornar. Inocentemente ela o atendeu para saber o que ele queria. Isto deixou Celeste em desespero, e ela começou a berrar:

— Não, filha! Não vá. Fique com sua mãe e seu amigo!

Quanto mais Dara se aproximava do barraco de Benedito, mais Celeste se desesperava e gritava para Cláudio e Penélope prestarem atenção no que ocorria, mas inutilmente. Os clamores mentais não foram captados porque outros trabalhadores voluntários se aproximaram de Penélope e Cláudio, distraindo--os, e desviaram a atenção para onde foram chamados.

Quando Dara chegou próximo a Benedito, longe dos olhos do grupo, ele a arrebatou para dentro do portão e desferiu-lhe forte golpe na cabeça, fazendo-a desmaiar. Depois arrastou-a para o interior do barraco.

Celeste entrou em desvario. Acompanhando o que acontecia, suplicava a Cícero e Diógenes, que se esforçavam para incutir na mente do agressor que cessasse o que fazia. Estranhavam haver ali a presença de um menino que presenciava tudo impassível, e as tentativas foram em vão, pois a mente de Benedito estava sintonizada à de Sandro e seus comparsas, que se deleitavam com o discorrer dos fatos.

— Pelo amor de Deus, Sandro... Não o deixe fazer isso com minha filha... Na frente de uma criança... Eu faço o que você quiser... Eu imploro como mãe...

— Observe bem o que está acontecendo, Aléssia! Sinta o que sentimos e regozije-se com o gozo da vingança! Olhe sua filha sendo estuprada e me diga qual é a sensação, pois a minha é maravilhosa! Vou participar dessa comunhão de energias que há séculos estou esperando.

— Não! Estuprem a mim! Essa menina tem a vida inteira pela frente — Celeste se atirou entre eles tentando evitar o inevitável acontecimento. O agressor concluiu o intento, amarrou e amordaçou Dara, deixando-a sozinha, e se retirou com o menino.



Celeste cessou o pranto de repente, penetrou em estado de atonia e foi sustentada por Diógenes, que se dirigiu a Sandro e perguntou com serenidade:

— Diga-me, irmão: qual é a sensação da vingança?

— Estou demasiadamente entorpecido... Não tenho condições de lhe descrever o quanto é prazerosa... — respondeu Sandro inebriado, quase sem voz.

Nesse instante, Amarildo, o mentor de Sandro, surgiu. Colocou a mão em seu ombro e iniciou:

— Talvez por você ter tido contato com Celeste, comece a perceber os resultados das vibrações expedidas por ela, que contribuiu para que acontecesse esse fato.

Sandro ficou transfigurado, expressava fácies de dor e começou a convulsionar, provocando a preocupação dos comparsas:

— O que está acontecendo com você, Sandro? — perguntou um deles, seguido de outro:

— Este perseguidor, que se diz protetor, aplicou alguma coisa nele. Precisamos tirá-lo daqui.

Os comparsas se retiraram carregando Sandro, enquanto Diógenes acolheu Celeste e aplicou-lhe passes. Cícero fez o mesmo em Dara, que estava desacordada.

Do lado de fora, Penélope deu por falta de Dara e perguntou a Cláudio e aos demais companheiros onde estava a filha.

— Isso porque Simone ainda alertou Darinha para ficar junto de nós. Procuremos Simone para saber se foi encontrar o grupo dela.

Ao encontrar Simone e seu grupo, Penélope sentiu o sangue gelar em seu rosto:

— Filha, se Darinha não está com você, onde está?

— Não sei, mamãe. Visitemos as casas que vocês atenderam, uma a uma, e vamos perguntar se alguém a viu. 

Quando chegaram ao barraco de Benedito, chamaram-no. Ele saiu calmamente com o filho pequeno e respondeu:

— Não, senhora. Acho que, quando a senhora veio aqui, já estava sem ela, porque não me lembro de terem a companhia de uma moça, não é, filho?

Ao observar o menino meneando a cabeça, Simone colocou as mãos na testa, pressentindo os fatos:

— Meu Deus, ajude-nos a encontrar Dara...

O pânico dominou a todos, que se juntaram para percorrer toda a favela à procura de Dara, mas, em determinado momento, Simone, exausta e ofegante, sugeriu:

— Mamãe, chamemos a polícia.

Em poucos instantes, cinco viaturas policiais adentraram, procederam à vistoria em todos os barracos, inclusive no barraco de Benedito, que exclamou:

— Nossa! Ainda não encontraram a moça cuja mãe estava desesperada a procurá-la?

— Não — respondeu o policial. — Essa gente quer fazer caridade, mas não sabe se cuidar, é isso que dá. Algum maluco deve ter empurrado a moça, e é bem capaz de a encontrarmos enterrada em algum canto do morro.

— Muito triste. A gente que mora aqui e tem criança pequena também sofre com medo de acontecer uma coisa dessas.

— Obrigado, desculpe incomodar — o policial saiu.

Logo em seguida, Benedito disse ao filho:

— Saia daqui, moleque pervertido! Vá brincar com as crianças lá fora e volte antes de anoitecer. Lembre-se do que combinamos com o Papai do Céu.

O menino saiu. O criminoso desceu por uma portinhola que dava acesso a um rústico porão onde Dara estava. Retirou toda a roupa dela com violência e deixou-a nua. Saiu do barraco com as roupas em um pequeno saco de supermercado, retornou sem elas e promoveu uma limpeza detalhada para apagar pistas.



A noite chegou. A família inteira de Dara estava mobilizada enquanto acompanhava a busca de cães farejadores na favela.

— A mãe da moça que procuramos, por favor, poderia me acompanhar com um dos membros da família? — pediu um dos investigadores presentes.

Tanaka chegou para apoiar Penélope. Ela estava amedrontada, esperando que fosse encontrar o pior. Um dos investigadores perguntou, mostrando algumas peças de roupa:

— Senhora, reconhece se essas roupas são de sua filha?

Depois de sinalizar positivamente, o pranto de Penélope se transformou em gritos de desespero:

— O que fizeram com nossa filha?

— Encontraram somente as roupas dela? — perguntou Tanaka transtornado.

— Sim, senhor. Demos as peças da vítima que sua senhora nos entregou para os cães farejarem e eles encontraram essas roupas neste local.

— Isso sinaliza algum fato, alguma pista de onde nossa filha possa estar?

— Não, senhor, mas encontrar somente as roupas dela não é bom sinal.

Quando as buscas foram encerradas, já era meia-noite, e os fogos anunciavam o Ano-Novo que se iniciava angustiante para a família de Dara.

Enquanto Penélope estava sendo atendida em um pronto-socorro, recebendo medicação calmante, acompanhada por Simone, Bruna, na casa dos avós Felipe e Dóris, telefonava para diversas pessoas conhecidas e avisava o ocorrido, na esperança de encontrar a irmã desaparecida. Tanaka estava na delegacia conversando com o delegado, na companhia de Ismael, que fora chamado por Simone para auxiliar o pai no âmbito jurídico.

— Doutor, acredito que tenhamos embasamento para tratar este caso como sequestro — afirmou Ismael.

— Já aventamos esta hipótese e estamos distribuindo fotos da senhorita Dara para todas as delegacias — declarou o delegado de plantão.

# 38

Passados dois dias, Celeste recuperava a consciência em um leito na colônia onde estava instalada, acompanhada por seu mentor Diógenes, que recepcionou dona Firmina e Isabel.

A mãe de Celeste iniciou diálogo:

— Olá, querida. Está melhor? Eu e Isabel viemos lhe prestar apoio.

— Mamãe, diga que tudo não passou de um pesadelo, por favor.

— O maior pesadelo é quando nossa fé fica perturbada, filha...

— Sinto-me sem rumo.

— Sim, filha. Sei como é.

Celeste se dirigiu à Isabel:

— Onde está Paulinho?

— Paulinho não está mais entre nós, Celeste.

— Oh! Meu Deus... Como pode? Não entendo... Diógenes, porque Deus permitiu uma coisa horrível dessas?

— Ora, querida... Quem sou eu para questionar os Desígnios Maiores?

— O destino é mutável. Eurípedes se desvirtuou. Não poderia minha filha ter se casado com outra pessoa, ter filhos como uma pessoa normal, sem ter que conceber um ente como Paulinho através de um estupro? Se vocês que são mentores são prescientes de tudo que acontece, por que não evitaram Eurípedes despedaçar a flor que recebeu?

— Bela alusão se referir à Dara como uma flor, mas protegidos não são como brinquedos que manipulamos conforme nossa vontade, Celeste. Se fosse assim, que mérito haveria para um encarnado resistir a uma tendência perniciosa ou se esforçar em conquistas que o elevam? Além disso, nossa presciência é relativa. Presciência integral, só Deus.

— Para que servirá um fato como este? E se Salete for assassinada ou, se conseguir escapar, não conseguir superar e recorrer ao suicídio?

— Esta é uma questão que diz respeito a um conhecimento do Supremo Ser Universal de que nós, mentores e protegidos, não dispomos da resposta, que certamente está contida no Deus que está no coração de cada um que passa por uma prova ou expiação.

A mãe de Celeste tomou a palavra:

— Eu entendo o que Diógenes está dizendo. Algumas coisas que, aos nossos olhos, parecem desgraças e injustiças, na verdade, têm o intuito da renovação interior, visam a ocorrências futuras que não são de nosso conhecimento, estimulando-nos à exploração e ao desenvolvimento de nosso potencial divino, já que somos criaturas Dele. Deus não deixa de fazer as coisas pelo nosso bem, e a nossa confiança nisto consiste no que denominamos crescer na fé. 

Celeste desabafou:

— Estou vendo que muitos elogiam o estágio de evolução que atravesso, sem saber que ainda estou engatinhando, mas chegará o tempo em que compreenderei melhor essas questões para não sofrer tanto.

Diógenes ajuntou:

— Uma das verdades sobre nossa evolução está na razão do que podemos oferecer na solução de continuidade do Bem Maior. Eu exercito a compreensão, tentando lhe mostrar o que aprendi para sofrer menos, compartilhando a fé com dona Firmina. Isabel nos ouve em silêncio, assimilando essas questões para colocar em prática quando for sua vez de praticar o que aprendeu. Uns pelos outros. Eis aí o fundamento do amor universal.

— Diógenes, por que Eurípedes fez questão de que aquela criança testemunhasse a barbaridade que fez com nossa flor Salete? No contato com ele, percebi a necessidade de o filho estar presente. Por quê?

— Quando Eurípedes estava entre nós, foi inspirado, por Isabel, a cessar a onda de ódio e vingança para com você e Salete, mas Sandro ficou muito contrariado por perder os amigos, que se converteram e perdoaram. O apreço de Eurípedes por Sandro é tão grande que, pouco antes de reencarnar com os propósitos elevados, ele o procurou, tentando trazer Sandro para o nosso lado, mas revelou suas pretensões de se unir a Salete para promover o retorno de Paulinho e Isabel como filhos. Inconformado, Sandro se converteu em perseguidor pertinaz de Eurípedes desde o renascimento, desequilibrando-o. Sabendo que um dia se encontraria com Salete, Sandro promoveu obsessão sem precedentes sobre o amigo, que se tornou passivo de suas impressões. O fato de Eurípedes fazer questão da presença do menino durante o estupro é o resultado da simbiose de pensamentos entre Eurípedes e Sandro. Eurípedes aderiu à psicopatia de Sandro. A presença do menino é um reflexo do desejo de Sandro menino observando a Salete de outrora sofrer o mesmo martírio psicológico que sentiu no passado.

— Pobre menino... — lamentou Celeste. — Isso refletirá negativamente para o resto de sua vida.

— Isto não refletirá negativamente para o menino porque reconhece amor incondicional por Salete. Este menino é Célio, que foi amigo de Salete na colônia Acalanto. Salete promoveu tantas mudanças positivas em Célio que ele desejou ardentemente fazer parte desta encarnação junto dela, assim que lhe foi permitido saber que Eurípedes havia se perdido nos compromissos. Por isso Célio reencarnou como filho de Eurípedes. Como o amor de Célio não foi suficiente para promover mudanças positivas em Eurípedes, e diante dos funestos acontecimentos, o Plano Maior está redirecionando para que Célio interaja a favor de Salete, pois este é o grande desejo que franqueou seu retorno a Terra, em reconhecimento às mudanças interiores que Salete promoveu no seu ser.

---

No cativeiro, onde Dara estava nua, amarrada e amordaçada, o menino desceu pela escada improvisada e se aproximou dela com três bananas nas mãos:

— Vou puxar essa coisa na sua boca para você comer, mas, se gritar, meu pai vai matar você como fez com as outras. Eu sei que está com fome. Coma e fique quieta, está bem?

Com consciência para preservar a própria vida, Dara concordou. O menino soltou a fita adesiva de sua boca e, quando terminou de comer as frutas que o menino lhe deu à boca, tentou persuadi-lo:

— Menino, não deixe este homem fazer isso comigo, procure alguém e conte o que está fazendo comigo.

— Não posso, senão Papai do Céu não fará o que prometeu — o menino colocou a mordaça novamente na boca de Dara e saiu.

Algum tempo depois, o pai apareceu no barraco e questionou:

— Diga se a alimentou, como fez com as outras.

— Juro que não... Estou falando a verdade.

— Se estiver mentindo, o azar é seu. Você já sabe o que vai acontecer.

---

No quinto dia, na casa de Penélope, a atmosfera era sombria.

Penélope agarrara-se a Tanaka. Ambos compartilhavam as lágrimas de sofrimento junto a Dóris, enquanto Simone estava em vigília no quarto de Bruna e anunciou:

— O vovô está aqui para falar com você.

Simone saiu do quarto deixando Felipe a sós com Bruna:

— Bruna, não estou gostando de sua atitude. Onde está a Bruna guerreira que conhecemos?

Sem resposta, Felipe sentou-se ao lado dela e continuou:

— Não quer falar, não quer comer, não toma banho... Filha, é falta de educação não responder para seu avô. Não é só você que está sofrendo e está deixando todos preocupados. Olhe, se continuar desse jeito, teremos que recorrer ao hospital, pois essas olheiras são preocupantes.

Bruna se levantou e ficou de pé, com os braços cruzados e a cabeça baixa no canto do quarto.

Felipe se aproximou novamente, acariciando os cabelos da neta, e declarou:

— Foi você que me apresentou Darinha quando ninguém teve coragem. Não esqueço como você ficou desconcertada quando perguntei se era uma pá de bolo mesmo que tinha ido buscar em casa... A minha vida tomou outro sentido a partir daquele dia em que pensava ter perdido Nando para sempre, e você me trouxe o amor que continuaria por meio de Darinha...



Traído pela emoção das próprias palavras, Felipe não conseguiu continuar a falar, dominado pelas lágrimas.

Bruna se virou e abraçou Felipe com força. Chorando, desabafou:

— Por que Deus está fazendo isso com a gente, vovô? Minha vida de nada valerá se Darinha não voltar... Não sei se ela está comendo, se está falando, então não falarei e não comerei enquanto Deus não trouxer Darinha de volta!

Felipe se controlou para responder:

— Que Deus tirano é esse que você precisa chantageá-lo para conseguir o que quer? Será que Deus ficará contente de ver que, se tivermos perdido Darinha, podemos perder você também? Pensou como nos sentiremos e o que estamos sentindo, ou pensa que é só você que sente falta dela?

— Vovô, estou desesperada, não sei mais o que fazer para acabar com essa angústia...

— Eu sei, filha. Estamos todos desse jeito. Sua avó fica rezando o terço, e eu já estou ficando até com raiva de ouvir tanta reza. Estou a ponto de acender vela até para o diabo para ver se Darinha aparece.

— Ai, vovô... Que besteira está dizendo! Vovô, pode existir de verdade uma magia de Natal? O senhor foi Papai Noel tanto tempo, fez tantas crianças felizes, inclusive nós. Use essa magia para encontrar Darinha.

— Está bem, direi para você como digo às crianças: "Este será nosso segredo". Você acaba com essa greve de fome e mostra para seus pais que está querendo viver que eu peço para a "magia do Papai Noel", estamos combinados?

— Vovô... Não estou brincando. Acredito nisso. Promete que vai usar essa magia?

— Está duvidando de mim? Eu sou o representante do Papai Noel, esqueceu? Eu prometo.



Antes de dormir, Felipe pensava no que Bruna havia dito. Se realmente houvesse uma magia de Natal, Dara teria sido para ele a inspiração que lhe rendeu anos trabalhando na função de nutrir e felicitar a ilusão das crianças.

Com total desinteresse, pensou:

"Deus Nosso Senhor, se existe mesmo essa magia de Papai Noel, peço que me faça de instrumento para encontrar Darinha, pelo meu bem e de minha família. Nando, meu filho, esteja onde estiver, saiba que o amo e tentarei encontrar sua filha para continuar cuidando dela como você me pediu".

Quando Felipe penetrou em estado de sono profundo, os espíritos Nando e Silas vieram ter com ele:

— Papai, Darinha não é só minha filha, era de Silas também. Nós dois decidimos trazer Dara para ficar conosco. Quando é que vai aceitar Silas na minha vida?

— Está bem, está bem... Tudo bem com você, Silas, "esposo" do meu filho?

— Papai, respeite o Silas! Está ironizando?

— Claro que não! Parece que estou fazendo isso que meu filho falou, Silas?

— Ele não está ironizando, Nando, estou sentindo — interveio Silas. — Obrigado por me aceitar, senhor Felipe.

— Quem tem de aceitar é Nando. Eu aprendi a respeitar as decisões e o gosto dos outros.

— Papai, fomos autorizados a levá-lo onde Dara está.

— Onde Dara está?

— Na favela mesmo. Está num cativeiro. Firme seu pensamento agora para ir até lá que os benfeitores o conduzirão para encontrar nossa Darinha. Quando o senhor acordar, não se lembrará plenamente deste nosso encontro, mas guardará a intuição.

— Se você sabe onde ela está, por que você mesmo não a resgatou?



— Papai, não faça perguntas. Eu não estou mais na Terra, e o senhor está. O senhor pode encontrá-la.

Nando se despediu com um abraço no pai.

Quando Felipe observou Silas cabisbaixo, aguardando sua retirada, ele surpreendeu a ambos, achegou-se para abraçá-lo e disse:

— Tchau, Silas. Continue fazendo meu filho feliz.

Na manhã seguinte, Felipe despertou com disposição diferente e contou a Dóris:

— Sonhei com Nando esta noite. Ele estava com o "marido", que nem cheguei a conhecer em vida.

— Conte-me o sonho.

— Consigo lembrar que Nando dizia algo sobre Darinha, que ela também era filha do tal Silas, não só dele, aí concordei, abracei os dois e fui embora.

— Você abraçando Silas? Só em sonho mesmo.

Felipe telefonou para Tanaka:

— Alguma notícia de Dara?

— Não, senhor, nenhuma notícia.

— No dia que ela desapareceu, foram feitas buscas em todos os barracos da favela?

— O senhor sabe que sim porque lhe contei em detalhes, inclusive dos cães farejadores a noite toda, que ainda continuaram as buscas no dia seguinte e no outro. Por que pergunta, senhor Felipe?

— Não sei... Desconfio que a procura não tenha sido feita como deveria.

— Imagine, senhor Felipe! Nós e a polícia fizemos pente-fino em todos os barracos. Se Dara estivesse lá, teria sido encontrada.

— Está bem. Aguardemos notícias então.

Felipe apanhou a carteira e Dóris perguntou:

— Se for para casa de Penélope, irei com você.

— Não vou. Quero dar umas voltas para espairecer.

Chegando à favela, Felipe começou a percorrer as ruas desinteressadamente. Nando e Silas o acompanharam.

Quando Felipe se aproximou do barraco onde Dara estava, Nando e Silas gritaram vertiginosamente:

— Dara está ali, papai!

— Aí nesse barraco em frente, senhor Felipe. Olhe! Entre, pelo amor de Deus!

Felipe continuou andando, para a decepção de Nando e Silas.

— Ele não nos ouve, querido. Não adianta insistir, Nando...

— Então por que nossos mentores permitiram o encontro de ontem, Silas?

— Não sei... Deve estar acontecendo alguma... Nando, aquela criatura ali se achegando ao seu pai não é o tal de Sandro, que ajudou Eurípedes a jogar Darinha no barraco?

— Deus do céu, é ele mesmo! O que faz esse monstro se aproximando de meu pai?

Enquanto Felipe estancou exausto, olhando o sol escaldante entre as nuvens que anunciavam a chuva que cairia, Nando e Silas cercaram Sandro:

— Já não basta todo o sofrimento que infligiu à nossa família? O que faz perto de meu pai, seu monstro?

— Cale a boca, híbrido! Se chegar mais perto, se arrependerá.

Sandro se aproximou de Felipe, emitindo energia de magnetização, e ordenou:

— Acompanhe-me, velhote. Venha!

— Para onde esse monstro está levando seu pai, Nando?

Notando que Felipe seguia Sandro, Nando e Silas clamaram desesperadamente por seus mentores.

— Silas, estamos perdidos! Albano e sua mentora Marli não vêm. Temos que fazer alguma coisa.

Quando Felipe chegou a certo ponto, onde havia uma roda de crianças agachadas brincando, havia cinco meninas e um menino. Ele reconheceu o menino.



Assim que Felipe cessou o passo, Nando e Silas fizeram menção de avançar sobre Sandro, mas este exclamou antes de se virar e ir embora:

— Adeus, híbridos idiotas.

Sem entender o que ocorria, Silas e Nando se entreolharam, enquanto Felipe se agachou perto do menino:

— Ginho, não é?

— Meu pai disse para não conversar com desconhecidos. Como sabe meu nome?

— Mas seu pai não proibiu você de conversar com enviados do Papai Noel, proibiu? Eu me chamo Felipe. Papai Noel me mandou para ver se você está feliz.

— Foi o Papai Noel que falou meu nome para o senhor?

— Foi. Ele pediu para perguntar se você ficou feliz com o presente que ganhou.

— Papai Noel mentiu para mim. Não fez nada do que prometeu e trouxe um presente que eu não queria — o menino continuou brincando irritado.

— Calma, Ginho... Papai Noel me contou que você pediu uma boneca, mas como seu pai ficaria bravo com você, ele escolheria outro presente para você ter fé nele, não foi?

— É, mas ele falou que eu ia gostar do presente. Não gostei! Mandou um caminhãozinho. E ele prometeu também que traria minha mãe de volta e não trouxe.

Contendo o riso, inspirado pela inocência do menino, Felipe indagou:

— Mas o Papai Noel me falou que você pediu para trocar seu pai. Não mencionou nada de trazer sua mãe de volta.

— O meu pai avisou que não precisava falar disso com o Papai Noel da última vez porque tratou com ele.

— Se tratou com ele, muito bem então. Deve ter sido segredo dele. Mas, Ginho, por que você quer trocar de pai?

— Meu pai é um homem mau, me bate, machuca e mata as mulheres que Papai do Céu disse para ele trocar para trazer minha mãe de volta.



Intrigado, Felipe fez rápida associação dos fatos e continuou com ponderação:

— O Papai Noel fez um trato comigo de que tudo que você me contar seria segredo nosso e, se me contar mais sobre isso que seu pai faz, ganhará a boneca. Este é o trato.

— Vai me dar mesmo a boneca que quero?

— Sim, e a boneca é desta altura.

— Está bem. O Papai Noel disse ao meu pai que mandar mulheres para o Papai do Céu dará vida nova para minha mãe. O meu pai falou que, se eu contasse isso para alguém, Papai do Céu nunca ia trazer minha mãe de volta, mas o senhor é amigo do Papai Noel, então não tem problema, tem?

— Não tem problema. Estive agora mesmo com Papai Noel e ele me falou que era para você me contar tudo como ele está fazendo para mandar as mulheres para o Papai do Céu. Como seu pai faz?

— Ele joga as mulheres no buraco que fez no barraco, amarra elas, faz xixi dentro delas e, quando elas morrem, avisa o Papai Noel, que fala para o Papai do Céu trocar pela vida da minha mãe. Só que até agora o meu pai já deu duas mulheres para o Papai do Céu e minha mãe não voltou. Eu não gosto de ver elas daquele jeito, peladas, porque de noite faz frio. Dou comida para elas escondido porque meu pai não dá e, quando ele descobre que eu dou, ele me bate.

Felipe teve uma vertigem que a custo superou. Engasgado, perguntou:

— Onde é sua casa, Ginho?

— É aquela que fica ali em cima, ó — apontou o menino.

— Venha comigo. Vamos ligar para o Papai Noel e cuidar de refazer esse trato agora mesmo.

Felipe tomou a mão do menino, e ligou de um telefone público para Tanaka. Este fez a denúncia, acionando a polícia. Recomendou que entrassem na favela sem as sirenes, pois previa resultados desastrosos, admitindo-se a hipótese de o pai do menino ser o criminoso que tivesse subjugado Dara.

# 39

Seis viaturas surgiram. Os policiais foram conduzidos por Felipe aonde o menino Ginho havia indicado.

Toda a família compareceu ao local, exceto Dóris, que ficou em casa, na companhia de Penélope.

Felipe apresentou Ginho para as netas:

— Olhe, Ginho, essas são a tia Simone e Bruna. Ficaremos aqui com elas quietinhos e depois conversaremos.

Prontamente Bruna prendeu a atenção de Ginho, enquanto Ismael e Tanaka se dirigiram ao barraco, onde permaneceram em distância considerada segura enquanto cinco policiais bateram à porta:

— Aqui é a polícia. Abra a porta!

O policial que estava à frente da porta foi atingido por um tiro disparado de dentro do barraco, com a porta fechada, e só não foi atingido por outros tiros porque tombou.

— Minha vingança é implacável! — bradou Benedito. — Matarei qualquer um que se aproximar!

Os outros quatro policiais arrombaram a porta, posicionando-se e atirando no agressor, que revidou, mas foi atingido por vários disparos e faleceu no local.

Ao ouvir os tiros, Bruna saiu em disparada em direção ao barraco, clamando o nome de Dara.

Com as informações que Felipe havia passado, logo encontraram Dara, em deplorável estado. Ela foi prontamente atendida por paramédicos que estavam no local.

Observando a irmã sendo colocada de maca na ambulância, Bruna olhou para Ismael e observou:

— Eu a carreguei nos braços para dentro de casa.

Ismael teve reflexo para segurar Bruna, que desfaleceu ao concluir a frase, demandando a necessidade de outra ambulância para levá-la ao hospital.

Depois dos graves acontecimentos, Silas e Nando estavam com seus mentores, Marli e Albano, respectivamente:

— Decerto sabemos que mentores sempre estão por perto, mas por que não se mostraram quando imploramos a presença de vocês? — interrogou Silas.

Marli respondeu:

— Na oportunidade, foi melhor não nos mostrarmos, assim como também o mentor de Sandro, nosso irmão Amarildo, que estava ali, para que Sandro pudesse se entender livre para fazer o que tinha decidido: tentar amenizar a situação de Celeste e sua filha, facilitando o encontro de Felipe e Ginho, o que resultou em acharem Dara.

— Qual é o motivo de tamanha conversão da parte do vingativo Sandro, se ele não mostrou um pingo de comoção quando contribuiu para despertar o instinto assassino de Eurípedes para ele fazer o que fez? — indagou Nando, que obteve a resposta de Albano:



— É que a permissão da presença de Celeste teve outro motivo, além do que ela sabia. Pediu para estar junto para provar o nível de sua fé, quando na realidade sua participação foi efetiva para a evolução do processo que está mudando a alma de Sandro. No momento em que Celeste pulou sobre Sandro, quando comungava as sensações de Eurípedes na deplorável investida sobre Dara, houve um contato perispiritual que surtiu efeitos posteriores em Sandro, pois ele recebeu as impressões durante o processo enquanto vampirizava Eurípedes, mas foi inevitável também absorver as impressões de Celeste.

— Que maravilha! — exclamou Nando. — Então a fera experimentou do próprio veneno! Imagine a sensação de Celeste vendo a Salete dela, a nossa Darinha, passando pelo que passou... Esplêndido!

— Isso não explica tudo, Nando — acrescentou Silas. — E o que me dizem de Sandro saber que o senhor Felipe conhecia o Ginho, para conduzi-lo até ele?

Marli esclareceu:

— Pois vocês pensam que só os mentores estão sempre por perto, não é? E os perseguidores espirituais, quando planejam contra os perseguidos, vocês acham que não espreitam todos que lhes interessam para encontrar uma forma de atingir os que consideram desafetos? Sandro estava bem informado sobre Ginho porque esteve espionando Felipe no momento que conheceu o menino, ouviu a conversa que teve com ele, por isso sabia o que poderia acontecer se o encontrasse.

Silas expressou embevecido:

— O que mais me impressiona é que os perseguidores podem achar que estão investigando, como aconteceu com Sandro. Até nós podemos pensar que estamos sendo atendidos, como aconteceu com Celeste, mas vocês... Ah! Vocês são terríveis! Sabem de tudo e muito mais...

— Não é bem assim, Silas — advertiu Albano.

— Enganem-me que eu gosto! Se não é bem assim, é "bem assado"! O que é, então? — retrucou Silas para remate de Marli:

— A alusão mais próxima do que acontece na realidade está contida naquelas metáforas que normalmente se utilizam os protegidos: "Ali estão os Olhos de Deus... Acolá está a Mão de Deus"...

Amainado o tumulto e devido à notoriedade do caso, no dia seguinte o delegado foi pessoalmente ao hospital reunir-se com o médico, Tanaka e Penélope, que estavam o tempo todo assessorados por Ismael.

O médico iniciou a reunião:

— Não há como dizer de outra forma. A filha de vocês foi estuprada diversas vezes. Soubemos que o criminoso não a alimentou durante todo esse período em que foi subjugada. Deduzimos que Dara teria ido a óbito não fosse o menino ter fornecido bananas a ela. Apesar de precária alimentação, está viva por causa disso. Não ingeriu água, por isso estava desidratada quando chegou. O quadro agora é estável. O ferimento na cabeça foi superficial e está fora de perigo, mas não sabemos a extensão dos danos psicológicos porque a paciente se encontra em estado de embotamento.

O delegado continuou:

— De nossa parte, senhor Tanaka e senhora Penélope, pesquisando informações sobre o criminoso, descobrimos que era procurado da polícia porque assassinou a esposa na frente do filho, que vocês já conhecem, quer dizer, acho que só a senhora Penélope não o viu. Depois do crime, fugiu com o menor da pequena cidade do Estado de Alagoas e se instalou na favela onde ocorreram os infaustos acontecimentos. Além disso, existe um fato muito triste e grave, que até hoje cedo era desconhecido. Com base no depoimento do senhor Felipe, com as informações do menino, descobrimos que, no cativeiro onde estava a filha de vocês, estão enterradas duas jovens que sofreram as mesmas agressões, e agora estão em fase de identificação dos corpos.



Após a exposição do médico e do delegado, Ismael observou:

— Com base no conjunto dessas informações mais as do senhor Felipe, tratava-se de um psicopata que fazia o filho presenciar as terríveis cenas com as vítimas, deixando-as morrer de fome depois de produzir toda sorte de violências.

— O que será desse menino? — perguntou Penélope.

O delegado respondeu:

— O Conselho Tutelar está com sua custódia e ele passa por avaliação psicológica. Doutor Ismael, que agora advoga para vocês, manifestou a vontade do senhor Felipe de adotar a criança, mas esta é uma decisão que será submetida à instituição competente.

— O quê? O papai já tem idade, mal consegue se cuidar e está falando em adoção? Por favor, conte essa história direito, doutor Ismael — inquiriu Penélope.

— Questionei seu pai sobre isso, senhora Penélope. Ele me disse que foi mais ou menos assim que aconteceu quando adotaram Dara e, apesar da idade avançada, ele pretende cuidar do menino enquanto for considerado capaz para isso... Através de vocês.

Tanaka riu:

— Esse senhor Felipe é uma figura mesmo... Admiro essa postura de bondade dele.

— Essa é boa!... — objetou Penélope. — Papai não pode ir resolvendo coisas assim, delegando responsabilidades para os outros! Falarei com ele depois. Claro que ficamos condoídos com a história desse menino, mas, desculpem a sinceridade, nem eu tenho mais idade para cuidar de crianças. E, por falar nisso, doutor Genaro, claro que o senhor já deve ter visto, mas é bom perguntar: Dara não corre o risco de ter engravidado desse psicopata, não é?

— Desculpe, senhora Penélope, mas este risco existe e saberemos posteriormente. É comum em casos assim administrarmos um anticoncepcional pós-coito, porém isso só pode ocorrer até o segundo dia depois das ocorrências, para a medicação produzir o efeito esperado. Como sua filha só foi encontrada quase uma semana depois da primeira ocorrência do crime e está muito debilitada, precisará fazer o exame conceptivo logo que o psicólogo liberar.

— Como assim? É responsabilidade do psicólogo liberar exame para saber se houve gravidez? — questionou perplexa Penélope.

— Sim — respondeu com ênfase o médico. — Devido ao estado psicológico em que sua filha está, passará por um processo de reorganização e nesses casos, é preciso muito cuidado para lidar com a paciente. É importante lhe explicar que, quando um paciente está com embotamento, está mascarando sentimentos dolorosos e confusos. Qualquer descuido poderá incorrer em sequelas irreversíveis, e sua filha pode demorar bastante para levar uma vida normal.

— Nossa, doutor!... Não esperava levar Darinha para casa salva de tudo, mas foi bom o senhor me avisar, porque precisaremos saber o que é necessário para lidar com essa situação. Se ela estiver grávida, o que faremos?

O delegado Menezes tomou a palavra para explicar:

— A lei assegura licitude ao aborto no caso de gravidez resultante de estupro. Neste caso o aborto é procedido com o consentimento da gestante ou, quando incapaz, de seu representante legal. Como Dara é maior de idade, ela mesma poderá fazer a opção e estará respaldada pela lei. Apesar de ter acontecido o crime durante seis dias, fazemos votos para sua família não precisar pensar em mais esta decisão, que também será muito difícil.

Dara se submeteu a acompanhamento psicológico e, em algumas semanas, recebendo carinho e atenção da família, devidamente orientada, começou a se comunicar com maior facilidade:

— Bruna, hoje sou capaz de compreender por que as pessoas cometem suicídio.

— Não sabia que havia modos de compreender por que uma pessoa é capaz de tirar a própria vida. Se fosse esse o seu caso, e nós que ficamos? Já imaginou?

— É que a nossa alma fica entorpecida pelo desespero, como se uma tentação de subtrair a própria vida invadisse o ser. O suicídio é a última saída para aliviar a dor moral.

— Meu anjo, melhor não falar nisso, senão vai começar a relembrar fatos que não deve.

— É necessário botar algumas coisas para fora, Bruna... Sabe o que me sustentou nos momentos mais terríveis? Foi aquele menino olhando o que acontecia...

Bruna decidiu ficar em silêncio, para Dara encerrar o assunto, mas o comentário que viria era uma necessidade de sublimação:

— O menino não ficava impassível... Parece que tinha uma comunicação mental comigo, como se desaprovasse o que o pai fazia, e aquele olhar de compaixão me consolava... Ah! Quando ele tirou a mordaça de minha boca para eu comer as frutas, entendi em linguagem subliminar que ele me dizia: "Eu quero que você viva, não quero que você morra". Tenho certeza de que este fato contribuiu para minimizar as consequências psicológicas, pois são essas as lembranças que uso para superar o que aconteceu.

— Caramba, Dara! Dá vontade de chorar.

— Então me faça companhia. Vamos lavar nossa alma.

Ambas soluçaram juntas, oportunidade em que Dara manifestou um sorriso pela primeira vez desde o fatídico evento, o que produziu imenso prazer em Bruna:

— Darinha, não sei o que me dá quando você sorri... Como eu adoro esse sorriso...

— Você está parecendo um pote de mel transbordando, Bruna... Melosa que só...

— Nossa! Sinceramente eu não sei o sentimento que tenho por você, mas com certeza tem a ver com outras vidas, pois sabe unha e carne? Se arrancarem sua unha, dói aqui no fundo da minha alma... Esquisito...

— Chega de corpo mole! Não é um psicopata morto que fará Dara envergar! Semana que vem, pedirei ao médico para fazer o exame de gravidez. Quero enfrentar logo essa realidade para ficar mais tranquila.

— Dara, você me assusta...

---

Naquele dia, depois de visitar Dara, Tanaka se despedia de Penélope:

— Graças a Deus, nossa filha está se recuperando bem. Felizmente teve uma condição familiar favorável e se estruturou adequadamente para superar até um evento como este.

— Felizmente é verdade. Sou muito agradecida a você, que sempre foi um pai presente, orientando, ensinando e amando as filhas...

— Não duvide de que amei você também, Penélope. Não é porque nos separamos que algo tenha mudado. Somos abençoados por três vezes de amor porque foi assim que a vida ficou mais bonita. Já pensou se elas não existissem? É hora de ir, pois amanhã terei de matar cinco leões no trabalho. Até mais.



— Tanaka...

— Falou comigo, Penélope?

— Queria lhe perguntar algumas coisas. É que... Nada, deixa pra lá.

— Tudo bem. Tchau, Penélope.

— Tanaka, venha aqui. Eu quero conversar com você! — retificou Penélope abruptamente.

— O que aconteceu, Penélope? Eu disse algo que a magoou?

— Quero saber por que fez isso comigo!

Bruna surgiu de repente:

— Mamãe, você sabe onde coloquei aquela escova nova que...

— Bruna, dê licença. Estou conversando com seu pai!

Diante da postura eriçada de Penélope, Bruna compreendeu que não deveria fazer perguntas:

— Sim, mamãe. Fui.

— Estou esperando sua resposta, Tanaka. Por que fez isso comigo?

— Penélope, se estiver se referindo ao caso que tive, eu pensei que já tivéssemos...

— Tanaka, eu quero saber, mesmo que me doa. Por quê? Por favor, responda sinceramente.

— Nunca deixei de ser sincero com você, mas se quiser...

— Deixou sim! Você não me deu a chance de saber se eu toleraria a traição de meu marido. Você não foi sincero. Preciso saber. Diga: por que fez isso comigo?

— Eu não menti, eu omiti sobre o caso com Lidiane, mas, com relação aos meus sentimentos com você, sempre fui sincero.

— Não suporto ouvir você pronunciar o nome dessa... Tanaka, eu imploro. Diga por que fez isso comigo!

Diante da pressão imposta através da expressão ríspida adotada pela esposa, Tanaka desabafou:



— Fiz porque você acreditou que pudéssemos viver ausentes! Fiz porque você, em vez de se tratar, achou que eu era obrigado a pensar como você! Fiz porque percebi que, se eu pedisse o divórcio, você não ficaria diferente do que está agora, mas é claro que prefere pensar que sou um mentiroso, sem-vergonha, e estava com você por causa da conveniência de estar com a família! Não me defendi em momento algum porque estou em paz com minha consciência, apesar de você preferir que eu mereça ser condenado. Fiz porque estava carente, mas você achava que eu era tão condescendente que não suspeitou que na verdade eu sou um ser humano como qualquer outro! Foi por isso que fiz o que fiz...

— Por isso é que você ficou tão tranquilo, não é, Tanaka?

— Você pensa que gostei do que aconteceu? Eu preferia que tivesse sido diferente, pois não sou o tipo de homem que precisa provar masculinidade, aliás, nem tenho mais idade para isso.

— O que preferia que tivesse sido diferente? Acha que eu deveria lhe perdoar?

— Gostaria que tivesse sido diferente, mas não foi. Não é egoísmo de minha parte, pois você poderia ter se cuidado, gostado mais de si mesma, mas preferiu se acomodar com a ideia de que o amor supera tudo. Sim, o amor supera tudo, mas nós também precisamos nos esforçar para superar as dificuldades para que o amor se manifeste.

— Boa noite, Tanaka.

— Para você também, Penélope. Durma bem.

E Tanaka saiu.

# 40

Simone e Ismael estavam juntos para dar a notícia a Dara:

— Irmã, não há outro modo para lhe dar esta notícia. O resultado do exame é positivo.

O casal esperou silenciosamente os expectantes instantes que Dara levou para digerir a novidade, até que ela deu início às hipóteses:

— Sei que querem me preservar e estou ciente de algumas consequências, mas não de todas. Peço que sejam absolutamente sinceros. O que acham que devo fazer?

— É muito delicada esta questão — respondeu Ismael. — Desculpe falar antes de você, Simone, mas esta é uma decisão que somente você, Dara, deverá tomar, depois de ponderar bastante. As opiniões dos outros devem ter importância apenas para direcionar seu raciocínio, porém o corpo é seu e você é quem sabe o que é melhor para a sua mente e seu corpo.

Dara pensou muito antes de responder:

— O problema é que não estamos tratando somente de mim... Tem outro corpo e outra mente aqui dentro. Simone, o que você faria se estivesse no meu lugar?

— Não sei.

— Simone, sei que está sentindo o peso da responsabilidade na influência de sua resposta, mas preciso arrecadar opiniões. Coloque-se no meu lugar vivenciando os fatos e diga o que faria.

— Compreendo a ânsia de saber o que penso, mas estou sendo sincera, Darinha. Eu não sei mesmo o que faria, por mais que pondere a respeito. Pensa que já não refleti horas sobre isso? Mas não obtive resposta para mim mesma.

Dara chamou sua mãe para aconselhar a respeito da decisão a tomar, e Penélope surgiu no quarto:

Dara iniciou:

— É, mamãe... Não sei se reparou, mas todos estão se esquivando de dar opinião. Sempre me disseram que as mães sabem tudo que é bom para os filhos, por isso considero a sua sugestão a mais importante.

— A minha opinião é clara e objetiva. Não sei.

— Mamãe, assim não dá! Preciso de sua ajuda.

— Dara... É complicado, filha... Uma menina nova como você, grávida de um psicopata que tinha matado a esposa e estuprava as vítimas na frente do filho. Um psicopata que foi assassinado! Pensamos o que será dessa criança quando crescer... Constará de sua carteira de identidade "pai desconhecido". Aí no Dia dos Pais ele vai fazer recortes que coloriu em cartelas para entregar para quem? Para o pai! Sim, mas qual pai? O pai Tanaka, o pai Felipe, se ainda estiver vivo? E os problemas não se encerram por aí... O que era feto virou bebê, o que era bebê virou criança e, finalmente, o que era criança virou adolescente. Todo mundo resolve informar suas origens ao adolescente, que fica revoltado. Aí, psicólogo nele! Uma correria para evitar que floresça o gene tendenciosamente psicopata que lhe deu origem e se torne um adulto problemático, isso se não for um psicopata igual ao pai!... Dara, você precisa de todos esses problemas? No entanto, eu mesma não sei se teria coragem de fazer o aborto, porque essa criança não tem culpa de ter sido concebida dessa maneira.

— Nossa, mãe... Confesso que não esperava que a senhora dissesse tudo isso... Porém a senhora me falou apenas o que já pensei centenas de vezes...

— Ora, Darinha... Não tenho condições de decidir por você. Aliás, estou me sentindo perdida também. O que posso lhe dizer é que estou do seu lado em qualquer decisão que tomar.

Durante as duas semanas que se seguiram, Bruna e Felipe optaram por não responder, Dóris não quis ser chamada para falar no assunto e, quando foi a vez de Tanaka, ele manifestou sua opinião a respeito:

— Filha, creio que posso ter sido mulher em alguma das encarnações pretéritas, mas nesta eu sou homem e não tenho condições de achar o que deve ou não fazer.

— Se me sentir desestruturada para gerar essa criança, Deus vai me castigar?

— Deus não castiga ninguém, filha... Terá de ter uma conversa com sua consciência e, se a decisão está em suas mãos, é porque existe um motivo. Nada é por acaso. É preciso ponderar o que deve fazer.

— Depois de toda essa exposição, o senhor na verdade tem a mesma opinião dos outros a quem perguntei, ou seja, nenhuma!

— Sobre o que deve decidir, não mesmo. Respeitarei sua decisão, seja ela qual for.

— O senhor realmente me colocou numa condição de decidir por mim mesma, não tenho por onde escapar.

— Filha, reflita sobre o que quer fazer e aja de acordo com sua consciência.

Em seguida, Dara pediu para chamar Ismael para anunciar sua decisão:

— Tem certeza de que é isso que quer?

— Sim, minha decisão está tomada. Quero fazer o aborto. Pode providenciar para quando?

— Darei entrada nos documentos do processo e lhe informarei. Será rápido. Fique tranquila.

---

Longe de Dara, Simone comentou com Ismael:

— Querido, estranhei essa decisão de Dara. Não tivemos oportunidade de apresentar Dirceuzinho a minha família, mas acho que a hora é esta.

— Estou estranhando você, querida... Cadê aquela conversa de que a decisão era de Dara, que não tinha como optar, não manifestou opinião favorável ou não... E respeitaria o que sua irmã quisesse fazer?

— Estou nervosa, amor, não previa essa reação de Dara. Para ser sincera, nem eu previa a minha reação.

Bruna levou ao conhecimento de Dóris a decisão de Dara, e no dia seguinte Dóris visitou Penélope para conversar em particular:

— Penélope, a Bruna me contou sobre o que você conversou com Dara e que ela tomou a decisão de abortar a criança.

— É verdade.

— Você sabe sobre a sensação de uma mulher fazer um aborto, Penélope?



— E a senhora, o que sabe?

Dóris se sentiu perdida por instantes, mas contornou:

— Já ouvi dizer que isso abala o psicológico da mulher.

— A gente ouve dizer muita coisa, mas a verdade só descobre quem faz.

Foi um instante tenso para Dóris. Ela pensou em revelar para a filha sobre o aborto que fizera para se sentir mais tranquila em transmitir a dor da experiência, mas aquele não era o momento.

Para agravar mais o incômodo, Penélope perguntou:

— Mamãe, estou estranhando vir só para falar nisso. Se a senhora acha que Dara não deveria fazer o aborto, por que se absteve de dar sua opinião? Aliás, não foi uma abstenção. Negou a se manifestar a respeito para Dara!

— Na realidade, temos de respeitar a decisão que Dara quiser tomar, mas estou preocupada, só isso.

Dóris retornou para casa combalida e Felipe perguntou:

— O que houve, querida? Por que está com essa cara?

— Nada.

— Quem nada é peixe. O que foi? Está preocupada com Dara?

— Felipe, não estou disposta para falar neste assunto. O que é essa caixa comprida que trouxe embrulhada para presente?

— Prometi comprar um presente para o Ginho. Vou visitá-lo e gostaria que você fosse comigo.

— Ai, Felipe... Não bastassem os problemas emocionais que estou enfrentando com Dara, você quer balançar ainda mais meu coração com esse menino?

— O que é, Dóris? Está ficando velha e seu coração está encolhendo?

— Ah, Felipe! Não me provoque, senão vou lhe dizer o que está encolhendo...

— Então não diga porque não quero saber a verdade. Quero saber se vai comigo visitar o Ginho.

— Está bem, Felipe, está bem... Vou... Eu vou... O que comprou para ele? Um caminhãozinho?

— É, um caminhãozinho lindo.

Dara escreveu em seu diário:

*Sei que a gente não deve esperar nada das pessoas, mas fiquei decepcionada com todo mundo...*

*Dentro de mim pulsa uma vida. Claro que uma vida concebida de um estupro, mas é uma vida dentro de mim.*

*Estou admirada. Será que mamãe se esqueceu das condições em que surgi na vida dela?*

*Também não sei por que fui tão idiota de pedir a opinião de todo mundo se sou eu que estou apaixonada por esta criaturinha que vive dentro de mim, sou eu que o amo sem ter por quê. Te adoro, filhinho... Ou filhinha... O que será que você é? Menino ou menina?*

*Eu sei que você não tem culpa de nada, meu amor... Não conhecia seu pai, mas sei que, apesar de conceber você desse jeito, somos dois, e é isso o que importa.*

*Eu vou ter você, sim, mas quero que todos fiquem desesperados na hora que for entrar na sala de aborto e implorem para eu não fazer. Você vai ver. Não se assuste, não, viu? A mamãe só vai dar uma lição em todo mundo. Quando você nascer, todos vão babar em cima de nós como vovó Dóris e vovô Felipe "babaram" em cima de mim.*

*Está vendo só, meu amor? Já não estou falando só comigo mesma, estou falando com você porque você faz parte de mim.*

*Ai, meu Deus, por que teve de ser assim?*

*Queria dar um pai honesto e trabalhador como o meu para essa criança. Quem sabe, durante a vida, o Senhor não traz aquele... Então é isso. Eu pressenti antes de ir para a favela que algo ia acontecer de muito bom.*



*O sol queimando meu rosto, a sensação de alguém que viria... Está vendo, amor? Era você, que está aqui dentro da mamãe.*

*Não estou nem aí para o que os outros vão pensar, para as dificuldades que podemos ter, muito menos com todos os obstáculos que sua vovó falou, porque eu o espero desde que me conheço, e a sua mamãe é louca... Eu sei que vou lhe dar irmãos.*

*Fiquei esperando que alguém me dissesse o que quero ouvir, mas até meu pai me enrolou, enrolou e não disse nada. Estou irada, mas vou me acalmar porque é ruim para você.*

*Você será uma criança, adolescente, sim, adulto e idoso. É um espírito, um espírito que eu já amo antes de nascer.*

---

Felipe e Dóris estavam no abrigo onde Ginho estava instalado provisoriamente.

— Boa tarde! Senhor Felipe, já resolveu o assunto do menino Ginho? — perguntou uma das funcionárias.

— Bom dia, Vera. Ainda não, mas vão resolver. O pessoal lá em casa continua com a atenção voltada para minha neta.

— Espere aí que o Ginho já vem. Vejo que trouxe um presentão para ele.

— Este é o presente atrasado do Papai Noel que finalmente lhe trouxe.

— Olá, senhor Felipe. Como vai?

— Bem, doutor Horácio. O meu menino tem se comportado bem?

— Pergunta do senhor todos os dias e quer saber quando vai para casa.

— Esse é o meu menino!

— Estou numa correria. Até logo. Um abraço, senhor Felipe.

— Está popular por aqui, hein, Felipe?

— Tenho feito amizades. Será útil para quando a Penélope pausar o problema de Dara e se o Ismael puder se dedicar mais a este caso.

— Você acredita mesmo que haverá condições de convencer Penélope e Tanaka, que estão separados, a adotarem esse menino?

— Pois se fizeram com Dara podem fazer com Ginho. Além disso, Dara ficava mais em nossa casa do que na dela, e é o que vai acontecer com Ginho também.

— Ora, Felipe! Isso foi há muito tempo. Pensa que vamos durar como minha mãe? Penélope não quer saber de mais responsabilidades.

— Pare com essa conversa de velhos, Dóris. Ginho está chegando.

Ao ver o menino correndo feliz na direção de Felipe, Dóris se emocionou lembrando Nando quando era criança.

— Papai Noel mandou meu presente!

— Calma, menino! Deixa eu lhe apresentar a vovó Dóris.

Ginho beijou rapidamente Dóris, mas a atenção estava voltada para o presente, que começou a abrir com sofreguidão.

Ao notar que na caixa continha uma enorme boneca, Ginho ficou estático, sem acreditar no que via, e Dóris também.

— E aí? Está vendo como Papai Noel não falha nunca? — enfatizou Felipe emocionado, enquanto Dóris permaneceu embasbacada observando as recomendações do marido para o menino, abraçado a ele com a boneca.

— Teremos que combinar uma coisa. Dirá que o Papai Noel errou o presente, mas vai servir só para não o tirarem de você, senão a tia Vanice não vai deixar você brincar com ele. Entendeu?



— A tia Vanice não sabe que o Papai Noel não erra nunca?

— Ela não sabe... Imagine que coisa! Este será o nosso segredo. Ela não pode saber, senão vai tirar seu brinquedo.

— Ela não pode tirar meu brinquedo.

— Não vai tirar. Fique sossegado. É só você brincar quando ela deixar, aí você deixa guardado. Quando ela deixar, você brinca. É só obedecer à tia. Vai fazer o que estou lhe pedindo?

— Vou. Ai, vovô... Adorei meu presente. Papai Noel não se esqueceu de mim...

— Papai Noel não se esquece de ninguém, e Papai do Céu também não.

— Minha mãezinha está bem?

— Psiu!... Fale baixinho porque a vovó Dóris não sabe. Sua mãe está bem e mandou um beijo para você. Qual nome daremos à sua boneca?

— Marinalva Luiza, que ia ser o nome da minha irmãzinha.

— Está bem. Marinalva Luiza. A tia Vanice está chegando. Não se esqueça do que combinamos.

Dóris ouvia, mas sequer conseguia falar, tentando entender o que acontecia, até que a pajem de Ginho se aproximou:

— Bom dia, senhor Felipe. Como está?

— Estou bem. Preciso ter um aparte com a senhora. Ginho, vá levar a... Qual o nome mesmo da boneca, querida? — perguntou Felipe a Dóris que, apática, respondeu:

— É Marinalva Luiza, Felipe...

— Obrigado. Ginho, leve a Marinalva Luiza e mostre o aquário para ela, que vou contar aqui para a tia Vanice do "erro" do Papai Noel.

Ginho obedeceu. Felipe fez rápida apresentação de Vanice para Dóris e emendou:

— Dona Vanice, pedi para minha filha Penélope comprar um presente para o Ginho, ela se confundiu, pensando que era uma menina, vizinha nossa. Como o presente estava embrulhado, só agora que abrimos descobrimos que era a boneca. O problema é que Ginho, quando abriu, já foi dando nome e, veja só, agarrou-se ao brinquedo. Não podemos tirar a boneca dele, senão, é criança, já viu...

— Tudo bem, não precisa se preocupar, senhor Felipe. Os meninos, às vezes, pegam as bonecas das meninas para brincar; as meninas, os carrinhos... É criança, não importa o brinquedo.

Quando terminou a visita, Ginho se despediu de Felipe e de Dóris, e perguntou a Felipe:

— A tia Dóris não sabe do nosso segredo da casa?

— Psiu, Ginho! A tia Dóris não sabe. Não fala nada...

Assim que ganharam a rua, voltando para casa, Dóris perguntou:

— Felipe, dá para você me explicar o que aconteceu ali? Você está arrumando malas para a Penélope sem ela saber e ainda coloca culpa nela de troca de brinquedo?

— É que, quando o Ginho foi ao shopping com o pai, ele pediu uma boneca para o Papai Noel, mas isso eu não revelei no depoimento à polícia porque não tinha necessidade. Quando encontrei Ginho na favela, naquele dia fatídico que me levou até Darinha, ele brincava numa roda de meninas. Estava triste, olhava para a boneca delas porque o pai lhe havia dado um caminhãozinho de presente de Natal. Este agora é um segredo meu e seu.

— E o segredo da casa. Do que Ginho falava?

— Disse a ele que teria uma nova casa porque, além de pedir a boneca para o Papai Noel, ele pediu também que queria trocar de pai e... e... e...

Dóris riu e continuou:

— E você é o outro presente do Papai Noel... Felipe, você enlouqueceu de vez, querido... Estamos velhos... Será que não acordou ainda para o fato de que já tenho oitenta e um anos e você oitenta e dois?

— E daí? Já pensou se tivéssemos que medir a felicidade proporcionada por uma criança pela idade que temos? Há sempre tempo para ser feliz!

# 41

Próximo da data marcada para o procedimento do aborto, Bruna procurou Dóris:

— Vovó, preciso de sua ajuda.

— Não venha choramingar. Se for por causa de Darinha, também preciso de ajuda.

— Estou com um pressentimento horrível. Está chegando o dia para Darinha fazer o aborto e ela está toda feliz, até a peguei cantarolando, como se nada estivesse acontecendo.

— Eu sei...

— Eu não queria que ela fizesse este aborto. Sei que está no ventre dela, mas você acredita que me afeiçoei ao bebê e não consigo dormir direito sonhando acordada com o bebê no meu colo, como quando encontrei Darinha na frente de casa?

— Fale com Penélope. Ela parece estar muito segura também.

— Saia de cima do muro de uma vez, vovó! Diga o que está achando disso! Você concorda que Darinha faça esse aborto, ou não?

— Estou mais perdida que você, Bruna.

— Estou caindo em desespero... Simone levou o Dirceuzinho para conhecer nossa família. Darinha brincou com ele, pensei que fosse se comover, mudar de ideia, mas, logo que ele saiu, ela perguntou qual era a data do aborto.

Minha mãe e meu pai dizem para não tocar no assunto, não dar opinião, mas estou prestes a fazer uma loucura e quero que você me ajude.

— O que quer fazer, Bruna?

— Primeiro quero saber se a senhora quer que Darinha faça o aborto.

— Como é difícil... Não quero, mas ao mesmo tempo sei que não posso me intrometer porque eu...

— Vovó, era isso que precisava ouvir. Vou lhe dizer o que farei com sua ajuda.

Dóris e Bruna estavam diante de Dara:

— Viemos conversar com você a respeito do que pretende fazer — iniciou Bruna.

— Resolveram finalmente se manifestar? Se estiverem preocupadas, não há com o que se preocupar. Estou legal.

— Não acredito que esteja assim, Darinha! — exclamou Bruna, irritada.

— Por que não estaria?

— Eu e vovó conversamos muito antes de lhe mostrar uma coisa e gostaríamos de sua atenção.

— Sim, podem falar.

Bruna tirou um livro da sacola, abriu e falou:



— Por favor, preciso que leia esta parte deste livro, que é o diário de Salete, a filha da dona Celeste. Você não a conheceu. Ela está enterrada no mesmo túmulo que a bisa Noeli.

— Curioso! O diário de uma morta? Tudo bem, me dê.

Dara apanhou e leu as páginas manuscritas indicadas, sob os olhares preocupados de Dóris e Bruna.

*Deus me perdoe. Sinto que aborto não é uma coisa certa de se fazer, mas o Senhor sabe que estou ajudando o amor de minha vida e faço qualquer coisa por ela.*

*Sei, por experiência de outras amigas que fizeram aborto, que meu amor precisará muito de mim, se arrependerá, mas peço que, se alguém tiver que ser castigado por isso, que seja eu mesma depois que me for desta vida, porque nesta vida quero me dedicar totalmente a Dóris, que amo tanto.*

*Dizem alguns que, quando existe o feto, ele já tem alma. Não sei se acredito nisso, mas me comprometo de alguma forma a ressarcir esse débito com minha própria vida se me for permitido. Poderei adotar uma criança, com Dóris, é claro, ajudar outras crianças, embora até goste delas, mas não tenha paciência alguma com elas.*

*Se um dia adotar uma criança, eu não serei ausente como meu pai é comigo. O pior é ter de admitir a falta que meu pai faz, mas, se ele acha que apenas mandar dinheiro de pensão já é suficiente, para mim tudo bem, agora me sinto fortalecida nos braços de minha Dóris e daqui para a frente poderei dar inclusive o amor que daria para ele, isto é, se me amasse de verdade.*

*Hoje é o dia mais feliz de minha vida. Foi o dia que tive o primeiro contato com Dóris e nunca senti tanto carinho e afeto num beijo, como se este beijo representasse meu renascimento.*

*É tão boa essa sensação de conquista, de saber que poderei voar através da dedicação que despenderei para minha amada... Acariciar suas mãos é tão agradável. Sinto uma energia linda tomando meu corpo inteiro, dando-me luz, paz, trazendo-me alegria...*

*Não é possível amar tanto assim. Beijei um anjo e ninguém saberá, porque ela não quer que saibam.*

*Ai que delícia poder agradecer o destino por me trazer Dóris de presente...*

Assim que terminou a leitura, Dara silenciou por instantes, depois comentou:

— Então ficamos sabendo que Salete foi beijada por nosso anjo... Não é, vovó?

Desconcertada, Dóris começou a chorar. Dara chamou-a, abraçou-a e perguntou:

— Por que resolveu me mostrar esse texto, vovó?

— A ideia foi da Bruna, para você não fazer o aborto... Salete me deu os mesmos argumentos que sua mãe para eu fazer, mas não imaginei o que aconteceria comigo. Em minha ilusão, por achar que estaria livre, pensei que era o melhor a fazer, mas é como se eu sentisse que tirassem uma parte de mim. Engraçado que, falando isso para você agora, parece que estou me sentindo aliviada, porém jamais superei e, mesmo velha do jeito que estou, fico pensando como seria o rostinho da criança. Na época, tentei me suicidar porque, entre outras coisas, estava no meu pensamento que, se tirei a vida do que seria meu filho, queria procurá-lo onde estivesse.

— Nossa! Que triste, vovó — comentou Dara, que chorava como Bruna. — Mas a Salete não pode ter feito de propósito, fez porque desconhecia o assunto e, pelo pouco que li, achou que iria ter você só para ela.

— Foi isso mesmo, Darinha. Salete me apoiou muito, me...

— Amou muito você, pode dizer, já entendi. Como esse diário veio parar na sua mão?

— A mãe de Celeste deixou para bisa Noeli, e bisa Noeli deu a Bruna para se desfazer dele, mas ela guardou.

— Adoro diários. Depois quero ler com calma. Você me empresta, Bruna?



— Empresto, não. Darei para você. Darinha, o que você achou do que leu? Mudou de ideia em relação ao aborto?

— Não mudei de ideia... — respondeu Dara diante da decepção da irmã. — Não mudei de ideia porque não faria aborto de jeito nenhum.

Dóris não conteve a felicidade junto de Bruna:

— Então por que deixou todos pensarem que faria? Deixou até marcarem data!

— Fiquei com raiva porque todos se esquivaram de dar opinião. Decerto que as circunstâncias não são as desejáveis, mas é meu filho, ou minha filha, e está dentro de mim. Dei um tempo porque queria que todos se arrependessem.

— Oh! Darinha... Não fique preocupada com nada. Amaremos essa criança como amamos você.

— Falarei primeiro com mamãe.

— Quer que estejamos juntas?

— Não. Quero conversar a sós com ela.

— Dara e Bruna, não quero que comentem com Penélope sobre esse diário. Deveria ter contado isso a ela antes, mas achei que não devia. A gente quer preservar os filhos e acaba deixando de dizer o que pode ser útil para o aprendizado deles.

— Não precisa se preocupar, vovó. Não contarei nada para ela sobre você e Salete.

— Agora que estamos mais tranquilas, quero lhe pedir, Bruna. Por favor, dê um fim nesse diário.

— Tome, vovó. É a senhora que está querendo dar fim nele, então dê. Eu não tenho coragem.

— Deus me livre e guarde! Também não tenho coragem. Salete vivia escrevendo diário igual a Darinha. Seria o mesmo que jogar fora o diário da Darinha.

— Passe para mim — pediu Dara. — Você disse que me daria, não é? Pois eu quero conhecer a história dessa menina.

— Pode, vovó? — questionou Bruna. — Aqui há várias passagens íntimas sobre você e Salete.

— Se Dara quiser, pode dar. Mas, filha, por favor, são coisas muito íntimas...

— Pode deixar, vovó. Guardarei junto aos meus e depois resolvo o que fazer com o de Salete.

— Tome então, Dara — Bruna passou definitivamente o diário às mãos da irmã. — Gozado... Quando bisa Noeli me deu este diário para jogar fora, você tinha uns cinco ou seis anos. Você o havia roubado do cobiçado baú da bisa Noeli e dizia que era seu. Vovó Noeli lhe deu uma bronca danada. Logo contei para a bisa Noeli que eu já o tinha lido escondido umas cinco vezes. E ela ficou mais pasmada ainda, pois imaginava que a história da vovó Dóris nunca seria conhecida por nós. Você passou correndo, arrancou de minha mão e se enfiou no banheiro. Só me devolveu porque falei para você que havia um fantasma dentro dele. Daí essa história agora será mais conhecida que moeda de um real.

— Não me lembro desse fato. Agora fiquei mais curiosa ainda. Fique sossegada, vovó. Lerei com respeito porque a gente tem que respeitar vivos e mortos. Sabia apenas que Salete tinha sido assassinada, porque todos sabem, mas não imaginava essa relação de vocês.

— Deixarei que você mesma veja a história que tivemos... Minha Salete querida continuará sempre no meu coração... Um amor de almas nunca morre, sobrevive através da eternidade para todos os que estão no nosso caminho. O amor que sinto por vocês é assim também.

# 42

— O que foi, filha? Por que me chamou?

— Queria falar para você sobre uma decisão que tomei. Apesar de todas as dificuldades, quero ter esse bebê.

— Por que tomou essa decisão?

— Porque sim.

— Dara, como lhe disse, apoiaremos você na decisão que tomar.

— Vale somente minha opinião, mamãe? E a criança que espero, não conta?

— Dara, novamente vou lhe perguntar: o que a levou a tomar essa decisão?

— Conversei com vovó Dóris. Ela contou o caso de uma amiga que se arrependeu de fazer o aborto.

— Aí você se baseou na experiência que lhe contaram e decidiu não fazer o aborto.

— Sim, mamãe.

— Só sairei daqui se me disser por quê! Deve haver mais motivos. Diga para sua mãe, ou esconde de si mesma suas vontades e seus sentimentos?

— Não estou escondendo nada, mamãe! Eu sei que foi um estupro. Será filho de um psicopata, mas isso não quer dizer que meu filho será um psicopata! Darei a ele todo o amor que uma mãe pode dar a um filho, assim como a senhora fez quando me acolheu em sua vida. Pois a senhora nem sabe de onde vim!

— Está mesmo disposta a enfrentar tudo para ter essa criança?

— Mamãe, desculpe, mas a senhora está me irritando! Sou feliz porque tomo decisões que me fazem feliz. A senhora está com vergonha de mim porque terei um filho nessas circunstâncias?

— Isso eu também pergunto para você!

— Mamãe, é claro que o acontecimento me causou um trauma, mas não estaria me recuperando não fosse o sentimento que tenho por esta criança que estou gestando.

— Sim, filha... Eu entendo... Onde está a garantia de que manterá essa postura tranquila quando essa criança fizer parte de sua vida e estiver aqui do lado de fora?

— Mamãe, esta criança já faz parte da minha vida. Quando estiver do lado de fora, sei que a amarei mais do que agora...

Penélope tomou postura enfática:

— Então é essa mesmo a sua decisão?

— Mamãe... Por favor, pare de fazer a mesma pergunta... Isso está me machucando... Eu respondo por mim... Desculpe, mamãe, ajude-me a ter este filho...



— Não chore, Darinha... Escute o que vou lhe dizer — apesar da recomendação para Dara, foi Penélope que chorou: — Mais importante que querer que os outros respeitem o seu ponto de vista é construir as suas próprias opiniões em base sólida para que consiga respeitar a si mesma...

Penélope sentou-se ao lado de Dara e acariciou seu ventre:

— Eu também espero seu filho mais que tudo porque amo você e o amarei mais ainda.

— Mamãe, por que não me falou isso quando pedi seu conselho?

— Expus o que penso e garanti que a apoiaria em sua resolução. Quis que você mesma refletisse. Todos diziam que não tinham opinião, que respeitavam a sua, mas todos esperam essa criança. Precisei me colocar à parte para você consolidar a sua decisão. Foi melhor assim, pois não haverá dúvidas em nenhum momento de sua vida.

— Mamãe, me perdoe... Pedi para marcarem o aborto só para torturar todos vocês. Cairiam em desespero na hora que eu fosse fazer o aborto e...

— Imaginei! Que filho não faz essas coisas para chamar atenção? No seu caso, queria que decidíssemos por você, queria que amássemos seu filho porque vem de você e ainda bem que entendeu, pois esse tipo de sentimento é algo que não precisa pedir. Confesso que já estava ficando desesperada mesmo. O tempo estava passando e você nada de falar o contrário.

— O que você faria se eu levasse a termo a decisão que simulei?

— Ah! Filha... Sei lá! Acho que arrancaria você de lá pelos cabelos.

— Ah! Mamãe, você é incrível! Agora, pensando melhor, imagino como deve ter sido difícil para você não expressar o que achava que eu deveria fazer.

— Pois você acredita que pensei o tempo todo em Nando e Silas para buscar respostas? Antes de conversarmos pedi, inclusive, para o espírito da mulher que lhe deu à luz, caso pudesse me ajudar. Nessas horas a gente pensa em todos que possam ajudar.

Toda a família se reuniu na casa de Penélope para anunciar a decisão que se transformou em motivo de festa.

Reservadamente Penélope agradeceu a sua mãe Dóris pela conversa com Dara:

— Pensa que não senti a senhora querendo me matar quando conversamos?

— Isso é verdade, filha. Senti saudade do tempo que podia lhe dar uma chinelada no traseiro. Mas você não imagina como estou orgulhosa de você por saber por que agiu assim. Muito perspicaz de sua parte fazer o que fez, permitindo que Dara decidisse por ela mesma. Parabéns, filha. Seus avós também devem ter ficado orgulhosos de você colocando o instinto de mãe a favor da filha.

— Mãe... Não precisa ficar com vergonha por eu saber que aquela história que a senhora contou a Dara de uma suposta amiga sua que praticou aborto se tratar da senhora mesma.

— Que coisa! Você também leu o diário de Salete? Esse livro está parecendo um best-seller! Todo mundo leu, menos eu!

— Do que está falando, mamãe? Que diário é esse?

— Como soube do meu passado, ou melhor, até onde sabe?

— Nando me contou. Ou a senhora pensa que era só a senhora que tinha intimidade e confiança com ele?

— Ah! Nando! Eu pedi para aquele moleque ficar em silêncio. Ainda bem que ele lhe contou, porque fiquei com peso na consciência de não ter comentado com você para servir de exemplo nesta oportunidade com a Darinha.

— Fiquei com ciúme de a senhora ter confiado nele e não ter contado para mim, sabia? Agora me fale desse diário da Salete e não me esconda mais nada.



— Essa é uma longa história... Em outra hora conversaremos, filha...

— Vou esperar. Fiquei curiosa.

---

Penélope acompanhou Tanaka até a saída:

— Parabéns pela surpresa. Fiquei muito satisfeito pela tranquilidade que você proporcionou à nossa família e feliz porque logo teremos um netinho, ou uma netinha. Quem diria que nossa filha mais nova seria a primeira, não é? Estava mesmo com saudade do convívio com crianças.

— E ainda Simone trazendo o Dirceuzinho, teremos muito trabalho!

— É verdade. Boa noite, Penélope.

— Tanaka... Não vá.

— Como disse?

— Fique aqui comigo. Não vá embora.

— Não esperava um convite assim.

— Está comprometido com alguém?

— Sim, estou comprometido com você.

— Ufa! Ainda bem que falou, porque estou morta de saudade...

— Eu também, querida...

— Quer saber de mais uma surpresa?

— Tantas surpresas em um só dia? Que maravilha! Qual é a surpresa?

— Estou fazendo tratamento... Quero ser melhor para você, quero amar mais você... Nós merecemos.

— Então...

# Epílogo

Cinco anos depois, na praia do Arpoador...

— Ginho e Dirceuzinho, não brinquem desse jeito com Marcos! Esse tipo de brincadeira pode machucá-lo.

— Tia Dara, o Ginho que falou para eu carregar o brinquedo do Marcos perto dessa menina.

— Ai, meu Deus! Dirceuzinho, segure o Marcos, senão vai cair em cima da... Oh! Pai do céu... Olhe o que você fez com o castelinho da menina... Desculpe, pai... Desculpe, menininha, não chora, não...

— Tia, eu falei para esse menino bobo não mexer...

— Mãe, eu tropecei sem querer...

— Deixa a tia ajudar você a montar outro castelinho mais bonito que este. Marquinhos, sente desse lado aí que farei um com você também.

O pai da menina ria da situação:

— Ainda bem que resolveu montar outro castelo para Juliana, senão ela falaria nisso a semana inteira.

— Marquinhos, já falei que monto o seu com você. Pare de azucrinar a menina.

Simone surgiu com a filha no colo:

— Darinha, você viu que aqueles dois estão indo muito para o fundo? Meninos, é para ficarem aqui perto, senão voltarão para casa agora mesmo! Ismael, por favor, dê um jeito nesses dois, do contrário vão se matar. Vou até o carro pegar o xale, senão Noeli acabará pegando gripe. Tempo louco, esquenta, esfria; esfria, esquenta.

O jovem pai da pequena Juliana admirava a paciência com que Dara dividia a atenção entre sua filha e Marcos, e se agachou para comentar:

— Você me faz lembrar minha irmã.

— Minha tia Maria Laura morreu, sabia, tia? — disse a menina.

— Lamento. Faz tempo?

— Seis meses... Estou cortando um sete com a Juju, que sente muita falta dela...

— E sua mãe, Juju?

— Minha mãe largou meu pai e foi embora com o namorado. Mamãe me deixa ficar com papai para passear.

— Juju... Você nem deixa o papai conversar com a tia Dara direito para dar o relatório completo?

Rindo da inocência da menina, Dara indagou ao pai da menina:

— Como sabe meu nome?

— Pensa que a Juju é a única dedo-duro neste pedaço? Vi o menino Dirceuzinho lhe dando explicações agora há pouco, chamando seu nome. O meu é Leonel, muito prazer.

— Essas crianças são fogo...

---

Enquanto Dara e Leonel conversavam, atentos aos filhos, outra conversa paralela acontecia próximo deles:

— Olhe aí, Sandro! Não lhe falei que a recuperação de Dara era uma questão de tempo? — constatou Nando.

— É verdade. Estou admirado — respondeu animado o ex-obsessor.

— Minha Salete está linda e sedutora como sempre — interveio Beatriz, ex-companheira de Salete em Acalanto.

— Quanta saudade das piadas, dos risos e das lágrimas que compartilhamos...

— Ouvindo você falar assim, eu morro de saudade de Silas... Depois vou ver meu querido Silas, que agora é um bebê aprendendo a andar... — emendou Nando.

— E lá está meu querido Célio sendo chamado de Ginho por Dara. Daqui a três anos será minha vez de retornar a Terra, mas ficarei longe desses amados... Pedi para voltar com meu pai e vamos nos esforçar para recuperar o tempo perdido — ajuntou Beatriz.

Do lado oposto, estavam Celeste, Isabel e Maria Laura, a tia da menina:

— Que boa hora os conselheiros permitiram o encontro de meu irmão com Dara... A Juju está sofrendo muito desde que parti, mas agora ficarei mais tranquila.

— Não estou cabendo em mim de felicidade. Estarei com eles daqui a dois anos. Serei uma menina linda com esses dois irmãos lindos — completou Isabel extasiada, seguida de Celeste:

— Quem vê o Paulinho e a Silene juntos, nomeados agora como Marcos e Juliana, não imaginaria o futuro que terão como irmãos, junto a você, Isabel. Se conseguirem cumprir ao que vieram, a melhor comparação é que hoje brincam de castelos de areia, amanhã construirão o sonho de centenas de crianças carentes...



Isabel se achegou a Sandro, dizendo carinhosamente:

— Eu sei por que está pensativo... Eurípedes continua perturbado, sabemos, mas o fim de todos nós é sempre o recomeço. Tememos falhar como aconteceu com ele quando ingressamos na vida material, mas como saber onde estamos se não tivermos para onde ir? Perdemo-nos por alguns caminhos para não retornar a eles até conseguir chegar ao desejado destino neste labirinto de existências. Tenhamos fé que um dia teremos oportunidade de ajudá-lo a se encontrar.

Dara escreveu no diário:

*Nem acredito. Depois de quase seis anos acho que consegui superar a ojeriza de homens ao conhecer Leonel.*

*No começo pensei que, depois de ele ficar me olhando daquele jeito, eu fosse ficar com nojo, mas, quando bati o olho na forma como me observava... Que rosto bonito, que boca linda, que sorriso cativante, que olhar profundo... Deus do céu, eu só o vi hoje. Será? Existem momentos em que olhamos para algumas pessoas e temos certeza de que já estão no nosso caminho.*

*Separado, carente, tem a Juju com a mesma idade do Marquinhos, parece ser maduro... Realmente, cada um tem o sapato certo que serve no seu pé em dia frio.*

*Não ia pegar o telefone dele, mas como saber se o encontraria no Arpoador semana que vem? Não podia deixar passar a oportunidade. Estou com medo de ele pensar que sou mulher fácil, estou com medo de um monte de coisas, mas meu medo maior é não encontrá-lo mais porque ele é muito gato. É tão fofo que dá vontade de apertar, olhando para mim com aquela cara de "fica comigo pelo amor de Deus"...*



*O sol estava tão lindo abrilhantando o dia... Estou tão feliz!*

*Eu estou com vontade de amar. Eu consigo ficar apaixonada. Inacreditável!*

*Realmente não sei se foi uma boa ler aquele diário de Salete. Não é a primeira vez que escrevo meu diário me confundindo com ela. Nossa! Como a gente se influencia facilmente pelas coisas!*

*Mas também, a história de vida dela era coisa de louco... Fiquei muito impressionada quando cheguei ao fim, e a história não continuou. Muitas páginas ficaram em branco... Onde será que ela continuou o diário? Isso ficou na minha cabeça.*

*Não sei o que estou falando... Da mesma forma como li o diário dela, pode ser que um dia alguém leia o meu e diga a mesma coisa, pois cada um tem sua história.*

*Ela convenceu vovó a fazer um aborto. Isso nem me passou pela cabeça. Ela foi lésbica, eu sou heterossexual; ela foi assassinada, eu quase fui também, mas estou aqui. Todo mundo está sujeito a tanta coisa e no fim é quase tudo igual, pois dois eventos são fatais: nascer e morrer. Só mudam os enredos e personagens da história. Além disso, a gente pode estar convivendo com quem já conhece e nem sabe.*

*Filho, se um dia você ler este diário, já é tarde da noite e você está aqui na barra da minha saia dizendo que não consegue dormir e quer mamadeira.*

*Eu amo você por isso também, tá? Deixe-me pegar a mamadeira para você, depois vamos dormir e viajar por esse céu da nossa vida.*

---

Ginho, que dormia na casa de Dara naquele dia, surgiu:

— Tia, o Marcos me acordou e eu não consigo dormir.

— Eu não acordei, só puxei seu dedão! — corrigiu Marcos.



— Vocês dois não vão começar a brigar a uma hora dessas, não é? Venham aqui. Cada um sentadinho numa perna.

— Mamãe, você só pega eu no joelho! O Ginho é da vovó e do vovô.

— Marcos! Tenho dois joelhos e amo o Ginho também. O Ginho mora com o vovô e a vovó, mas o amor por ele é de todos nós. Você me deixa triste falando desse jeito...

— Tia, você me ama de verdade? — perguntou Ginho.

— Eu o amo muito, querido. Você duvida?

— Não, tia... É que eu a amo tanto... Parece que você é a que mais me compreende.

— Ai que lindo!... Vem cá, me dá um abraço apertado.

Marcos, intrigado, perguntou:

— Também amo você, Ginho... Por que dorme e brinca com boneca, se boneca é coisa de menina?

Dara esperou preocupada a resposta de Ginho:

— Qual é o problema de gostar de brincar e dormir com boneca? Você não brinca e dorme com o ursinho?

Marcos fitou Dara esperando esclarecimento e ela emendou:

— Pois é, filho... Uns gostam de bonecas, outros de ursinhos... E ninguém precisa deixar de amar ninguém porque as preferências e os gostos são diferentes.

Agarrando-se a Dara, Marcos apontou uma grande mariposa:

— Mãe, olhe! Que grande aquela borboleta! Estou com medo de ela voar em cima de mim.

— É apenas uma mariposa, filho. Ela não faz mal a ninguém.

— Por que ela fica batendo na lâmpada? Por que não vai embora?

— Mariposas são fascinadas pela luz, é por isso — respondeu Dara.

— Mas, mãe... Batendo-se desse jeito ela pode se machucar.

— Não se preocupe, Marcos. É da natureza dela fazer assim e, se quisermos impedir, poderemos machucá-la.

— Mas, tia, ela pode morrer... — insistiu Ginho. — O que fazer?

— Faremos o seguinte: apaguemos a luz para dormir, assim no sonho voaremos como a mariposa, e a mariposa procurará outra luz para seguir seu caminho.

Ginho e Marcos concordaram.



**FIM**

# Você acredita que faz tudo sozinho?

Cada um percorre sua trilha. Alguns desbravam o desconhecido, enquanto outros, quando conhecem o caminho, servem de guias, mas é certo que todos se dirigem a um objetivo comum: a ampliação da consciência e consequente amadurecimento do espírito, utilizando seus verdadeiros potenciais e fortalecendo os elos com a Inteligência Divina.

---

Ao longo de uma jornada fascinante e cheia de emoção, você perceberá que a vida trabalha sempre pelo nosso melhor!

# Outtros romances

## Sucessos de
## ZIBIA GASPARETTO

*Ditados por Lucius*

Só o amor consegue

A vida sabe o que faz

Se abrindo pra vida

Vencendo o passado

Onde está Teresa?

O amanhã a Deus pertence

Nada é por acaso

Um amor de verdade

Tudo valeu a pena

Tudo tem seu preço

Quando é preciso voltar

Ninguém é de ninguém

Quando chega a hora

O advogado de Deus

Sem medo de viver

Pelas portas do coração - nova edição

A verdade de cada um

Somos todos inocentes

Quando a vida escolhe

Espinhos do tempo

O fio do destino

Esmeralda

O matuto

Laços eternos

Entre o amor e a guerra

O morro das ilusões

O amor venceu

# Sucessos de MARCELO CEZAR

*Ditados por Marco Aurélio*

O que importa é o amor

Ela só queria casar...

O próximo passo

A vida sempre vence - nova edição

O amor é para os fortes

Um sopro de ternura - edição revista e atualizada

A última chance

Para sempre comigo

O preço da paz

Você faz o amanhã

Medo de amar - nova edição

Nunca estamos sós

Nada é como parece

Só Deus sabe

## Sucessos de
# MÔNICA DE CASTRO

*Ditados por Leonel*

Virando o jogo

Jurema das matas

Uma história de ontem - nova edição

De frente com a verdade

De todo o meu ser

A atriz - edição revista e atualizada

Gêmeas

Só por amor

Lembranças que o vento traz

Giselle – a amante do inquisidor - nova edição

Segredos da alma

Greta

O preço de ser diferente

Até que a vida os separe

Com o amor não se brinca

Sentindo na própria pele

## AMADEU RIBEIRO

O amor nunca diz adeus

A visita da verdade

## ANA CRISTINA VARGAS

*Ditados por José Antônio e Layla*

A morte é uma farsa

Em busca de uma nova vida

Em tempos de liberdade

Encontrando a paz

## EDUARDO FRANÇA

A escolha

Enfim, a felicidade

## EVALDO RIBEIRO

Eu creio em mim

## FLÁVIO LOPES

A vida em duas cores

Uma outra história de amor

## LEONARDO RÁSICA

Luzes do passado

## LUCIMARA GALLICIA

*Ditados por Moacyr*

Sem medo do amanhã

O que faço de mim?

## MÁRCIO FIORILLO

Em nome da lei

VIDA & CONSCIÊNCIA
GRÁFICA

Rua Agostinho Gomes, 2.312 - SP
55 11 3577-3200

grafica@vidaeconsciencia.com.br
www.vidaeconsciencia.com.br